国家出版基金项目
NATIONAL PUBLICATION FOUNDATION

总顾问：王汉斌
总主编：沈德咏

金融证券与股票期货

主　编：徐志新
撰　稿：徐　瑶　王　琦
　　　　徐丹慧　陈文婷

中国民主法制出版社
全国百佳图书出版单位

2014 · 北京

图书在版编目(CIP)数据

金融证券与股票期货 / 徐志新主编. — 北京:
中国民主法制出版社, 2014.10
(中华人民共和国重要法律知识宣讲)
ISBN 978 - 7 - 5162 - 0598 - 3

Ⅰ. ①金… Ⅱ. ①徐… Ⅲ. ①证券法 - 基本知识 - 中
国 Ⅳ. ①D922.287

中国版本图书馆 CIP 数据核字(2014)第 218712 号

图书出品人: 肖启明
图 书 策 划: 刘海涛
责 任 编 辑: 胡玉莹

书　名/金融证券与股票期货
主　编/徐志新
撰　稿/徐　瑶　王　琦　徐丹慧　陈文婷

出版·发行/中国民主法制出版社
地　址/北京市丰台区玉林里 7 号(100069)
电　话/63055259(总编室)　63057714(发行部)
传　真/63055259
http://www.npcpub.com
E-mail: mzfz@npcpub.com
经　销/新华书店
开　本/16 开　710 毫米 × 1000 毫米
印　张/19　**字数**/248 千字
版　本/2014 年 10 月第 1 版　2014 年 10 月第 1 次印刷
印　刷/航远印刷有限公司

书　号/ISBN 978-7-5162-0598-3
定　价/38.00 元

总　序

落实依法治国基本方略
加快建设社会主义法治国家

依法治国，是坚持和发展中国特色社会主义的本质要求和重要保障，是实现国家治理体系和治理能力现代化的必然要求，事关我们党执政兴国、事关人民幸福安康、事关党和国家长治久安。2012年12月4日，习近平总书记在首都各界纪念现行宪法公布施行三十周年大会上的重要讲话指出，要落实依法治国基本方略，加快建设社会主义法治国家，强调要以宪法为最高法律规范，继续完善以宪法为统帅的中国特色社会主义法律体系，把国家各项事业和各项工作纳入法制轨道，实行有法可依、有法必依、执法必严、违法必究，维护社会公平正义，实现国家和社会生活制度化、法制化。2013年11月，党的十八届三中全会通过《中共中央关于全面深化改革若干重大问题的决定》，确立了推进法治中国建设的总体目标，对加快建设社会主义法治国家作了全面部署，要求必须坚持依法治国、依法执政、依法行政共同推进，坚持法治国家、法治政府、法治社会一体建设。同时要求全面深化司法体制改革，加快建设公正高效权威的社会主义司法制度，维护人民权益，让人民群众在每一个司法案件中都感受到公平正义。2014 年 10 月，党的十八届四中全会专题研究了全面推进依法治国的若干重大问题，必将为法治中国建设不断注入强劲动力。

以习近平同志为总书记的新一届中央领导集体将依法治国提到了前所未有的高度，进一步表明了党中央全面推进依法治国、走中国特色法治化道路的坚定决心和信心。全面推进依法治国，必须全面推进科学立法、严格执法、公正司法、全民守法进程，确保宪法法律得到一体遵循。新中国成立以来特别是改革开放三十多年来，党带领人民坚持不懈加强立法工作，取得了举世瞩目的成就，一个立足中国国情和实际、适应改革开放和社会主义现代化建设需要、集中体现党和人民意志的，以宪法为统帅，以宪法相关法、民法商法等多个法律部门的法律为主干，由法律、行政法规、地方性法规等多个层次的法律规范构成的中国特色社会主义法律体系已经形成，国家经济建设、政治建设、文化建设、社会建设以及生态文明建设的各个方面总体实现了有法可依，为实现全面建成小康社会宏伟目标奠定了坚实的法律基础。

法律的生命力在于实施。新的历史条件下，确保宪法法律实施的任务越来越重，严格执法、公正司法的要求越来越高，维护社会公平正义的责任越来越大。法律要发挥作用、得到全面实施，就需要全社会尊重和信仰法律。2014 年 1 月 7 日，习近平总书记在中央政法工作会议上的重要讲话强调，要深入开展法制宣传教育，弘扬社会主义法治精神，引导群众遇事找法、解决问题靠法，逐步改变社会上那种遇事不是找法而是找人的现象。认真贯彻习近平总书记重要讲话精神，必须大力加强法制宣传教育，不断探索法律知识教育传播的新途径，为确保法律正确实施，确保严格执法、公正司法、全民守法作出积极贡献。

中国民主法制出版社作为国家级法律专业出版社，始终秉持“立足人大工作，服务民主法制”的出版宗旨，不断推出高质量的图书产品，积极宣传宪法法律和人民代表大会制度，为社会主义民主法制建设作出了重要贡献。为认真贯彻落实习近平总书记系列重要讲话精神特别是关于法治建设的重要论述，积极推进依法治国进程，中国民主法制出版社经过反复研究论证，决定推出《中华人民共和国重要法律知识宣讲》丛书。

该套丛书采取宣讲要点、典型案例、专家评析、法条指引的形式，紧紧围绕法治建设的重点、群众关注的焦点、社会关注的热点、司法实践的难点问题，对法律规定、法律原则、法律精神及其应用问题进行全面阐释。该丛书涵盖中国特色社会主义法律体系方方面面，全面收录各类法律法规，同时筛选了涉及经济、政治、文化、社会和生态文明建设的各类典型案例，清晰展现执法司法工作的生动实践，具有很强的实用性和操作性，对于法学研究和司法实务具有较好的参考价值。

该丛书的出版有助于广大司法实务工作者准确把握法律应用方面的最新情况，解决实际工作中存在的司法疑难问题；有助于广大法律工作者进一步优化知识结构，丰富相关法律知识储备，提高司法工作水平；有助于公民了解最新的法律规定，掌握多样的权利救济途径，依照法定程序理性表达诉求、维护合法权益。诚然，中国特色社会主义建设的实践是永无止境的，立法亦必将随之而不断丰富和完善。丛书出版后，还应当结合最新的立法动态和执法、司法实践，及时进行修订完善和内容更新，确保读者及时、准确掌握最新法律信息，使丛书的社会应用价值不断提升，为社会公众提供更加全面的法律知识信息服务。

全面建成小康社会、实现中华民族伟大复兴的中国梦，必须全面推进依法治国。落实依法治国基本方略，必须不断提高全社会的法律应用水平。出版这套丛书，就是为了有效传播法律知识，弘扬社会主义法治精神，让宪法和法律真正做到家喻户晓，使广大公务人员善于运用法治思维和法治方式推动工作，带头在宪法法律范围内活动，使执法司法工作人员始终坚持严格执法、公正司法，不断提升执法司法能力，使广大人民群众牢固树立法制观念、规则意识，充分相信法律、自觉运用法律、紧紧依靠法律，真正认识到法律不仅是全体公民必须遵循的行为规范，更是保护自身权利的有效方式，促进全社会形成学法、尊法、守法、用法的良好氛围。本套丛书的出版凝聚着编者的心血，衷心期待这套丛书能够实现其出版初衷。

是为序。

最高人民法院常务副院长 沈德咏*

---

* 沈德咏，一级大法官，中国政法大学兼职教授、博士生导师。

编写说明

本书是《中华人民共和国重要法律知识宣讲》丛书之一，结合我国司法实践中的证券、期货交易纠纷相关的判例，对证券法以及与其相关的法律法规、司法解释等进行宣讲和普及。

根据最新的民事案由分类规定，证券纠纷可分为：证券权利确认纠纷（包括股票权利确认纠纷、公司债券权利确认纠纷、国债权利确认纠纷和证券投资基金权利确认纠纷），证券交易合同纠纷（包括股票交易纠纷、公司债券交易纠纷、国债交易纠纷和证券投资基金交易纠纷），金融衍生品种交易纠纷，证券承销合同纠纷（包括证券代销合同纠纷、证券包销合同纠纷），证券投资咨询纠纷，证券资信评级服务合同纠纷，证券回购合同纠纷（包括股票回购合同纠纷、国债回购合同纠纷、公司债券回购合同纠纷、证券投资基金回购合同纠纷和质押式证券回购纠纷），证券上市合同纠纷，证券交易代理合同纠纷，证券上市保荐合同纠纷，证券发行纠纷（包括证券认购纠纷、证券发行失败纠纷），证券返还纠纷，证券欺诈责任纠纷（包括证券内幕交易责任纠纷、操纵证券交易市场责任纠纷、证券虚假陈述责任纠纷、欺诈客户责任纠纷），证券托管纠纷，证券登记存管结算纠纷，融资融券交易纠纷和客户交易结算资金纠纷。而期货交易纠纷具体可分为：期货经纪合同纠纷、期货透支交易纠纷、期货强行平仓纠纷、期货实物交割纠纷、期货保证合约纠纷、期货交易代理合同纠纷、侵占期货交易保证金纠纷、期货欺诈责任纠纷、操纵期货交易市场责任纠纷、期货内幕交易责任纠纷和期货虚假信息责任纠纷。

新兴的证券市场具有投机性强、变化大、风险高的特点。虽然证券纠纷主要是民商事的纠纷，具有民商事纠纷的一般特性，但证券类纠纷因证券市场固有的特性使其具有自身的特点，主要表现为争议的标的较大、社会影响面广、案件疑难复杂和专业性较强。而且，此类纠纷涉及的法律领域是相当广泛的，如在商法范畴中的证券法、信托法、投资基金法等；民法范畴中的民法通则、民事诉讼法、仲裁法等；公法范畴中的刑法、刑事诉讼法和行政诉讼法等，此外，还涉及大量的司法解释和行业的规范性法律文件等。但由于我国立法的相对粗糙和司法的经验不足，在处理此类案件过程中对具体法律技术问题上还难以准确把握。例如，在证券民事赔偿案件审理中就存在一系列专业性很强的法律技术问题，如原告、被告资格的确定，诉讼时效、损失范围规定，赔偿金额计算，举证责任，诉讼代表人的选定，偿付方式等。对于参与证券市场活动的各类主体来说，一旦发生纠纷，处理起来十分困难，因此，对此类案件涉及的法律专业知识和证券运用的相关专业知识进行普及是十分必要的。

由于我国目前的期货立法并不完善，尚未出台期货交易相关的法律，仅存有国务院出台的《期货交易管理条例》和最高人民法院发布的相关司法解释，本书在编写的过程中虽以证券法的适用为主，但考虑到证券、期货的相似性和密不可分性，仍然保留了期货法规、司法解释在相关问题中的适用，共提出了53个实践中的疑难问题，每个问题的宣讲内容分为【宣讲要点】【典型案例】【专家评析】【法条指引】四个部分。本书不仅列明了每个问题所涉及的法律知识点并进行了阐述，还通过实际案例，就案件中的法律关系进行具体分析，回答了该类案件中民事责任如何承担，以及在认定时应注意哪些事项等问题。在某些法律没有明确规定的前沿性问题中，编者也结合权威学者的意见提出了具有前瞻性的看法。最后，对该问题涉及的相关法律条文进行了指引。需要说明的是，本书在【法条指引】部分将全部以新修订的法律替代原判决中涉及的旧法，并且对于原判决中涉及的已失效的法律不再提及。这虽然看似有违“法不溯及既往”的基本原则，但为了达到法律宣讲的效果和方便读者今后对相关法律的适用，还望能够得到理解和支持。

本书由徐志新主编，徐瑶、王琦、徐丹慧、陈文婷等撰稿。本书在案件分析中的一些观点，只是作者的个人见解，不一定正确，仅供参考。我们在希望本书能对读者学习、理解和适用《中华人民共和国证券法》及其他相关法律法规、司法解释有所帮助的同时，也诚恳地期待着读者对本书的不妥和错漏之处提出批评、指正。

编著者

2014 年 8 月

CONTENTS

目录

第一章
证券纠纷

▶ 1. 权证的发行和交易行为是否可以纳入证券法的调整范围？投资者因投资权证发生的损失由谁承担？

【宣讲要点】

权证，是指标的证券发行人或其以外的第三人发行的，约定持有人在规定期间内或特定到期日，有权按约定价格向发行人购买或出售标的证券，或以现金结算方式收取结算差价的有价证券。权证中约定的证券通常被称作标的证券，即发行人承诺按约定条件向权证持有人购买或出售的证券。

权证按照持有人未来权利的不同，可以分为认购权证和认沽权证。认购权证，是指发行人发行的，约定持有人在规定期间内或特定到期日，有权按约定价格向发行人购买标的证券的有价证券；认沽权证，是指发行人发行的，约定持有人在规定期间内或特定到期日，有权按约定价格向发行人出售标的证券的有价证券。权证产品的风险相对较高，权证价值与正股价间有直接联系，正股价的上升和下跌，可能导致权证价值归零。如果到期时标的股票价格低于行权价，认购权证将一钱不值；而如果到期时标的股票价格高于行权价，认沽权证也将一钱不值。

权证产品是一种新型的证券衍生品种，具有不同于股票交易的特点，其发行和交易依证券法应当由证券交易所监督和管理，因此，权证发行后，符合一定条件的机构经交易所审核可以创设权证。我国证券法第 2 条第 3 款规定，证券衍生品种发行、交易的管理办法，由国务院依照本法的原则规定。依此规定，权证作为一种证券衍生品种，与之相关的发行和交易行为可以纳入证券法的调整范围。

证券交易所是为证券集中交易提供场所和设施，组织和监督证券交易，实行自律管理的法人。证券交易所依照证券法律、行政法规制定上市规则、交易规则、会员管理规则和其他有关规则，并报国务院证券监督管理机构批准。普通投资者在资本市场上从事交易应当遵循交易所制定的各项交易规则，并且应当通过交易所会员进场交易，投资者与交易所之间并不存在直接的交易合同关系，投资者因交易结果发生损失时，交易所对投资者不承担契约上的义务。

根据证券法的投资风险自担原则，权证依法发行后，发行人经营与收益的变化，由发行人自行负责；由此变化引致的投资风险，由投资者自行负责。因此，权证投资者应在充分了解权证交易规则和风险的前提下进行谨慎的交易，否则应对因自己行为造成的权证投资损失承担责任。

【典型案例】

2007 年 6 月 7 日，某证券交易所核准南航认沽权证上市交易。同年 6 月 14 日，某集团发布认沽权证上市公告书称，发行人无偿派发备兑认沽权证 14 亿份，权证交易简称“南航 JTP1”，权证存续期间为 2007 年 6 月 21 日至 2008 年 6 月 20 日，权证行权日为 2008 年 6 月 20 日，上市时间为 2007 年 6 月 21 日……；风险因素第 6 条提示：权证上市后，如果其他机构以 A 股股票为标的证券发行备兑权证，或其他机构按照交易所有关规则创设权证，可能会对权证的交易价格产生影响。

2005 年 11 月 21 日，某证券交易所发布通知称，取得中国证券业协会创新活动试点的证券公司（以下简称“创设人”）可按照本通知的规定创设权证，该通知自 2005 年 11 月 28 日起施行。2007 年 6 月 18 日，某证券交易所发布通知称，有资格的证券公司可创设南航认沽权证，创设的权证可于2007年6月26日开始交易。2008年5月22日、26日，某证券交易所向各会员单位发布通知，提示：2008年6月13日是南航认沽权证的最后交易日，要求各会员单位对客户做好风险提示工作，防范权证交易风险。2008年6月2日，某证券交易所再次向各会员单位发布通知，提示：2008年6月13日是南航认沽权证的最后交易日，但是最近几个交易日该权证波动异常，要求各会员应该对客户进行个性化管理，劝说权证持有者不要跟风炒作，对于新增权证客户，营业部工作人员必须与其进行全面深刻交流，提示风险，坚决杜绝无权证知识的客户交易权证。

2006年5月9日，张某与某证券公司武汉中山路营业部签订权证交易风险揭示书，南航认沽权证上市及创设公告后，张某通过其指定交易在武汉营业部的证券账户上于2007年8月1日起买入南航认沽权证，至2008年6月20日期满仍持有未行权南航权证100份，产生了较大损失，遂向人民法院提起诉讼，请求人民法院判令3被告连带赔偿其损失、赔礼道歉并赔偿精神抚慰金、责成被告某证券交易所追究被告某证券公司武汉中山路营业部的相关责任。

在庭审中被告某证券交易所辩称，权证的发行和上市属于股权分置改革背景下的制度安排，经过了国务院和中国证监会的确认；权证创设是结合权证交易市场的发展推出的交易平衡机制，《权证管理办法》为创设机制预留了制度空间，交易所依法制定权证交易规则并据此审核相关证券公司创设认沽权证申请之行为，属于履行法定职责、具有普遍约束力的自律监管行为，不存在过错，因此对原告的损失不应承担任何民事责任。

被告某证券公司、某证券公司武汉中山路营业部辩称，某证券公司创设认沽权证合法合规，某证券公司武汉中山路营业部履行了风险提示义务，原告买卖权证的损失系其自身操作失误以及偏好高风险投资所致，原告提起本案诉讼已经超过诉讼时效，请求人民法院驳回原告的诉讼请求。

人民法院综合全案证据，依据事实和法律判决驳回原告张某的全部诉讼请求。张某不服一审判决，提起上诉。二审人民法院认为上诉人的上诉理由均无事实和法律依据，不予支持，原审判决认定事实清楚，适用法律正确，予以维持，故而判决驳回上诉，维持原判。

【专家评析】

处理本案的一个先决问题是：案件所涉权证创设行为是否受证券法调整、效力如何？由此而引发张某的投资损失应依据什么、由谁来承担的问题。

我国证券法第2条规定了该法的适用范围，即："在中华人民共和国境内，股票、公司债券和国务院依法认定的其他证券的发行和交易，适用本法；本法未规定的，适用《中华人民共和国公司法》和其他法律、行政法规的规定。政府债券、证券投资基金份额的上市交易，适用本法；其他法律、行政法规另有规定的，适用其规定。证券衍生品种发行、交易的管理办法，由国务院依照本法的原则规定。"权证产品系证券衍生品种，证券衍生品种发行、交易的管理办法，由国务院依照证券法的原则规定。因此，权证的发行和交易行为可纳入证券法的调整范围。

关于权证产品的发行和交易，目前尚未有单行法律和行政法规出台，只有上海证券交易所根据证券法和证监会的授权制定的业务规则即《上海证券交易所权证管理暂行办法》（以下简称《权证管理办法》），对权证的发行、交易等进行了业务规范。该管理办法已得到证监会批复同意，属合法有效。而本案涉及的权证创设问题，也仅有《权证管理办法》第29条作了授权性规定，即对于已上市交易的权证，上海证券交易所可以允许合格机构创设同种权证，具体的权证创设规则也是由交易所根据《权证管理办法》的规定在某一具体的权证产品的上市公告中予以确定。据此，权证创设行为，系证券交易所根据国务院证券监管部门批准的业务规则作出的履行自律监管的行为。证券法对证券交易所的性质和地位作了明确规定，即证券交易所是为证券集中交易提供场所和设施，组织和监督证券交易，实行自律管理的法人；证券交易所依照证券法律、行政法规制定上市规则、交易规则、会员管理规则和其他有关规则，并报国务院证券监督管理机构批准。鉴于普通投资者在资本市场上从事交易应当遵循交易所制定的各项交易规则，并且应当通过交易所会员进场交易，投资者与交易所之间并不存在直接的交易合同关系，投资者因交易结果发生损失，交易所对投资者也就不承担契约上的义务。本案原告认为，被告某证券交易所具有非法制定权证交易规则、不当制定权证交易制度等过错，是不能成立的，向交易所主张赔偿责任也是没有法律依据的。同时，某证券公司及该证券公司武汉中山路营业部作为张某证券交易的代理券商，依约依法代理买卖在某证券交易所上市交易的证券品种，执行张某的交易指令，其代理行为也不存在任何过错。而鉴于权证交易存在的高度风险，某证券公司武汉中山路营业部在已经对张某进行了适当的风险提示和教育的前提下，也不具有相应的过错，不承担赔偿责任。

本案中，造成张某交易损失的直接原因是系争权证的价格波动，而非权证创设行为本身。创设权证制度在我国属于一项金融创新制度，是基于股权分置改革的总体要求，结合股改权证的运行特点，借鉴成熟市场的类似做法，产生的一种市场化的供求平衡机制。鉴于这项制度仍处于探索阶段，故在创设程序、创设品种、创设数量等方面尚无规范可循，在具体实施时，创设人可以根据发行权证的具体情况自由决定实施方案，交易所仅对其资格和上市程序进行审查。本案原告张某进行南航认沽权证交易时，已经明知创设人的提示公告及权证创设已经实施并上市的既定事实，仍然基于自身对该品种的喜好和判断进行买卖，由此造成的交易风险与各被告的上述行为不存在必然的、直接的因果关系，应当由原告自行承担相应的损失，这也正是证券法要求投资者风险自担原则的体现。

【法条指引】

中华人民共和国证券法

第二条 在中华人民共和国境内，股票、公司债券和国务院依法认定的其他证券的发行和交易，适用本法；本法未规定的，适用《中华人民共和国公司法》和其他法律、行政法规的规定。

政府债券、证券投资基金份额的上市交易，适用本法；其他法律、行政法规另有规定的，适用其规定。

证券衍生品种发行、交易的管理办法，由国务院依照本法的原则规定。

第二十七条 股票依法发行后，发行人经营与收益的变化，由发行人自行负责；由此变化引致的投资风险，由投资者自行负责。

第一百零二条 证券交易所是为证券集中交易提供场所和设施，组织和监督证券交易，实行自律管理的法人。

证券交易所的设立和解散，由国务院决定。

第一百一十八条 证券交易所依照证券法律、行政法规制定上市规则、交易规则、会员管理规则和其他有关规则，并报国务院证券监督管理机构批准。

上海证券交易所权证管理暂行办法

第四条 本所对权证的发行、上市、交易、行权及信息披露进行监管，中国证监会另有规定的除外。

第二十九条 已上市交易的权证，合格机构可创设同种权证，具体要求由本所另行规定。

▶ 2. 投资者因为投资权证而遭受损失，能否起诉证券交易所？证券交易所是否对投资者的损失承担责任？

【宣讲要点】

权证，是指标的证券发行人或其以外的第三人发行的，约定持有人在规定期间内或特定到期日，有权按约定价格向发行人购买或出售标的证券，或以现金结算方式收取结算差价的有价证券，分为认购权证和认沽权证两种。权证产品是一种新型的证券衍生产品，具有不同于股票交易的特点，其发行和交易依法应当由证券交易所监督和管理，因此，权证发行后，符合一定条件的机构经交易所审核可以创设权证。

证券交易所依法属于自律管理的法人，不属于国家行政机关。投资者与证券交易所之间并不存在直接的交易合同关系，投资者因交易结果发生损失时，交易所对投资者不承担契约上的义务。但是，投资者因为投资权证损失而对证券交易所提起的侵权之诉，属于平等主体之间的权利义务纠纷，依法应当属于人民法院的管辖范围，投资者以交易所审核创设权证违规为由提起的民事侵权之诉，具有可诉性，人民法院应当受理。

证券交易所审核合格券商创设权证，是证券法赋予其自律监管职能的行为，其只要依法对权证券商的发行权和权证交易的程序作了符合法律和权证管理业务规则的审核，就已经履行了监管的职能，主观上对于投资者因权证交易造成的损失不具有过错，不承担赔偿责任，这种风险损失应由投资者自行承担。

【典型案例】

2005年11月16日，某钢铁（集团）公司（以下简称某集团）发布上市公告书，其中关于认沽权证的发行，公告称，本次发行备兑认沽权证4.74万份，权证交易简称“武钢JTP1”，权证存续期间为2005年11月23日至2006年11月22日，权证行权日为2006年11月16日至2006年11月22日，上市时间为2006年11月23日……

2005年11月21日，某证券交易所发布通知称，取得中国证券业协会创新活动试点的证券公司（以下简称创设人）可按照本通知的规定创设权证，创设人创设的权证应与武钢认购或认沽权证相同，并使用同一交易代码和行权代码。权证创设后，创设人可向某证券交易所申请注销权证，该通知自2005年11月28日起施行。2005年11月25日，某证券交易所审核批准××证券等10家券商创设武钢认沽权证的申请，总计创设武钢认沽权证共11.27亿份，定于2008年11月28日上市。2005年11月26日，10家券商在《证券时报》上披露了上述创设权证的信息，《上海证券报》等媒体进行了相关报道。

武钢权证上市后，邢某在2005年11月24日、25日累计买入武钢认沽权证11.5万份。创设权证上市后，同年11月30日，邢某又买入武钢认沽权证100份，至此，邢某共计持有武钢认沽权证11.51万份，平均买入成本价为1.604元/份。2005年12月5日，邢某卖出全部武钢认沽权证，成交价为1.09元/份。此后，邢某在武钢权证存续期间，又多次买入和卖出。另外，邢某除持有武钢认沽权证外，还对包钢、武钢、邯钢认购权证以及包钢认沽权证进行过多次交易，互有盈亏。

后来，邢某因权证交易发生损失，将某证券交易所诉至人民法院，请求人民法院：(1) 确认在2005年11月25日首次创设武钢认沽权证时某交易所的提前创设行为是违法、违规、欺诈及操纵市场的过错行为，并且确认被告的过错行为与原告所受损失存在直接的因果关系，判令被告依法承担赔偿责任；(2) 判令被告依法赔偿原告因被告的过错行为导致原告持有的武钢认沽权证突然失去卖出机会而造成的直接损失；(3) 判令被告赔偿原告因第（二）项诉讼请求所判令的直接损失的股资被被告占用所导致的直到本案执行前的行情经营损失，同时确认该项损失数额随行情的发展而相应地增加；(4) 判令被告承担案件受理费、律师费、差旅费、误工费、邮寄费、复印费、取证费、鉴定费等一切诉讼费用。

在庭审中被告某证券交易所辩称，原告邢某是以被告侵犯其财产权为由提起的一般侵权诉讼，然而，本案被告制定权证创设规则并依之审核相关证券公司创立武钢权证申请之行为，属于面向整个权证市场、依法履行法定职责、具有普遍约束力的自律监管行为，而非针对原告而实施的具体行为。因此，原告诉称的被告的行为，不符合一般侵权行为的构成要件，原告的侵权之诉不符合法律规定，依法应予以驳回。被告基于维护权证交易秩序、保护投资者权益之正当目的，按照相关规定审核创设人申请并无不当。原告的损失与诉争的被告行为之间，不存在因果关系，被告不应当承担民事赔偿责任。请求驳回原告的诉讼请求。

人民法院经审理认为，原告邢某对被告某证券交易所提起侵权损害赔偿的请求，没有事实和法律上的依据，不予支持，原告应自行承担权证交易的风险损失。据此，判决驳回原告邢某的全部诉讼请求；本案案件受理费由原告邢某负担。邢某不服一审判决，提起上诉，但因未按规定预交上诉费，人民法院裁定本案按自动撤回上诉处理。本案的一审判决现已发生法律效力。

【专家评析】

本案的争议焦点是：邢某因为投资权证损失而对某证券交易所提起的侵权之诉是否属于人民法院的管辖范围；邢某投资权证产生的损失与某证券交易所的监管行为是否存在法律上的因果关系，某证券交易所是否应当赔偿其交易损失。

(1) 本案的可诉性。权证产品系证券衍生品种，其发行、交易的管理办法，由国务院依照证券法的原则规定，因此，权证的发行和交易受证券法的调整。证券交易所是为证券集中交易提供场所和设施，组织和监督证券交易，实行自律管理的法人。进入证券交易所参与集中交易的，必须是证券交易所的会员。权证交易属于证券交易，也应在证券交易所内进行。普通投资者是通过交易所会员进场交易的，与交易所会员之间存在交易合同关系，与交易所之间则不存在直接的合同关系，交易所仅仅为交易提供平台和中介服务，因交易发生损失，交易所对投资者不承担契约上的义务。在本案中，邢某认为某证券交易所在审核券商创设权证过程中存在违规，提起侵权之诉，应适用证券法中关于侵权行为的相关规定，证券法中没有规定的，可以适用民法中关于民事侵权的规定。邢某可依据民法通则、侵权责任法中的相关规定提起诉讼，人民法院应依法受理。关于权证交易纠纷，目前尚未有单行法律和行政法规出台，只有上海证券交易所根据证券法和证监会的授权制定的业务规则即《上海证券交易所权证管理暂行办法》(以下简称《权证管理办法》)，对权证的发行、交易等进行了业务规范。而本案涉及的权证创设问题，仅有《权证管理办法》第29条作了授权性规定，即对于已上市交易的权证，上海证券交易所可以允许合格机构创设同种权证，具体的权证创设规则也是由交易所根据权证管理办法的规定在某一具体的权证产品的上市公告中予以确定。因此，权证创设行为系证券交易所根据国务院证券监管部门批准的业务规则作出的履行自律监管的行为，该行为如违反法律规定和业务规则，给投资者造成损害的，可以理解为是一种侵权行为，相关受众可以对交易所提起民事诉讼。根据以上分析，本案中邢某针对某证券交易所的自律监管行为提起的诉讼应属人民法院的受案范围。

(2) 邢某的交易损失与某证券交易所的监管行为之间是否存在因果关系。邢某认为，某证券交易所在审核武钢认沽权证时存在违规、欺诈行为，具体表现为未按公告时间创设权证、创设权证严重超量等，这些行为直接导致了其交易损失，应当由某证券交易所进行赔偿。然而，在本案中，某证券交易所系根据《权证管理办法》第29条的规定，审核合格券商创设武钢权证，该审核行为符合业务规则的具体要求，是其履行证券法赋予其自律监管职能的行为，具有合法性。根据《权证管理办法》中有关权证发行的规定，具有权证创设资格、开设创设专用账户且提供履约担保资金的证券公司，在其认为权证价格高估时，可以创设权证，并在市场上卖出，增加权证的供给；在权证价格回归价值时，可以回购并注销权证，释放履约担保品。根据上述业务规程，某证券交易所在武钢权证上市前，已经要求发行人在2005年11月18日发布的公告中对有关创设权证对权证交易价格可能造成的影响予以特别提示。在2005年11月21日，武钢权证上市前两天，某证券交易所发布了关于证券公司创设武钢权证有关事项的通知，对权证创设的主体和相关程序进行了规定。2005年11月25日，申请创设武钢权证的券商完成了相关创设登记及担保手续，某证券交易所审核后向中国结算上海分公司发出了创设权证业务通知单，同意创设人在权证创设专用账户生成次日可交易的权证。同年11月26日，创设人对创设权证事项进行了披露，明确公布所创设的权证将于11月28日起上市交易。从上述权证创设的过程来看，某证券交易所已经依法履行了相关监管义务，其行为并无不当。虽然其在创设权证的通知中载明“该通知自2005年11月28日实施”，但该表述并不表明创设权证只能在该日后即11月29日才能上市，该实施日即为上市日，故只要在11月28日前权证创设的相关手续完成，创设的权证即可上市交易。某证券交易所的上述审核行为符合权证创设的惯例，没有违反业务规则的规定，不能认为这是某证券交易所违规允许10家券商提前创设武钢权证的情形。

对权证交易进行监督和管理，是证券法赋予交易所的一项职能。本案中，在武钢认沽权证上市后，投资者对该权证进行了非理性的投机炒作，使得该权证严重背离了其内在的价值。某证券交易所为了抑制这种过度炒作行为的继续，及时审核创设人创设权证，通过增加权证供应量的手段平抑权证价格，其目的在于维护权证交易的正常秩序，作为市场的监管者，其核准创设权证的行为系针对特定产品的交易异常所采取的监管措施，主观上并非出于恶意，行为本身也并非针对特定投资者，而是针对权证交易活动本身作出的普遍监管行为，是交易所的职责所在。就创设权证审核行为而言，某证券交易所的行为不符合侵权行为的构成要件，并没有侵犯到邢某的民事权利。

邢某认为，某证券交易所核准券商超量创设权证是造成其交易损失的直接原因，其实不然。证券交易所作为证券市场的一线监管者，在其行使监管职能的过程中，必然会对相对人和社会产生一定的影响和效应。创设权证制度在我国属于一项金融创新制度，是基于股权分置改革的总体要求，结合股改权证的运行特点，借鉴成熟市场的类似做法产生的一种市场化的供求平衡机制。鉴于这项制度仍处于探索阶段，故在创设程序、创设品种、创设数量等方面尚无规范可循，在具体实施时创设人可以根据发行权证的具体情况自由决定实施方案，交易所仅对其资格和上市程序进行审查。对于创设权证的具体规模、业务规则本身亦无限制。虽然涉案认沽权证的创设量远远超出了最初的发行量，但《权证管理办法》对此并无禁止性规定，只能根据具体权证产品的交易情况和特点予以确定适当的数量，以达到供求上的平衡。本案中，邢某在武钢认沽权证交易中的损失，虽与券商创设权证增加供给量存在关联，但在某证券交易所事先已履行必要的信息披露和风险揭示的情况下，原告仍然不顾风险贸然入市，由此造成的交易风险与被告履行市场监管的行为不存在必然的、直接的因果关系。

综上，邢某对某证券交易所提起侵权损害赔偿的请求是缺乏事实和法律依据的，某证券交易所在合规审核的前提下不对投资者的权证交易损失承担赔偿责任，邢某只能自行承担权证交易的风险损失。

目前，资本市场上存在大量的缺乏专业知识或风险承受能力有限的中小投资者，他们在投资权证过程中，未对到期日和最后交易日等权证投资最基本的常识予以了解就进行盲目投资，产生亏损。对此，证监会已经于

2007年5月向有关证券公司发出应向投资者提示风险的通知，要求证券公司应当向投资者进行教育，向投资者客观、充分地提示风险，要持续地采取各种有效方式让投资者充分理解“买者自负”的原则，真正明白“股市有风险，入市须谨慎”的警示。

【法条指引】

中华人民共和国证券法

第二条 在中华人民共和国境内，股票、公司债券和国务院依法认定的其他证券的发行和交易，适用本法；本法未规定的，适用《中华人民共和国公司法》和其他法律、行政法规的规定。

政府债券、证券投资基金份额的上市交易，适用本法；其他法律、行政法规另有规定的，适用其规定。

证券衍生品种发行、交易的管理办法，由国务院依照本法的原则规定。

第二十七条 股票依法发行后，发行人经营与收益的变化，由发行人自行负责；由此变化引致的投资风险，由投资者自行负责。

第一百零二条 证券交易所是为证券集中交易提供场所和设施，组织和监督证券交易，实行自律管理的法人。

证券交易所的设立和解散，由国务院决定。

第一百一十八条 证券交易所依照证券法律、行政法规制定上市规则、交易规则、会员管理规则和其他有关规则，并报国务院证券监督管理机构批准。

中华人民共和国民法通则

第一百零六条第二款 公民、法人由于过错侵害国家的、集体的财产，侵害他人财产、人身的，应当承担民事责任。

上海证券交易所权证管理暂行办法

第四条 本所对权证的发行、上市、交易、行权及信息披露进行监管，中国证监会另有规定的除外。

第二十九条　已上市交易的权证，合格机构可创设同种权证，具体要求由本所另行规定。

▶ 3. 权证信息是否属于证券法中的信息披露事项？行为人在权证交易中因疏忽大意未发现重要信息或未充分了解权证交易规则而产生的亏损由谁承担？

【宣讲要点】

权证，是指标的证券发行人或其以外的第三人发行的，约定持有人在规定期间内或特定到期日，有权按约定价格向发行人购买或出售标的证券，或以现金结算方式收取结算差价的有价证券，属于证券交易的一种衍生品种，分为认购权证和认沽权证两种。

证券法中的信息披露制度，是指上市公司为保障投资者利益、接受社会公众的监督而依照法律规定必须将其自身的财务变化、经营状况等信息和资料向证券管理部门和证券交易所报告，并向社会公开或公告，以便使投资者充分了解情况的制度。它既包括发行前的披露，也包括上市后的持续信息公开，主要由招股说明书制度、定期报告制度和临时报告制度组成。权证交易的期限等内容属于权证交易规则所确定的提示性信息，属于公开信息，不属于上述涉及上市公司财物状况、股权结构以及公司经营管理人员变化等公司内部重大事项，因而不属于上市公司应当披露的法定事项。与证券法中的信息披露义务不同，发布权证信息提示性公告的权证信息披露义务由发行人和相关投资者承担，而不由权证标的证券上市公司承担。

行为人应在充分了解权证交易规则和各种风险的基础上进行高风险的权证交易，一旦根据自主决定进行权证买卖交易，在享有权证交易可能带来收益的同时，也应当承担可能出现的风险。在发行人已尽到合法发布提示性公告的披露义务、证券交易机构已尽到了监管义务的前提下，投资者由于未充分了解权证交易规则和交易风险，或者因疏忽大意没有发现重大信息等自身原因，导致发生交易风险和投资损失的，相应的后果应由其自行承担，发行人不承担赔偿责任，没有权证信息披露义务的标的证券上市公司和仅作为交易平台的证券交易所也不承担赔偿责任。

【典型案例】

2005 年 12 月 13 日，某机场集团作为发行人，发布人民币普通股股票之认沽权证上市公告书，该公告载明：（1）作为某机场股份公司股份分置改革的对价组成部分，某机场集团无偿派发的 2.4 万份白云机场认沽权证将于 2005 年 12 月 23 日起在某证券交易所挂牌交易……标的证券为某机场集团；存续期为 1 年，自 2005 年 12 月 23 日起至 2006 年 12 月 22 日；……行权期间是自权证上市首日起满 3 个月后第一个交易日至权证到期日止的任何一个交易日，为 2006 年 3 月 23 日起至 2006 年 12 月 22 日；……（6）提示投资者应充分考虑风险因素包括权证价格波动风险、权证内在价值下跌至零的风险、时效性风险、市场流动性风险、利率风险、新品种尚未被市场完全认知的风险等。

2006 年 3 月 20 日，某机场集团发布权证行权的提示公告，其中第 10 条载明：权证交易期间为 2005 年 12 月 23 日起至 2006 年 12 月 15 日，本认沽权证存续期满前 5 个交易日，权证终止交易，但可以行权。2006 年 12 月 13 日，某机场集团发布认沽权证终止行权第一次提示性公告，其中第 2 条载明："机场 JTP1"认沽权证的最后交易日为 2006 年 12 月 15 日（星期五），从 2006 年 12 月 18 日（星期一）起停止交易。2006 年 12 月 14 日，某机场集团发布认沽权证终止上市提示性公告，其中第 1 条载明："机场 JTP1"认沽权证的最后交易日为 2006 年 12 月 15 日（星期五），从 2006 年 12 月 18 日（星期一）起停止交易；第 3 条载明：2006 年 12 月 27 日起，"机场 JTP1"认沽权证将终止上市，予以摘牌。

陈某自 2005 年 11 月起开始从事相关权证交易，与证券营业部签署了《权证交易风险揭示书》。其中载明：投资者在参与权证交易前，应认真阅读权证发行说明书和上市公告书，对其他可能影响权证交易和价格的因素也必须有所了解和掌握。陈某对"机场 JTP1"的交易始于 2006 年 4 月 20

日，并持续至2006年12月15日最后交易日。2006年12月15日，原告在××证券厦门厦禾路证券营业部买入6.36万份，卖出2万份，当日成交计4次（买入3次，卖出1次），收盘余额计4.36万份，参考成本价格为每份人民币0.32元，总值为人民币1.3万余元。2006年12月15日某机场集团的收盘价为7.94元。陈某自述其在报纸上看到了被上诉人某机场集团发布的提示性公告，但仅阅看了公告标题而没有仔细阅读提示性公告内容，从而未及时了解权证最后交易日的信息，因而造成亏损，遂将3被告诉至人民法院，要求他们对自己的损失承担连带赔偿责任。

在庭审中被告某机场集团辩称：首先，原告陈某以本公司未尽信息披露义务、致使原告投资受损而提起民事赔偿诉讼，应当适用《最高人民法院关于审理证券市场因虚假陈述引发的民事赔偿案件的若干规定》，并符合规定要求的前置条件。原告并无有关机关的行政处罚决定或人民法院的刑事裁判文书为依据，本案起诉不符合案件的受理条件，应当予以驳回。其次，本公司已经依法充分履行了权证信息披露义务。最后，根据“证券投资风险自负”的原则，原告的损失属于投资风险损失，应由其自行承担，与本公司无关。

被告某机场股份公司辩称，本公司不是“机场JPT1”权证的发行人或相关投资者，不负有权证信息披露义务。原告陈某以本公司是“机场JPT1”权证标的证券公司为由，要求我公司赔偿原告的投资损失，缺乏法律根据。故请求驳回原告对本公司的全部诉讼请求。

被告某证券交易所辩称：《上海证券交易所权证管理暂行办法》第14条对于“权证存续期间”“权证交易期间”“权证行权期间”均有明确规定，据此“机场JPT1”权证存续期间应至2006年12月22日止，权证交易期间应至2006年12月15日止，权证行权期间应至2006年12月22日止。本交易所的法定职能系为证券集中交易提供场所和设施，组织和监督证券交易，与原告之间不存在合同关系或侵权关系，请求人民法院驳回原告对本交易所的全部诉讼请求。

人民法院经审理认为，权证作为证券市场新兴的交易衍生品种，存在利益与风险并存的特点，投资者在参与权证交易时应当理性评估自身的交易能力，充分注意权证交易的各种风险。原告陈某作为“机场JTP1”的投资者，应当充分了解权证交易规则以及“机场JTP1”的基本信息，并在权证交易中谨慎注意投资风险。因此，在发行人被告某机场集团尽到了权证信息公告的披露义务、证券交易机构被告某交易所尽到了监管义务的前提下，原告主张其投资权证损失的原因是“机场JTP1”的最后交易日的不确定、权证信息披露的不准确、交易规则制定的不完善，显然与事实不符，也与公平公正、风险自负的证券交易原则相悖。综上，原告的诉讼请求不能成立，判决驳回原告陈某的诉讼请求。

陈某不服一审判决，提起上诉，二审人民法院认为原审判决认定事实清楚，适用法律正确，应予维持。据此判决驳回上诉人的上诉，维持原判。

【专家评析】

本案的争议焦点是：陈某的起诉是否符合法定条件；对于陈某在权证买卖交易中因疏忽大意未发现重要信息或未充分了解权证的有关规则而产生的损失，某机场集团、某机场股份公司、某证券交易所是否应当承担赔偿责任。

（1）陈某的起诉是否符合法定的起诉条件。如果本案中所涉及的权证信息属于证券法上信息披露的范围之内，本案应定性为虚假陈述引发的民事赔偿案件，应当适用《最高人民法院关于审理证券市场因虚假陈述引发的民事赔偿案件的若干规定》（以下简称《虚假陈述规定》）中关于虚假陈述民事赔偿案件前置程序的规定，但陈某的起诉不具备受理条件，人民法院应予驳回。但是，证券法和《虚假陈述规定》主要调整和规范的是涉及上市公司内部的财务状况、股权结构以及公司经营管理人员变化等重大事项的披露，而权证属于证券衍生品种，权证交易的期限等内容属于权证交易规则所确定的提示性信息披露，与虚假陈述规定所确定的内容不相同，不属于证券法上信息披露的范围，从而，本案不能适用与虚假陈述相关的法律法规，陈某的起诉符合法定条件，应作为一般的侵权案件予以受理。

(2)陈某的损失是否应由某机场集团、某机场股份公司、某证券交易所承担连带的赔偿责任。首先，某机场集团不承担赔偿责任。权证属证券衍生品种，与证券法规定的涉及上市公司财务状况、股权结构以及公司经营管理人员变化等公司内部重大事项的信息披露不同，最后交易日是由权证交易规则直接规定的，不是权证发行人自行约定的事项或未公开的事项，属于公开的、具有提示性的信息。依据《上海证券交易所权证管理暂行办法》(以下简称《权证管理办法》)的相关规定，权证存续期满前5个交易日，权证终止交易，但可以行权。即权证存续期间一旦确定，最后交易日也随之确定，即使发行人没有提示权证的最后交易日等有关信息，权证投资者在知道权证的存续期间和权证交易规则的情况下，应当可以自行了解和掌握权证的最后交易日。因此，某机场集团关于涉案“机场JTP1”最后交易日的公告是具有提示性质的公告，不属于证券法中的上市公司信息披露。

某机场集团作为“机场JTP1”的发行人，是权证信息披露的义务主体，依法应当履行相关的权证信息披露义务。在本案中，某机场集团发布“机场JTP1”认沽权证的8份公告属于“机场JTP1”发行、上市、交易、行权过程中应当披露的信息，公告的格式、内容、时点、方式等均符合法定要件，且公告均在有效期间内充分、明确提示投资者“机场JTP1”的最后交易日为2006年12月15日，不存在误导性表述，已经能够达到提示投资者的效果。陈某于2006年12月15日买入涉案“机场JTP1”权证时，前述提示性公告已经多次提示最后交易日，陈某应当已经通过相关媒体全面了解到涉案“机场JTP1”权证最后交易日的相关信息。特别是在某机场集团12月14日发布的提示性公告中，第1条即明确载明最后交易日为2006年12月15日，2006年12月27日终止上市并予以摘牌。最后交易日和终止上市是两个不同的概念，作为资本市场的投资者应当知晓这一基本的投资常识，该公告不存在混淆和矛盾之处，不会导致投资者产生误解。因此，某机场集团已经履行了自己依法发布提示性公告的义务，不应承担赔偿责任。

其次，某机场股份公司不承担赔偿责任。根据《权证管理办法》的相关规定，发行人和相关投资者是相关权证信息披露义务人。某机场股份公司作为“机场JTP1”的标的证券上市公司，并非“机场JTP1”权证信息披露义务主体。而“机场JTP1”权证信息作为仅具有提示性的信息，也不属于证券法中上市公司应当披露的法定事项。无义务则无责任，某机场股份公司由此无理由承担赔偿责任。

再次，某证券交易所不承担赔偿责任。证券交易所是为证券集中交易提供场所和设施，组织和监督证券交易，实行自律管理的法人，与投资者之间不存在直接的合同法律关系。本案中，某证券交易所依据法律授权制定《权证管理办法》并经中国证监会批准生效，在制定权证交易规则、向交易所会员及投资者揭示权证交易风险等方面均符合法定程序，交易规则本身与投资者的损失之间也不存在因果关系，某证券交易所不存在过错。同时，某机场集团在“机场JTP1”发行、上市、交易、行权过程中均严格依照规则充分履行了权证信息披露义务，某证券交易所对此也履行了法定的监管职责，同样不存在过错，不应当承担赔偿责任。

因此，责任应由陈某自行承担。权证作为证券市场新兴的交易衍生品种，存在利益与风险并存的特点，投资者在参与权证交易时应当理性评估自身的交易能力，充分注意权证交易的各种风险。提示性公告中涉及的内容不仅局限于最后交易日，还包含行权期间等其他内容，从权证的特殊性看，持有权证在停止交易时并非完全失去价值，如果该权证在行权期间届满前，标的证券的价格下跌，低于行权价格，权证持有人所持权证可按行权价向发行人卖出，则持有行权仍然具有相应的投资价值，即行为人依然可以正常行使权证权利。因此，关注最后交易日的内容还是关注行权期间的内容，反映的是不同投资者的投资理念。但是发行人在进行权证信息披露时，公告的标题、格式、内容均应符合交易规则，不可能根据不同投资者的阅读习惯和投资偏好制定，本案中提示性公告的标题中虽然没有出现“最后交易日”字样，但在从事高风险的权证交易时，投资者应当全面阅读和了解有关权证的公告标题和具体内容。在公告内容中，某机场集团已经依照交易规则在有效期间内充分、明确提示投资者“机场JTP1”的最后交易日为2006年12月15日，在发行人被告某机场集团尽到了权证信息公告的披露义务、证券交易机构被告某证券交易所尽到了监管义务且权证信息披露准确、交易规则制定完善的前提下，因陈某自身的疏忽未发现重要信息或未充分了解权证的有关规则而产生亏损，相应的法律后果应由其自行承担。陈某在从事权证交易之前，已经签署了《权证风险揭示书》，其明确提示了权证交易的风险，要求权证投资者应认真阅读权证发行说明书和上市公告书，对其他可能影响权证交易和价格的因素也必须有所了解和掌握。投资者在从事权证交易时，应当学习足够的权证交易知识，充分了解和掌握权证交易规则和相关公告等信息，熟悉权证交易的规则和具备相应的投资风险认知能力。陈某在2006年12月15日之前进行了多种其他权证品种的交易，在2006年12月15日当日还频繁买卖涉案“机场JTP1”权证获取差价。由此可知，陈某应当是具有一定的权证交易经验的。在某机场集团、某证券交易所已经按照交易规则将权证的有关知识、规则、信息予以提示和披露的情况下，陈某作为理性的、成熟的投资者，应在充分了解权证交易规则和各种风险的基础上进行高风险的权证交易，一旦根据自主决定进行权证买卖交易，在享有权证交易可能带来的收益的同时，也应承担可能出现的风险。因为疏忽大意没有发现重要信息，或者没有充分了解权证的有关规则，在进行交易行为时产生亏损的，其应自行承担相应的后果。

【法条指引】

中华人民共和国证券法

第二条 在中华人民共和国境内，股票、公司债券和国务院依法认定的其他证券的发行和交易，适用本法；本法未规定的，适用《中华人民共和国公司法》和其他法律、行政法规的规定。

政府债券、证券投资基金份额的上市交易，适用本法；其他法律、行政法规另有规定的，适用其规定。

证券衍生品种发行、交易的管理办法，由国务院依照本法的原则规定。

第六十三条 发行人、上市公司依法披露的信息，必须真实、准确、完整，不得有虚假记载、误导性陈述或者重大遗漏。

第一百零二条 证券交易所是为证券集中交易提供场所和设施，组织和监督证券交易，实行自律管理的法人。

证券交易所的设立和解散，由国务院决定。

第一百一十八条 证券交易所依照证券法律、行政法规制定上市规则、交易规则、会员管理规则和其他有关规则，并报国务院证券监督管理机构批准。

中华人民共和国民法通则

第一百零六条第二款 公民、法人由于过错侵害国家的、集体的财产，侵害他人财产、人身的，应当承担民事责任。

上海证券交易所权证管理暂行办法

第四条 本所对权证的发行、上市、交易、行权及信息披露进行监管，中国证监会另有规定的除外。

第八条第二款 权证上市申请经本所核准后，发行人应在其权证上市2个工作日之前，在至少一种指定报纸和指定网站上披露上市公告书。

第十四条第二款 权证存续期满前5个交易日，权证终止交易，但可以行权。

第十五条 发行人应当在权证存续期满前至少7个工作日发布终止上市提示性公告。

第十七条第一款 本所有权根据市场需要，要求发行人和相关投资者履行相关信息披露义务。

4. 证券公司因在通知客户新股申购信息时存在过失而导致客户认为其成功申购新股，证券公司是否应当对客户进行赔偿？

【宣讲要点】

经国务院证券监督管理机构批准设立的证券公司可以经营相关的证券业务，其中就包括接受客户的委托代为申购新股。证券客户委托证券公司申购新股的法律关系为委托代理关系，证券客户为委托方，即被代理人；证券公司为受托方，即代理人。代理人不履行职责而给被代理人造成损害的，应当承担民事责任。证券客户认为证券公司在新股申购过程中存在过失而向证券公司索赔的，需证明其所受的实际损失以及所受损失与证券公司的过失之间的因果关系。证券公司通知客户新股申购配号信息中存在的过失与客户新股申购失败之间不存在必然的因果关系，因此，证券公司因在通知客户新股申购信息时存在过失而导致客户认为其成功申购新股的，证券公司只需赔偿客户因这一误认而导致的合理支出，无须赔偿其他费用。

【典型案例】

1997年3月13日，夏某委托某证券有限公司无锡营业部（以下简称无锡营业部）办理深圳证券交易所（以下简称深交所）的股票交易手续。1998年3月，深交所上岗发行五粮液新股，每股发行价格14.77元。3月27日，夏某在无锡营业部交款20万余元，申购五粮液新股1.4万股。3月31日，深交所交易系统的计算机主机按每1000股有效申购自动编一个发行配号的方式进行连续编号后，将发行配号记录传给各证券交易网点。同时，无锡营业部接到该记录后向夏某出具了配号交割凭单。凭单载明，夏某的14个发行配号的起始号为000141131。4月2日，《中国证券报》上公布了五粮液股票发行配号摇号抽签结果，其中凡发行配号的尾数是136的为一组中签号码，凭中签号码可以认购1000股。夏某经核对后，确认自己有一张发行配号业已中签，但当日其账户上并未交割到1000股五粮液股票，且其交纳的20万余元购股票款也全部返还到账户上。夏某多次与无锡营业部交涉，均未达到目的，遂提起诉讼。

人民法院经审理查明：1998年3月23日，深交所曾向各网点单位发出关于股票和基金上网发行配号字段修改的通知。称：从“基金开元”的发行日起，深交所将以前配号内容存放在成交记录的“成交时间”（FCJSJ）字段中的做法，改为回报数据记录中的发行配号和中签号内容放在成交记录中“对方序号”（FDFXH）字段的后12位内，请务必在本月24日修改好与此相关的程序。被告无锡营业部接此通知后，未及时修改相关程序，导致计算机系统的配号读取程序仍将放在“成交号码”（FCJHM）字段中的数据内容000141131作为发行配号读取打印出来。而在原告夏某成交记录的库文件中，“对方序号”字段的内容为000001499909（下称909）。无锡营业部发现错误后，曾于1998年4月1日在大厅内重新张贴了发行配号。根据深交所语音信箱查询服务系统查询得知，申购五粮液的发行配号909及其后的13个配号，均未中签。

原告诉称：证券公司的配号交割单是不可更改的合同。被告否认原告中签，不按给原告的配号单交割股票，剥夺了原告的股票认购权，给原告造成了损失。请求人民法院确认原告有1000股五粮液新股的认购权，并判令被告按申购款的5%即10339元赔偿给原告造成的精神损失。

被告辩称：原告申购新股的真实起始配号是909，该号码及其后的13个号码并未中签。原告所说的配号交割单，仅起通知单的作用，并非与客户成交的法律凭证。被告虽然因工作失误错误传达了配号，但是与原告没有中签之间无因果关系，也没有给原告造成任何损失。原告的诉讼请求没有事实和法律依据，应当驳回。

人民法院经审理，判决驳回夏某要求确认1000股五粮液新股认购权的诉讼请求；无锡营业部赔偿夏某的经济损失2000元。第一审宣判后，双方当事人均未上诉。

【专家评析】

本案的争议焦点是：无锡营业部因在通知夏某新股申购信息时存在过失，导致夏某认为其成功申购新股，无锡营业部应承担何种责任？

某证券有限公司是依法成立的证券公司，可以开展相关的证券业务。无锡营业部是证券交易所的代理商，夏某与无锡营业部属委托代理关系，无锡营业部未按深交所的通知及时修改配号读取程序，导致在代理夏某申购五粮液新股过程中，转达了错误的配号，无锡营业部是有过失的。民法通则第66条第2款规定："代理人不履行职责而给被代理人造成损害的，应当承担民事责任。"无锡营业部因自己的过失致使夏某为配号权问题往返奔走交涉造成一定的经济损害，应当承担赔偿责任，具体数额应当视具体情况酌情而定。无锡营业部在不掌握新股上网发行的配号权的情形下，给夏某出具交割凭单，并非掌握新股上网发行配号权的深交所的真实意思，不能作为确认发行配号的有效凭证；况且无锡营业部的工作失误，与夏某的发行配号能否中签之间并无必然的因果关系，故夏某要求确认自己有1000股五粮液新股认购权的诉讼请求不应得到支持。无锡营业部错误转达发行配号，虽然给夏某带来一些精神上的不愉快，但是尚不至于使其在身心上蒙受巨大的痛苦和创伤的程度。夏某主张以申购款的5%判令无锡营业部为其赔偿精神损失，属于对权利的滥用，没有事实根据和法律依据，也不能得到支持。

综合以上分析，某证券公司作为代理人，因其未履行职责给被代理人夏某造成损失的，应当承担一定的民事责任。但是，夏某请求某证券公司赔偿的范围仅限于其因为误认而导致的合理支出，从而有权向人民法院主张一定的经济赔偿，具体赔偿多少，应由人民法院酌情处理。本案中，人民法院判令无锡营业部赔偿夏某经济损失2000元是综合全案酌定处理的结果，是较为合理的。

【法条指引】

中华人民共和国证券法

第一百二十五条 经国务院证券监督管理机构批准，证券公司可以经营下列部分或者全部业务：

（一）证券经纪；

（二）证券投资咨询；

（三）与证券交易、证券投资活动有关的财务顾问；

（四）证券承销与保荐；

（五）证券自营；

（六）证券资产管理；

（七）其他证券业务。

中华人民共和国民法通则

第六十六条第二款 代理人不履行职责而给被代理人造成损害的，应当承担民事责任。

证券公司监督管理条例

第二条 证券公司应当遵守法律、行政法规和国务院证券监督管理机构的规定，审慎经营，履行对客户的诚信义务。

▶ 5. 什么是“拖拉机账户”？侵占“拖拉机账户”内的证券资产后又将价值相等的证券转挂至权利人资金账户是否属于证券返还？

【宣讲要点】

按照证券交易管理规则，证券投资者的资金账户与证券账户应当一一对应，一个投资者在一家证券公司的营业部只能开立一个资金账户，该资金账户只能连接一个同名的证券账户。但在2006年前，我国证券市场投资者（包括企业法人）一个资金账户同时连接多个他人名义证券账户进行交易和结算的现象却司空见惯，对此，业界形象地称之为“拖拉机账户”。此种现象产生的原因较为复杂，有的是为了规避进入二级市场的身份限制；有的是为了分仓持股，规避成交申报的法律规定；有的是利用分仓违规交易，造成某种证券交易活跃的假象；更有甚者，有些股市庄家使用“拖拉机账户”的直接目的就是利用自己控制不同身份的证券账户，进行不转移所有权的自买自卖，进而操纵市场。由于“拖拉机账户”的普遍存在，投资者不通过公开市场交易，直接改变证券账户及其股票与资金账户的连接关系，将相关证券账户在不同当事人的资金账户间转挂的行为也成为普遍现象。2006 年，新修订的证券法开始实施，规定了禁止法人非法利用他人账户从事证券交易；禁止法人出借自己或者他人的证券账户；禁止任何人在自己实际控制的账户之间进行证券交易，影响证券交易价格或者证券交易量，以达到操纵证券市场的目的。这就对设立“拖拉机账户”的行为作出一定的规制。

设立“拖拉机账户”虽然属于一种违规行为，可能会导致行为人承担相应的行政甚至是刑事责任的法律后果，但不能据此否认当事人的民事权利。在民事案件中，“拖拉机账户”内证券资产的权属认定，要以行为人对“拖拉机账户”是否具有实际控制力为标准，而不能根据账户名义简单认定。侵占“拖拉机账户”内的证券资产，事后又将相同数量的同种证券通过他人名义的证券账户转挂至权利人资金账户归权利人实际控制的，应当认定为证券返还。

【典型案例】

余某于 2000 年起在某证券公司青春坊营业部开设账户进行股票交易，其资金账户为 13105148（以下简称 148），同名证券账户为 A333236609（以下简称 609），但同时还以他人名义开立的多个证券账户与 148 资金账户相连接，证券账户转挂及股票买卖行为频繁发生。2004 年 1 月 16 日，余某授权某证券公司青春坊营业部将各证券账户转挂至 13106444（以下简称 444）等资金账户。至同年 6 月 1 日，609 证券账户内有宁波韵升股票 19 万余股，仍与余某 148 资金账户连接。次日，该证券账户及其股票从

148 资金账户转挂至“曲某”的 444 资金账户。6 月 8 日、6 月 9 日，证券账户内 19 万余股宁波韵升股票被某证券公司青春坊营业部变卖，所得资金没有进入余某资金账户；同时，某证券公司青春坊营业部又通过 A445126196、A445126293、A445126170、A445126340 4 个证券账户（以下简称 4 证券账户）买入宁波韵升股票。当时，4 证券账户与杭州利源的 13107586（以下简称 586）资金账户相连接。7 月 19 日、8 月 30 日、9 月 17 日，某证券公司青春坊营业部将 4 证券账户及其中 19 万余股宁波韵升股票陆续从杭州利源 586 资金账户转挂至杭南房产的 13107702（以下简称 702）资金账户。11 月 15 日，又将 4 证券账户从杭南房产 702 资金账户转挂至余某 148 资金账户。同日，因他案纠纷，人民法院根据某证券公司申请，查封了 4 证券账户及其股票。查封期间，宁波韵升股票两次进行送股及现金分红，4 证券账户共获送股 14 万余股，现金分红计 5 万余元被划入余某 148 资金账户。此后，4 证券账户内所有股票作为余某的财产被人民法院强制执行。

4 证券账户于 2003 年 5 月 15 日开户，自开户时起至 2004 年 11 月 15 日被人民法院查封时止，余某资金账户中并没有相应资金支出用于购买 19 万余股宁波韵升股票。

2007 年 2 月 12 日，余某以“某证券公司青春坊营业部未经授权擅自变卖余某 609 证券账户内的股票构成侵占”等为由，向人民法院提起诉讼，请求判令返还股票（包括送股部分）及现金分红。

在庭审中某证券公司及其青春坊营业部共同辩称：609 证券账户转挂至“曲某”资金账户后，其中股票虽曾被变卖，但事后又分别以对倒方式购买，转入原先不属于余某的证券账户。经杭州利源、杭南房产资金账户多次转挂，2004 年 11 月 15 日又转挂至余某资金账户，相应的宁波韵升股票已返还。余某诉请无据，应予驳回。

人民法院经审理认为：609 证券账户内股票“转挂”至曲某的资金账户后，其中的股票虽由青春坊营业部在曲某、杭州利源、杭南房产的资金账户内流转，但至 2004 年 11 月 15 日又已转入余某 148 资金账户内，此后的送股及分红，也陆续转入余某账户，余某要求返还股票及分红的诉讼请求，没有事实和法律依据。据此判决，驳回余某的诉讼请求。

余某不服一审判决，提起上诉。二审人民法院经审理，驳回上诉，维持原判。

【专家评析】

本案的争议焦点为：4证券公司侵占账户内资金后将价值相等证券转挂归余某控制是否属于证券返还的情形？

（1）本案中“拖拉机账户”相关背景分析。就本案而言，余某以他人名义开立多个证券账户与其148资金账户相连接。2004年6月2日，余某609证券账户及其19万余股宁波韵升股票转挂至“曲某”444资金账户；同年7月19日、8月30日、9月17日，杭州利源586资金账户连接的4证券账户及其19万余股宁波韵升股票转挂至杭南房产702资金账户；同年11月15日，杭南房产资金账户所连接的4证券账户及股票又转挂至余某148资金账户等，都是我国证券市场“拖拉机账户”现象在现实生活中的折射。这种开立“拖拉机账户”以及将证券账户在不同资金账户间转挂的行为无疑与证券实名制以及相关证券交易管理规则等相冲突，对此，相关当事人应当承担行政违法责任，由证券监管部门负责处理。但在民事案件中，不能因为法律、法规禁止此类行为而否认行为的客观性，也不能因为这种客观存在的行为本身违规、违法而否定当事人相关的民事权利。余某不能以股票交易须通过证券公开市场进行，股票过户及转让也必须在不同证券账户间经过证券登记中心变更登记等为据，否认本案证券账户及其股票在不同资金账户间转挂的事实。因为证券账户的转挂意味着该证券账户与资金账户的对应关系发生了变化，本身是不规范的操作方式，这种行为不可能在证券公开市场通过交易的形式进行，更不可能在证券登记结算中心登记过户，由此，当事人也不可能取得证券公开市场或证券登记结算中心的相关证据材料来证明这种转挂事实，对此，余某主观上是知道或应当知道的。

（2）“拖拉机账户”资产的权属认定。证券投资者的资金账户和证券账户一一对应，是证券实名制的必然要求，在当事人行为符合证券实名制要求的正常状态下，资金账户与证券账户的名义人往往是账户资产的真正权利人，但“拖拉机账户”资产的权属认定却要复杂得多。实践中，“拖拉机账户”大致可分三类：一是以自己的名义开立资金账户和证券账户，但同时借用他人名义开立多个证券账户；二是借用他人名义开立资金账户和证券账户；三是使用虚构的名义开立多个资金账户和证券账户。无论何种情形，资金账户与证券账户的连接关系都是错综复杂的，证券账户与资金账户的名义人并不对应，资产的权属争议往往也因此而生。

“利之所在，责之所归”是基本的立法学和解释学原理，也是法律规定相关主体民事责任、行政责任和刑事责任的立论基点，在法律并没有明确“拖拉机账户”权属的情形下，我们可以反推该解释原则为：“责之所在，利之所归。”法律、法规的规定和监管部门的行政执法实践均以实际使用人和控制人对账户的实际控制力作为追究其行政、刑事责任的依据，因此，应以此作为确认民事权利之标准。即只要行为人能够证明对“拖拉机账户”具有实际控制力，就应认定归其所有；即便该行为人存在行政违法行为，也不能因此否定其民事权利。

本案中，609证券账户是与余某148资金账户相连接的同名证券账户，该证券账户内19万余股宁波韵升股票原属余某所有，这是无可争辩的事实。2004年6月2日，某证券公司青春坊营业部将609证券账户及其中19万余股宁波韵升股票转挂至“曲某”的资金账户，但其并不否认该证券账户及其股票在转挂后仍归余某所有的事实，“曲某”也未曾就该证券账户及股票提出权利主张，因此，应当认为余某对转挂后的609证券账户仍具有实际控制力，对该证券账户内的股票仍然拥有所有权。然而，同年6月8日、6月9日，在未经余某同意的情况下，某证券公司青春坊营业部将609证券账户内19万余股宁波韵升股票全部变卖，余某便失去对该证券资产的控制，其权益受到了某证券公司青春坊营业部的侵犯。

后来，某证券公司青春坊营业部又通过4证券账户买入同种股票，并通过多次转挂，于2004年11月15日将4证券账户及其中股票转挂至余某148资金账户。2004年11月15日后，4证券账户及其股票权属是否归于余某，是认定某证券公司事后是否已返还股票的一个前提。对此，余某提出，根据证券实名制要求，只有本人名义证券账户内的股票才属于本人，他人名义的证券账户及其股票并不属于本人，故4证券账户及股票与余某无关。从规范的要求看，余某该主张应无疑问，但正如前述，“拖拉机账户”的证券资产权属应当以行为人对账户的实际控制力为标准认定，而不能简单依照账户名义认定。4证券账户的名义人虽非余某，但在2004年11月15日这一时点之后，却与余某148资金账户存在着连接关系，而且，在他案审理过程中，4证券账户及其股票连同其他多个非余某名义的证券账户与余某资金账户一并由人民法院作为余某的财产予以查封。查封期间，股票现金分红被划入余某资金账户，其后，包括送股在内的所有股票及资金均被作为余某的财产执行，至今为止，并无任何证券账户的名义人就其中证券资产提出权利主张。因此，可以认定，余某在2004年11月15日后对4证券账户具有实际的控制力，对其中的证券资产拥有合法权利。

（3）侵占“拖拉机账户”资产的责任承担。正如前述，对“拖拉机账户”有实际控制力的人是其中证券资产的真正权利人，他人如侵占了“拖拉机账户”内的证券资产，应当向真正权利人（即实际控制人而不是证券账户的名义人）承担侵权责任。根据民法通则的规定，承担民事责任的方式包括返还财产、赔偿损失等。

本案中，某证券公司未经同意擅自将余某609证券账户内19万余股宁波韵升股票变卖，无疑构成侵权。而如前所述，2004年11月15日后，余某对4证券账户内的证券资产也已拥有合法权利，也就是说，某证券公司已经通过将4证券账户及股票转挂给余某达到了返还之前侵占证券的效果，余某起诉请求判令某证券公司及其青春坊营业部返还股票与现金分红，属于重复主张权利，因而不能得到人民法院的支持。

【法条指引】

中华人民共和国证券法

第七十七条第三项　禁止任何人以下列手段操纵证券市场：

（三）在自己实际控制的账户之间进行证券交易，影响证券交易价格或者证券交易量。

第八十条 禁止法人非法利用他人账户从事证券交易；禁止法人出借自己或者他人的证券账户。

第二百零八条 违反本法规定，法人以他人名义设立账户或者利用他人账户买卖证券的，责令改正，没收违法所得，并处以违法所得一倍以上五倍以下的罚款；没有违法所得或者违法所得不足三万元的，处以三万元以上三十万元以下的罚款。对直接负责的主管人员和其他直接责任人员给予警告，并处以三万元以上十万元以下的罚款。

证券公司为前款规定的违法行为提供自己或者他人的证券交易账户的，除依照前款的规定处罚外，还应当撤销直接负责的主管人员和其他直接责任人员的任职资格或者证券从业资格。

中华人民共和国民法通则

第一百三十四条 承担民事责任的方式主要有：

……

（四）返还财产。

……

证券公司监督管理条例

第二十八条 证券公司受证券登记结算机构委托，为客户开立证券账户，应当按照证券账户管理规则，对客户申报的姓名或者名称、身份的真实性进行审查。同一客户开立的资金账户和证券账户的姓名或者名称应当一致。

……

证券公司不得将客户的资金账户、证券账户提供给他人使用。

第七十九条 证券公司将客户的资金账户、证券账户提供给他人使用的，依照《证券法》第二百零八条的规定处罚。

中国证券登记结算有限责任公司证券账户管理规则

第三章第六条 一个自然人、法人可以开立不同类别和用途的证券账户。但是，对于同一类别和用途的证券账户，一个自然人、法人只能开立一个。

国家法律、法规和行政规章等另有规定的除外。

▶ 6. 举报有关机构或者个人违规操作证券是否属于证券期货信访事项？对此负有监管职责的主体是谁？

【宣讲要点】

信访，是指公民、法人或者其他组织采用书信、电子邮件、传真、电话、走访等形式，向各级人民政府、县级以上人民政府工作部门反映情况，提出建议、意见或者投诉请求，依法由有关行政机关处理的活动。举报有关机构或者个人违反证券期货法律、行政法规、规章的行为属于证券期货信访事项，其中机构包括证券发行人、上市公司、证券经营机构、期货经营机构、基金管理公司、基金托管银行、基金代销机构、证券期货投资咨询机构、证券期货资信评估机构，以及从事证券业务的律师事务所、会计师事务所、资产评估机构等单位。中国证券监督管理委员会依法对全国证券市场实行集中统一监督管理，其可以根据需要设立派出机构，派出机构按照中国证券监督管理委员会的授权对辖区范围内的有关机构或者个人违反证券期货法律、行政法规、规章等行为具有调查核实的法定职责。

【典型案例】

2012 年 11 月 22 日，周某某等 3 人以特快专递方式向中国证券监督管理委员会××监管局（以下简称××证监局）提出书面申请，请求其履行法定职责，依法查实南京某银行 2007 年至 2011 年报表中存在的虚假记载嫌疑事实，依法对南京某银行及高管、审计机构某会计师公司进行行政处罚。××证监局收到该申请后，于 2012 年 11 月 30 日作为信访案件予以立案受理，其后××证监局向南京某银行和某会计师公司进行了调查，并制作了谈话笔录，南京某银行和某会计师公司也向××证监局提供了相关材料予以说明。因情况较为复杂，××证监局于2013年1月17日经负责人批准延长办理期限，但未将此情况及延期理由告知周某某等3人。2013年2月22日，××证监局作出苏证监信复字〔2013〕13号信访答复函（以下简称“13号信访答复”）告知周某某等3人，经查未发现南京某银行在信访投诉涉及的2007年至2011年年报项目中存在虚假记载情况；××证监局在以往类似信访处理过程中，已多次与信访人及有关代理律师等进行过反馈和交流。周某某等3人认为××证监局“行政不作为”的行为违法，遂诉至人民法院。

人民法院经审理认为，周某某等3人认为××证监局以信访答复函的形式作出回复即属于“行政不作为”、××证监局应对南京某银行和某会计师公司作出行政处罚的诉讼主张，因缺乏事实和法律依据，不予支持。判决驳回周某某等3人的诉讼请求。

周某某等3人因不服一审判决上诉称，上诉人申请的事项不属于《信访条例》第14条规定的情形，原审将上诉人的申请书认定为信访，违反了《最高人民法院关于执行〈中华人民共和国行政诉讼法〉若干问题的解释》第39条的规定，系适用法律错误。请求人民法院依法撤销原审判决，确认被上诉人行政不作为违法。

被上诉人××证监局辩称，被上诉人针对上诉人反映内容的处理符合相关法律规定；被上诉人依法履行了调查核实和答复职责，不存在行政不作为；上诉人曲解了相关法律规定的本意。请求驳回上诉，维持原判。

二审人民法院认为，原审人民法院认定事实清楚，审判程序合法，裁判结果并无不当。遂判决：驳回上诉，维持原判。

【专家评析】

××证监局作为中国证监会的派出机构之一，根据授权依法对辖区内的上市公司、从事证券业务的会计师事务所等进行监督管理。依照《信访条例》和《中国证券监督管理委员会信访工作规则》的相关规定，举报有关机构或者个人违反证券期货法律、行政法规、规章的行为属于证券期货信访事项。本案中，××证监局在接到周某某等3人寄送的申请书后，根据其反映的内容结合上述规定，以信访件的形式进行登记受理并无不当。××证监局经调查核实，未发现周某某等3人所指称的违法、违规行为，在延长的办理期限内，将调查结果书面答复周某某等3人。根据《信访条例》和《中国证券监督管理委员会信访工作规则》的规定，××证监局延长办理期限，应告知周某某等3人延期理由。××证监局未将延期情况和理由告知周某某等3人，存在一定瑕疵，但结合其前后履行职责情况，并不构成行政不作为，且属于已经依法履行了证券法规定的监管职责。周某某等3人认为××证监局以信访答复函的形式作出回复即属于“行政不作为”、××证监局应对南京某银行和某会计师公司作出行政处罚的诉讼主张，缺乏事实和法律依据，不能成立。

【法条指引】

中华人民共和国证券法

第七条　国务院证券监督管理机构依法对全国证券市场实行集中统一监督管理。

国务院证券监督管理机构根据需要可以设立派出机构，按照授权履行监督管理职责。

信访条例

第二条　本条例所称信访，是指公民、法人或者其他组织采用书信、电子邮件、传真、电话、走访等形式，向各级人民政府、县级以上人民政府工作部门反映情况，提出建议、意见或者投诉请求，依法由有关行政机关处理的活动。

采用前款规定的形式，反映情况，提出建议、意见或者投诉请求的公民、法人或者其他组织，称信访人。

第三十三条　信访事项应当自受理之日起60日内办结；情况复杂的，经本行政机关负责人批准，可以适当延长办理期限，但延长期限不得超过30日，并告知信访人延期理由。法律、行政法规另有规定的，从其规定。

中国证券监督管理委员会信访工作规则

第二条 本规则所称证券期货信访，是指公民、法人或者其他组织采用书信、传真、电话、走访、互联网等形式，向中国证券监督管理委员会（以下简称中国证监会）及其派出机构反映情况，提出建议、意见或者投诉请求，依法由中国证监会及其派出机构处理的活动。

本规则所称信访人，是指采用前款规定的形式，反映情况，提出建议、意见或者投诉请求的公民、法人或者其他组织。

第三十九条 信访事项应当自受理之日起60日内办结，并书面答复信访人。但是，信访人姓名（名称）、联系方式不清、虚假，或者明确要求不需要书面答复的除外。

信访事项已经受理，信访人在办理期限内就同一信访事项提供新的事实理由，办理期限从信访工作机构收到新的事实理由之日起重新计算。

对于重大、紧急，或者事实清楚、政策明确的信访事项，承办信访事项的有关部门应当从快办理。情况复杂的，承办信访事项的会内有关部门经分管会领导批准，派出机构经负责人批准，可以适当延长办理期限，但延长期限不得超过30日，并告知信访人延期理由。法律、行政法规另有规定的，从其规定。

中国证监会交由派出机构办理的信访事项，派出机构书面答复信访人并抄送信访办。

最高人民法院关于执行《中华人民共和国行政诉讼法》若干问题的解释

第五十六条第一项 有下列情形之一的，人民法院应当判决驳回原告的诉讼请求：

（一）起诉被告不作为理由不能成立的；

▶ 7. 认定构成短线交易的条件有哪些?

【宣讲要点】

短线交易，是指上市公司的董事、监事、高级管理人员及大股东，在法定期间内，对公司上市股票买入后再行卖出或卖出后再行买入，以谋取不正当利益的行为。我国证券法第47条规定，上市公司董事、监事、高级管理人员、持有上市公司股份5%以上的股东，将其持有的该公司的股票在买入后6个月内卖出，或者在卖出后6个月内又买入，由此所得收益归该公司所有，公司董事会应当收回其所得收益。但是，证券公司因包销购入售后剩余股票而持有5%以上股份的，卖出该股票不受6个月时间限制。短线交易收益的归入制度确立的目的是通过对收益的归入，来防止上市公司董事、监事、高级管理人员或持有股份5%以上的股东利用了解公司内幕信息的特定地位和优势进行交易。据此，是否构成短线交易行为应从交易主体特定身份的构成要件和客观上所具备的交易条件进行综合认定。

【典型案例】

某股份公司系经核准公开发行股票并在某证券交易所上市交易的股份有限公司，其股票代码为600149。2009年4月17日，被告严某通过某人民法院组织的公开拍卖，以总价款人民币1.1万余元竞买获得原告限售流通股份3000万股，占原告总股本7.89%。2009年5月22日原告董事会发布公告，其限售流通股自2009年6月1日起上市流通。2009年6月1日被告通过某证券交易所以每股4.93元的价格卖出所持原告股份1900万股，占原告总股本4.998%。嗣后，原告要求被告按照证券法第47条的规定，将买卖后的差价收益归入公司。双方协商未成，原告遂起诉到人民法院，请求将严某的收益归入公司。

人民法院经审理认为，被告的身份不符合短线交易的构成要件，客观上没有利用内幕信息进行证券交易的行为，不能构成短线交易，也就不能适用收益归入制度的相关规定，原告的诉讼请求不能成立，最终判决驳回原告的诉讼请求。

【专家评析】

本案系针对短线交易的纠纷。我国证券法确立了短线交易收益归入制度，其目的在于通过公司对交易收益的追缴，以有效地淡化、消除内幕人员从事内幕交易的动机，从而在一定程度上减少、防止内幕交易的发生。既然立法宗旨是减少内幕交易，则该项立法所规制的对象应限定为具备特定的身份，且凭借其身份可获得公司内幕信息的相关人员。证券法将此类人员细化为公司董事、监事、高级管理人员、持有上市公司股份5%以上的股东。因此，短线交易的构成是以行为人具有上述人员之身份为前提的。同时，证券法第47条又将“短线交易”定义为行为人在6个月内有“先买后卖”或“先卖后买”的两次以上相反买卖交易行为，由此，短线交易收益归入制度适用的逻辑过程应当是：行为人首先获得公司董事、监事、高级管理人员或持有5%以上股份股东之身份，然后在6个月内有一组以上买卖反向交易行为。

本案中，被告在实施买入及卖出原告股份之反向交易之前，并不具备证券法所确定的特殊身份，不能将被告买入该公司股份3000万股这一单一行为既推断为其构成短线交易主体资格的条件，又视作反向交易行为的一端。因此，若被告购入3000万股所产生法律效果系构成了短线交易的主体，则之后“卖出1900万股”的行为因缺乏一组反向的交易行为而不能符合短线交易行为的构成要件；同样，若认定被告“购入3000万股、卖出1900万股”构成证券法所规制的反向交易行为，被告则因实施行为之前并不具备特殊身份而不具备短线交易的主体资格。因此，被告的身份及行为尚不符合短线交易的构成要件。

如上文所言，证券短线交易收益归入制度的旨意在于减少内幕交易，其规制的对象是可能利用内幕信息进行交易的行为。本案被告是通过人民法院委托的司法拍卖而竞买取得股票，由于参加拍卖取得股票与通过证券交易所购入股票，在交易场所、时间、程序、风险及成本等方面具有质的区别。对于司法拍卖，整个交易时间及价格被告无法控制，无法利用内幕消息与司法拍卖进行配合。更值得注意的是，被告竞买取得的股票系限售股，根据相关规定，限售股在卖出的时间上有严格限制，至少在禁受期内不得买卖。而本案限售股解禁的时间完全取决于原告，对此被告无法控制和预料。因此，被告不仅在取得股票时无法与内幕信息相配合，卖出条件的满足也取决于原告办理限售股解禁的时间，无法利用内幕信息进行交易。据此，被告客观上缺乏利用内幕信息进行证券交易的条件。

综上，由于被告的身份尚不符合短线交易的构成要件，客观上也缺乏利用内幕信息进行证券交易的条件，故本案不能适用证券法第47条关于短线交易收益归入制度的相关规定，原告的诉讼请求不能得到支持。

【法条指引】

中华人民共和国证券法

第四十七条第一款　上市公司董事、监事、高级管理人员、持有上市公司股份百分之五以上的股东，将其持有的该公司的股票在买入后六个月内卖出，或者在卖出后六个月内又买入，由此所得收益归该公司所有，公司董事会应当收回其所得收益。但是，证券公司因包销购入售后剩余股票而持有百分之五以上股份的，卖出该股票不受六个月时间限制。

▶ 8. 客户借用证券经营机构资金购买股票亏损后以股票抵欠债款的效力如何？

【宣讲要点】

我国法律明确规定金融机构不得为股票交易提供贷款，证券经营机构明知违法仍为股票交易提供贷款的，是严重的违规行为，应确认借款协议无效。客户用证券经营机构的资金从事股票交易发生亏损，不能偿还贷款的本金及利息的，证券经营机构不得直接与客户进行交易，双方基于此签订的股权转让协议因借贷的不合法而归于无效。双方没有依法履行股权转让的相关手续的，股权不发生转让，股票交易产生的获利或亏损的后果均应由原股票持有人承担，证券经营机构无权从客户账户上提取资金，已经提取的，依法应当予以返还。

【典型案例】

王某于1993年10月11日在某证券有限公司广州营业部（以下简称广州营业部）开立账户，从事股票买卖活动。1994年8月5日至9月12日，王某与广州营业部先后签订5份《借款协议》，约定：广州营业部借款给王某作买卖股票之用，借款期均为1个月，借款利息以月息16‰计。协议签订后，王某共向广州营业部借款人民币133万元（8月5日借10万元、12日借13万元、9月1日借10万元，7日、12日分别借80万元、20万元），其中8月5日所借款项到期后，双方于9月7日签订《展期（续期）协议》，约定此借款10万元续期1个月，续期利息以月息10‰计，续期至同年10月5日止。1994年12月5日，王某与广州营业部又签订《借款协议》，确认王某借款总金额为133万元，王某账户中的股票尚值190万元，如遇到特殊情况，王某经广州营业部同意，可延长借款期至1995年6月1日，如王某账户中现金和股票价值下降至150万元，广州营业部有权斩仓。

王某借取款项后，用作买卖股票，后未能按约定向广州营业部还款付息，双方遂于1995年4月28日签订《关于转让股票的协议》，约定：广州营业部以每股人民币2.97元一次性接收原告“仪征化纤”股票43万余股，折合人民币130余万元，扣除股票卖出应缴手续费9000余元（总额7‰），股票净值129万余元，以抵还原告向被告借款的部分本金；王某共向广州营业部借款133万元，应付利息19万余元，抵扣后原告尚欠被告23万余元，于1995年7月15日前向被告一次性还清；协议签订后，王某账户上“仪征化纤”股票归被告所有，由此所发生的一切盈亏由被告负责，王某无权动用此账户的现金余额及股票。协议签订后，适逢“仪征化纤”股票价格回升，王某多次要求广州营业部退回股票未果，广州营业部在同年5月22日以委卖方式将王某的43万余股“仪征化纤”股票抛售，成交价平均为每股4.31元，收入总额187万余元划入王某账户。5月23

日广州营业部从王某账户提取152万余元，5月25日又从王某账户提取约35万元，两次提款合计金额187万余元。广州营业部支付了交易和委托手续费后，减去借给原告的本金133万元，广州营业部实际赚取54万余元。王某因要求广州营业部返还扣除借款本息后的差额未果，向人民法院提起诉讼。请求人民法院判令广州营业部返还折抵后本金46万余元及其利息，并承担本案诉讼费用。

在庭审中广州营业部答辩称，原告起诉不属实。原告主动向我公司借款炒股票，双方签订的协议意思表示真实。1995年4月股票下跌，原告的股票价值不能偿还我公司的借款，我公司要求其平仓，原告主动提出以其拥有的股票抵偿借款，双方遂签订转让股票协议。我公司接收的股票是在原告要求平仓时的股价，与原告起诉提出的金额不符，我公司不应偿还该款。

人民法院经审理认为，被告广州营业部不具有从事借贷业务经营的资格，借款给原告作股票买卖交易之用，约定的利息高于国家银行规定的贷款利息，且违反《股票发行与交易管理暂行条例》的有关规定，双方所签订的《借款协议》为无效协议，应依法追缴其与原告约定应付的利息及对被告作罚款处理（另行制作民事制裁决定书）。被告借款给原告进行股票交易，原告在股票买卖交易中亏损无法清还借款本金及利息，将持有的"仪征化纤"股票437800股转让给被告，抵偿部分借款；被告将原告股票抛售，赚取人民币54万多元，因原、被告之间的借贷不合法，转让股票抵偿借款的行为也不合法，对被告赚取的款项作追缴没收处理。原告主张相互返还各自财产，不予采纳。判决驳回原告王某的诉讼请求。人民法院同时对原、被告双方作出民事制裁决定书，决定对原告王某按约定应付的利息2.3万元予以追缴，对被告广州营业部赚取的股票转让交易差价54万余元予以追缴，并处以罚款3万元。

一审判决后，王某不服，向人民法院提起上诉。被上诉人广州营业部答辩服从原审判决，但对制裁决定申请复议。二审人民法院认为：被上诉人广州营业部作为金融机构向股民提供融资，违反了国家有关股票发行与交易管理法规的规定，原判确认上诉人与被上诉人之间的借款协议无效，是正确的。被上诉人作为证券经营机构，私下在自己的营业所直接与其代理的客户进行股票交易，违反国家有关法律法规和证券交易场所业务规则的规定，故上诉人与被上诉人所签订的《关于转让股票的协议》依法应属无效。上诉人与被上诉人之间并未依法办理股票交易手续，股票所有权及卖出收入仍属上诉人所有。被上诉人从上诉人账户提取的187万余元，扣抵借款本金133万元、合同期约定利息2.3万余元及合同期以外贷款利息11万余元后，差额41万余元和孳息应返还给上诉人。上诉人要求被上诉人退还多提扣款及利息的上诉理由成立，予以支持。原判事实清楚，定性有误，适用法律及处理欠妥，应予纠正。最终判决撤销一审民事判决；上诉人与被上诉人于1994年8月5日至9月2日先后签订的5份《借款协议》无效；上诉人与被上诉人于1995年4月28日签订的《关于转让股票的协议》无效；被上诉人于接到本判决书之次日起10日内返还41万余元及该款孳息给上诉人，逾期加倍计付欠款利息。

人民法院另作出复议决定书，认为：广州营业部作为金融机构向股民提供融资，违反了国家有关股票发行与交易管理法规的规定，其约定收取并已实际取得的利息2.3万余元属非法所得，依法应予追缴，并处罚款。王某是个人，不属行政法规处罚主体，不应作处罚，原制裁决定确认其为受罚主体有误。因而决定撤销一审法院民事制裁决定书；追缴广州营业部非法所得2.3万余元，上缴国库；处广州营业部罚款5万元，上缴国库。

【专家评析】

本案是一宗比较特殊的股票转让纠纷案件。其特殊性在于，纠纷的双方是证券经营机构及其客户，而客户买卖股票的资金又是从证券经营机构借得，因此法律关系比较复杂。本案的关键问题是某证券营业部抛售股票所得的定性，一审、二审的分歧也正在此。

首先，双方当事人先后签订的5份《借款协议》违反国家有关股票发行与交易管理法规的规定，协议无效。《股票发行与交易管理暂行条例》第43条明确规定："任何金融机构不得为股票交易提供贷款。"广州营业部作为证券经营机构，不具有从事借贷业务的经营资格，借款给原告作股票买卖交易之用，约定的利息高于国家银行规定的贷款利息，且违反《股票发行与交易管理暂行条例》的有关规定，其明知违法仍为股票交易提供贷款，是严重的违规行为，借款协议无效。

其次，双方签订的《关于转让股票的协议》也属无效民事行为。广州营业部作为证券经营机构，可以从事证券自营和委托买卖业务，但自营业务必须到证券交易所进行，不能在自己的营业所或柜台交易，不得与代理客户直接买卖股票，广州营业部的行为违反了《证券公司管理暂行办法》的有关规定；而且，因双方签订的借款协议无效，基于借款协议而产生的转让股票协议亦无效。广州营业部作为证券经营机构，借款给原告进行股票交易，原告在股票买卖交易中亏损无法清还借款本金及利息，被告便私下在自己的营业所直接与其代理的客户进行股票交易，将持有的“仪征化纤”股票43万余股转让给被告，以抵偿部分借款，违反了国家有关法规和证券交易场所业务规则的规定，因此，原告王某与被告广州营业部所签订的《关于转让股票的协议》依法也是无效的。

再次，股票及抛售后所得价款应属王某所有。双方签订的上述协议无效，且转让股票协议订立后，也没有办理股票过户手续，股票所有权并未转移。某证券营业部售出股票是以委托买卖方式进行，出售股票所得款项进入王某账户，因此股票价款仍属王某所有，广州营业部不能擅自处分。广州营业部从王某账户提取的187万余元，扣抵借款本金133万元、合同期约定利息及合同期以外贷款利息后，差额41万余元和孳息应返还给王某。

最后，在民事责任方面，因确认借款协议和转让股票协议无效，按民法通则的相关规定，当事人因该协议取得的财产，应当返还给受损失的一方，广州营业部应依法返还财产及孳息。同时，广州营业部严重违反国家股票发行与交易管理法规，依法应给予民事制裁，作罚款处理。而王某作为个人，不属法定的受处罚主体，但并不表明他没有过错。进行股票交易要承担风险，法律也允许一定程度的投机行为，王某在股票交易过程中得到一定利益，是符合法律规定的，然而他从金融机构贷款交易股票，主观上具有转嫁风险的意图且投机性较强，在知道金融机构贷款违法的情况下，也没有采取相应措施，说明他主观上是有一定过错的，望投资者在今后的投资中能够引以为戒。

【法条指引】

中华人民共和国证券法

第五条 证券的发行、交易活动，必须遵守法律、行政法规；禁止欺诈、内幕交易和操纵证券市场的行为。

中华人民共和国民法通则

第五十八条第五项 下列民事行为无效：

（五）违反法律或者社会公共利益的；

第一百三十四条第三款 人民法院审理民事案件，除适用上述规定外，还可以予以训诫、责令具结悔过、收缴进行非法活动的财物和非法所得，并可以依照法律规定处以罚款、拘留。

股票发行与交易管理暂行条例

第四十三条 任何金融机构不得为股票交易提供贷款。

第七十一条 证券经营机构违反本条例规定，有下列行为之一的，根据不同情况，单处或者并处警告、没收非法获取的股票和其他非法所得、罚款；情节严重的，限制、暂停其证券经营业务或者撤销其证券经营业务许可：

……

（八）为股票交易提供融资的。

……

对前款所列行为负有责任的证券经营机构的主管人员和直接责任人员，给予警告或者处以三万元以上三十万元以下的罚款。

证券公司管理暂行办法

第十七条 证券公司不得从事操纵市场价格、内部交易、欺诈和其他以影响市场行情从中渔利的行为和交易。

▶ 9. 如何确定理财产品的协议主体？客户因未尽审慎注意义务而签订理财产品协议，其投资产生的风险由谁承担？

【宣讲要点】

因理财产品发生的纠纷中，应明确理财产品发行人与代为销售人的区分。一般而言，银行总行为理财产品的发行人，分支机构为代为销售人。委托代理，是指代理人依据被代理人的委托，以被代理人的名义实施的民事法律行为。银行理财产品一般都由银行总部发行，其分支机构负责进行销售，因而总部与分支机构间形成一种委托代理关系，总部作为发行人，是理财产品对外承担民事责任的主体。

作为一名具有完全民事行为能力的自然人，在购买理财产品时应对协议中提示强调的相关投资风险有一个基本认识。若因其个人原因未尽审慎注意义务，没有仔细阅读协议内容而签订理财产品协议的，应视为是其个人放弃自己的知情权，由此产生的后果，应由其自行承担。

【典型案例】

2007 年 9 月 21 日，刘某与某银行上海武宁支行（以下简称武宁支行）签订人民币理财协议书，约定刘某参加某银行本期理财计划，接受某银行提供的投资理财服务。协议中的风险提示部分里有“本产品为非保本浮动收益型投资产品。投资风险，可能导致客户收益甚至本金遭受损失。本理财计划有投资风险，预期收益率并不代表您一定获得的保证收益，您应仔细阅读本理财协议条款，充分认识投资风险，谨慎投资”的表述。另外，协议中还注明：“甲方声明：本人已知晓本协议书所述风险，并明确本理财计划为委托代理性质，同意接受本理财计划的投资方案与资产运作方式，愿意承担投资风险，并授权乙方根据该方案进行投资。”同日，刘某按约定将 8.5 万元存到指定账户。2008 年 10 月 10 日，刘某提取理财本金时，只剩了6万余元（含利息），存在较大损失。刘某与银行方面发生争议，遂起诉到人民法院。

在庭审中原告刘某诉称：被告武宁支行工作人员向原告推荐理财产品时夸大预期年收入率。原告因对银行的信任，未细研协议文字内涵，遂与被告武宁支行签订了协议书。协议到期后，被告武宁支行方才告知理财产品存在亏损。1年中，被告武宁支行未采取任何方式让原告悉知真情，未告知风险，也未按约支付投资收益，致使原告投资遭受重大经济损失。故要求被告武宁支行赔偿理财本金损失2万余元、利息（按年息25%计算）2万余元；赔偿精神损失2万元；诉讼费由被告武宁支行承担。原告起诉时仅列一位被告即武宁支行，审理过程中，人民法院认为某银行与本案存在利害关系，故追加其为被告参加诉讼。

两被告辩称：原告应当认真阅读本产品协议的有关条款，应当认识投资风险，知晓理财产品投资是非保本的。被告武宁支行在签订协议过程中也明确告知了投资的风险、后果，原告的诉讼请求，缺乏依据，应予驳回。

人民法院经审理认为，本案被告某银行为发行人，因该理财产品产生纠纷，某银行需对外承担民事责任。另外，在原、被告签订的协议中，有体现风险提示的部分，原告作为一名具有完全民事行为能力的自然人，应对自身的行为负责，其在购理财产品时对相关投资风险应有一个基本的认识；否则，产生的后果应由原告自行承担。最终判决：驳回原告刘某的诉讼请求。

一审宣判后，原告不服提起上诉。二审人民法院认为原审判决并无不当，应予维持。判决驳回上诉，维持原判。

【专家评析】

本案是上海市首例证券投资基金交易纠纷，具有一定的典型性，争议焦点主要集中于理财产品协议主体的认定、风险提示义务的履行和投资者的风险负担三个问题。

（1）确定理财产品协议主体时，应区分发行人与代销商。本案中，被告某银行与武宁支行之间为委托代理关系，某银行为发行人，武宁支行为代销商。原告刘某与被告某银行双方签订的人民币理财协议书中，明确表明合同一方为被告某银行。因此，因该理财产品产生纠纷，需对外承担民事责任的主体应为某银行。被告武宁支行作为委托代理方在协议上代为盖章确认，可以视为委托人某银行对协议的确认。

（2）对风险提示义务履行的认定应进行形式审查。本案中，原、被告签订的协议中有“本产品为非保本浮动收益型投资产品。投资风险，可能导致客户收益甚至本金遭受损失。本理财计划有投资风险，预期收益率并不代表您一定获得的保证收益，您应仔细阅读本理财协议条款，充分认识投资风险，谨慎投资”的表述，这就以书面的形式，清晰明确地提示合同相对人应注意投资风险。另外，被告还在协议中用醒目的黑体字注明：“甲方声明：本人已知晓本协议书所述风险，并明确本理财计划为委托代理性质，同意接受本理财计划的投资方案与资产运作方式，愿意承担投资风险，并授权乙方根据该方案进行投资。”原告已签名，应视为其在缔约时已认识到该委托理财产品存在的商业风险。武宁支行在代为销售过程中尽到了对客户的风险提示义务。

（3）投资者未尽注意义务时风险自负。原告作为一名具有完全民事行为能力的自然人，应对自身的行为负责，其在购买理财产品时对相关投资风险应有一个基本的认识，其没有仔细阅读协议内容，对协议没有充分地进行认识和理解，应视为是其个人放弃自己的知情权，后果由其自行承担。原、被告签订人民币理财协议书是双方在平等、自愿的基础上签订的，是双方真实意思表示。并且，该协议不违反法律规定，是合法有效的，双方当事人均应恪守。原、被告双方系委托理财关系，被告方按双方协议约定履行了义务，即按系争协议约定将资金交由案外人某证券公司作为投资管理人进行实际投资操作，到期后将余款返还原告，现因投资期间（2007 年 9 月至 2008 年 9 月）沪深股票市场出现大幅下跌，甚至新股亦跌破发行价，由此产生的损失理应由原告按协议约定自行承担，被告不存在违约行为。即使两被告存在售后服务不到位、未安排理财顾问、没有定期披露相关信息、未告知金融危机对理财产品的影响等情形，亦与原告因购买相关理财产品所遭受的经济损失之间没有直接、必然的因果关系，原告应对合同约定的后果承担责任。

【法条指引】

中华人民共和国合同法

第三十九条第一款 采用格式条款订立合同的，提供格式条款的一方应当遵循公平原则确定当事人之间的权利和义务，并采取合理的方式提请对方注意免除或者限制其责任的条款，按照对方的要求，对该条款予以说明。

第三百九十六条 委托合同是委托人和受托人约定，由受托人处理委托人事务的合同。

证券投资基金销售管理办法

第四条 基金销售机构从事基金销售活动，应当遵守基金合同、基金销售协议的约定，遵循公开、公平、公正的原则，诚实守信，勤勉尽责，恪守职业道德和行为规范。

第四十五条 基金宣传推介材料应当含有明确、醒目的风险提示和警示性文字，以提醒投资人注意投资风险，仔细阅读基金合同和基金招募说明书，了解基金的具体情况。

有足够平面空间的基金宣传推介材料应当在材料中加入具有符合规定的必备内容的风险提示函。

电视、电影、互联网资料、公共网站链接形式的宣传推介材料应当包括为时至少5秒钟的影像显示，提示投资人注意风险并参考该基金的销售文件。电台广播应当以旁白形式表达上述内容。

▶ 10. 在外汇保证金交易业务中，银行已经履行风险提示或告知义务后是否可以就投资者产生的投资损失免责？

【宣讲要点】

外汇保证金交易业务，是指银行业金融机构向投资者提供的具有杠杆交易性质的外汇交易业务，其主要特征，是指投资者以获取外汇交易营利为目的，实际投资一定数量的资金作为交易保证金后，便可按一定杠杆倍数将保证金金额进行放大，从而使实际进行的外汇交易的合同金额超出投资者实际投资的交易保证金金额。外汇保证金交易的实质是投资者运用金融机构提供的融资进行外汇交易，在外汇保证金交易中，交易的杠杆性质使外汇价格的波动被放大相应的杠杆倍数，投资者的收益和亏损也随之放大，具有较高的风险性。金融机构只是为投资者提供外汇保证金交易的平台，投资者根据自己的意愿自行决定在什么时间以什么价格进行什么品种的外汇交易，其应自行承担外汇保证金交易的风险，银行在履行风险提示或告知义务的情形下对投资者的损失不承担责任。

【典型案例】

2007 年 11 月 20 日，林某在某银行福州市中支行处填写了保证金外汇业务申请表，与某银行福州市中支行签订了《个人保证金外汇买卖交易协议》，并办理了一张理财贵宾卡，约定：某银行福州市中支行为林某提供个人外汇保证金买卖交易服务，由于客户未尽到防范风险的义务或者其他非银行原因而导致的损失，银行不承担责任；因客户误操作造成的损失，由客户自行承担。某银行福州市中支行综合运用金融知识、专业技术及广泛的信息资源优势，根据林某的财务状况和个人需求，由某银行福州市中支行委派专人专职向林某提供全方位的金融服务；所涉金额进行的任何交易、决策均由林某自主作出，交易所产生的全部风险、利益和损失均由林某自行承担。某银行福州市中支行为林某提供网上服务，即某银行福州市中支行通过因特网为林某提供金融服务，等等。上述协议签订后，林某、某银行福州市中支行双方均按约履行。2008 年 6 月 6 日，中国银行业监督管理委员会（以下简称银监会）办公厅发布《中国银监会办公厅关于银行业金融机构开办外汇保证金交易有关问题的通知》（以下简称《通知》），该《通知》第 3 条规定："在本通知发布前已开办外汇保证金交易业务的银行业金融机构，不得再向新增客户提供此项业务，不得再向已从事此业务客户提供新交易（客户结清仓位交易除外）。建议对已在银行进行此业务的客户适时、及早结清交易仓位。"第 5 条规定："对于违反本通知规定的银行业金融机构，银监会将依法进行处罚。"某银行福州市中支行于 6 月 16 日接到上级银行转发的《通知》后，通过张贴公告、电话网站等方式告知客户《通知》的内容，劝阻大客户建仓交易；紧急进行外汇保证金系统停止建仓的补订程序测试，等等。2008 年 6 月 6 日至 9 月 29 日，林某多次开仓交易，共造成损失近 7 万美元。林某与银行方面发生争执，遂将其起诉到人民法院。

在庭审中原告林某诉称，2007 年林某与某银行福州市中支行达成协议，由某银行福州市中支行为林某提供个人外汇保证金买卖交易服务。某银行福州市中支行向林某提供中银理财贵宾卡用于外汇保证金交易。2008 年 6 月 6 日中国银监会办公厅发布《通知》，叫停外汇保证金交易。某银行福州市中支行未将上述《通知》告知林某，也未按《通知》规定终止向林某提供新交易，导致林某损失近 7 万美元。林某请求人民法院判令某银行福州市中支行赔偿林某损失 7 万美元（折合人民币 474310.49 元，按 2009 年 7 月 17 日中国外汇交易中心公布的 1 美元对人民币 6.8310 元计算）。

被告某银行福州市中支行辩称，林某的损失与某银行福州市中支行无关，系林某投资判断失误所致。林某在持有开仓合约时应自行密切关注市场变化并做好相应风险防范措施，银行不提供交易指导性意见，对于林某未尽到防范风险的义务或其他非银行原因导致的损失不承担责任。并且，某银行福州市中支行已经全面执行银监会的通知，不存在任何过错。某银行福州市中支行收到《通知》后，于 2008 年 6 月 16 日、17 日通过在营业部、网站主页发布书面公告及客服人员电话通知等方式通知包括林某在内的所有客户，停止进行外汇保证金交易的新开仓业务，适时结清现有交易，由于该通知属于临时政策变化，某银行福州市中支行技术上需要一定的合理时间对系统进行调整以达到通知要求，同时由于奥运会原因在此期间不能进行系统更改，某银行福州市中支行于奥运会结束后，即2008年9月25日短信通知所有客户，并于9月29日在系统客户交易端中止外汇保证金系统的新开仓功能。请求驳回林某的诉讼请求。

人民法院经审理认为，林某与某银行福州市中支行签订的《个人保证金外汇买卖交易协议》《中国银行股份有限公司网上银行个人客户服务协议书》，是双方当事人的真实意思表示，且内容未违反国家法律法规规定，应认定合法有效。协议签订后，双方当事人都按约履行并无违约。2008年6月6日，中国银行业监督管理委员会办公厅发出《通知》后，某银行福州市中支行已通过多种方式将《通知》的内容传达各客户，且于同年9月29日在系统客户交易端中止外汇保证金系统的新开仓功能。林某在此期间未主动中止交易造成亏损，是其未尽到防范风险的义务，对市场的判断失误及操作不当造成的，根据双方协议的约定，此损失应当由林某自行承担，林某要求某银行福州市中支行承担此责任依据不足，不予支持，判决驳回林某的诉讼请求。

一审宣判后，林某不服提出上诉。二审人民法院认为原审判决并无不当，判决驳回上诉，维持原判。

【专家评析】

作为新类型的外汇保证金合同纠纷案件，本案的争议焦点有三：

（1）某银行福州市中支行开办的外汇保证金业务是否合法、某银行福州市中支行与林某之间签订的《个人保证金外汇买卖交易协议》是否有效？某银行福州市中支行在开办外汇保证金业务前已根据《中国银行业监督管理委员会关于中国银行开办衍生产品交易业务有关问题的批复》《国家外汇管理局关于中国银行福建省分行开办个人外汇保证金交易的批复》的要求，向银监会履行了必要的报批及备案程序，根据《金融机构衍生产品交易业务管理暂行办法》的相关规定，应认定某银行福州市中支行开办外汇保证金业务是合法合规的。林某签署办理外汇保证金交易业务的相关协议及手续是其真实意思表示，协议的内容和形式均符合现行法律且未违反法律法规强制性的规定，该协议合法有效，应当受到法律保护。

（2）某银行福州市中支行的行为与林某的损失之间是否有因果关系？某银行福州市中支行已在《个人保证金外汇买卖交易协议》中对林某进行了风险提示，林某明知外汇保证金业务是具有杠杆交易性质的“高风险”外汇交易业务，存在损失全部投资资金的可能性，仍然签订了该协议，并在保证金外汇业务申请表上确认“愿意承担相关风险”，故林某应对其自行决定并先后进行的数百次交易结果承担责任。林某根据自己的意愿自行决定在什么时间以什么价格进行什么品种的外汇交易，其损失系其依据自己错误的商业判断进行的外汇交易所致，与某银行福州市中支行的经营之间没有任何因果关系。

（3）某银行福州市中支行2008年9月29日才中止外汇保证金新开仓功能是否存在过错？银监会的《通知》是行政管理文件，并非“双方约定的补充”。该文件下发后，某银行福州市中支行通过网点张贴、网站发布等多种方式将《通知》的内容传达各客户，明示客户应停止新开交易并适时结清交易仓位，已尽到通知义务。由于《通知》下发时某银行福州市中支行银行的交易系统尚不具备禁止客户新开交易的功能，只有开发客户端限制交易功能并修改生产系统才能达到既禁止客户新开交易又不影响客户结清交易仓位的效果；而为保持银行电脑系统在奥运期间的服务稳定性，根据银监会的要求，某银行福州市中支行自7月1日至9月20日对前端生产系统实施全面封板，无法修改生产系统；奥运会结束后的9月29日，某银行福州市中支行即依照《通知》规定，将客户交易端限制交易系统安装至前端生产系统，中止外汇保证金新开仓功能。因此，某银行福州市中支行在停止外汇保证金交易的过程中，并无过错。

综上，林某没有停止新开交易也没有适时结清交易仓位，其行为存在主观过错。林某的亏损，是其对市场走势判断失误、未尽到防范风险的义务所致，应当对自己的交易决定负责。

【法条指引】

中华人民共和国合同法

第六十条 当事人应当按照约定全面履行自己的义务。

当事人应当遵循诚实信用原则，根据合同的性质、目的和交易习惯履行通知、协助、保密等义务。

银行业金融机构衍生产品交易业务管理办法

第六条 银行业金融机构开办衍生产品交易业务，应当经中国银监会批准，接受中国银监会的监督与检查。获得衍生产品交易业务资格的银行业金融机构，应当从事与其自身风险管理能力相适应的业务活动。

金融机构衍生产品交易业务管理暂行办法

第二十四条 金融机构为境内机构和个人办理衍生产品交易业务，应向该机构或个人充分揭示衍生产品交易的风险，并取得该机构或个人的确认函，确认其已理解并有能力承担衍生产品交易的风险。

金融机构对该机构或个人披露的信息应至少包括：

（一）衍生产品合约的内容及内在风险概要；

（二）影响衍生产品潜在损失的重要因素。

▶ 11. 对于公开发行认购的债券，债券发行人能否以诉讼时效对抗债券持有人的兑付请求？

【宣讲要点】

证券主要有股票和债券两种，其持有人（投资人）的权利义务不完全相同。债券持有人享有到期向发行人请求兑付债券本息的权利。股票的发行方式分为公开发行和非公开发行，公开发行又有包销和代销两种方式。根据法律规定，公开发行，是指发行人通过承销商向社会不特定投资人或累计达200人以上的投资人销售股票。如果是向特定投资人发售股票，则不属于公开发行，而属于定向发行或非公开发行。公开发行的债券持有人，其兑付请求权不因超过兑付期限两年而受到诉讼时效的限制。

诉讼时效，是指民事权利受到侵害的权利人在法定的时效期间内不行使权利，当时效期间届满后，将产生义务人可以拒绝履行相关义务的民事法律制度。其产生的法律后果是权利人丧失胜诉权。根据《最高人民法院关于审理民事案件适用诉讼时效制度若干问题的规定》第 1 条的规定，当事人可以对债权请求权提出诉讼时效抗辩，但对于兑付国债、金融债券以及向不特定对象发行的企业债券本息请求权提出诉讼时效抗辩的，人民法院不予支持。债券兑付请求权是基于债券发行和认购而产生的法律关系，其具有自身的特殊性。发行人在债券到期后应足额向债券持有人兑付债券本息，若债券持有人在兑付期限内未主动进行兑付，发行人可以将应兑付的债券本息进行提存，未提存的视为发行人持续占有和使用债券持有人的资本金，对此应视为事实的持续发生。所以，基于债券公开发行认购民事法律关系产生的债券兑付请求权是不适用诉讼时效规定的。

【典型案例】

1992 年 6 月 30 日中国人民银行作出批复，同意某集团投资公司（以下简称某集团）发行江西省地方投资公司债券。同年 10 月 10 日某集团（甲方）与某投资有限责任公司（以下简称某公司）（乙方）签订《债券承购包销和兑付协议书》，其中第 2 条约定，某公司以全额包销的方式销售某集团发行的 3 年期和 5 年期的债券。3 年期的年利率为 10%，5 年期的年利率为 11%。第 5 条约定，不论债券发行情况，某公司均按照协议约定向某集团拨付债券资金。第 12 条约定，某集团未将到期的债券本息拨付给某公司，按照拖延资金额和天数以日 0.05% 向某公司支付滞纳金。该协议签订后，某公司按协议履行了自己的义务，如期支付承购包销和兑付债券本息 3.48 亿元。某集团截至 1998 年 8 月底只归还某公司 1.5 亿元债券本息。

1998 年 9 月 2 日，某集团在给某公司《关于申请建行贷款的补充报告》中明确表示：截至 1998 年 8 月底被告共欠债券本息 1.9 亿余元，欠垫付资金利息 957 万元，两项共计 2 亿元，并承诺于 1998 年年底前偿还全部欠款。1999年9月30日某集团就该债券本息主动向某公司报告申请清算，其中对1998年8月底以前逾期债券同意按债券发行利率计息，对1998年9月以后逾期债券则要求按照同期银行贷款利率计息。1999年10月21日某公司回复被告某集团：对1998年年底以前逾期债券利息按债券发行利率计算；对1999年1月1日起所欠债券本息，按一年期银行贷款利率计息。虽然双方同意计息，但未形成一致意见。

1998年9月2日至1998年12月31日某集团共归还1.5亿元，扣减之后，被告截至1998年年底欠原告5000余万元。1999年11月13日还款2300万元，扣除利息后，截至1999年11月13日某集团欠某公司本金2990.57万元及利息。2005年6月23日，某公司就该债权去函被告，要求被告清偿该债务。2004年某集团的年检报告在资产负债表及其他相关内容中明确记载：截至2004年12月31日某集团应付某公司债券本金1137.26万元。

2006年3月24日，某公司就与某集团证券包销协议纠纷一案，向人民法院提起诉讼，要求某集团归还欠款及利息。诉讼中，某集团以超过诉讼时效为由进行抗辩。

人民法院经审理作出一审判决如下：某集团在本判决生效后10日内偿还所欠某公司债券2990.57万元及利息。一审判决后，被告某集团不服上诉，请求二审人民法院撤销原审判决，驳回某公司提出的全部诉讼请求。二审中，经人民法院主持调解，某集团与某公司自愿达成调解协议。某公司承继原某行江西省分行与某集团证券包销协议项下的权利，向某集团主张3981万余元债权，经调解，双方协商一致达成如下和解协议：某集团于2009年7月15日前向某公司一次性支付2375万元人民币，以清偿某公司诉请某集团承担的本案全部债权债务，双方权利义务就此终结；某集团应当将清偿款项按时划付某公司指定的银行账户，全款到账即为履行完毕；由于本案争讼的企业债券涉及原某银行重组分立后的债权转移事宜，某公司承诺已经从某行江西省分行承继的该笔企业债券，今后某行江西省分行向投资公司主张本案涉及的企业债券兑付或兑付垫付款返还责任的，一概由某公司承担；若某集团未按本协议规定履行义务，某公司有权向人民法院申请执行，并按照中国人民银行的有关规定按日计收罚息。人民法院经审查认为，以上双方和解协议系当事人自愿达成，内容不违反法律和行政法规的禁止性规定，依法予以确认。

【专家评析】

本案尽管以调解方式结案，但是在查明事实、厘清法律关系和分清责任的基础上取得的。不仅法律效果和社会效果显著，案结事了，而且还为诉讼时效的司法解释提供了案例素材。案件争议的焦点为：如何认定当事人债权的性质；公开发行债券的性质；该债券兑付请求权是否适用诉讼时效。

(1) 当事人债权的性质。根据协议约定内容和实际履行情况，当事人之间确立的是债券发行承销民事法律关系。中国人民银行针对某公司发行企业债券作出的批复，是本案双方当事人签订《承购包销和兑付协议》的合法依据。双方协议约定的内容没有违反法律规定，也不损害他人合法权益，故本案《承购包销和兑付协议》合法有效。某公司已按约定全额包销了某集团发行的债券并将购券款全部付给了发行人，已经完全履行了协议约定的承销义务，某集团则必须按约定履行兑付到期债券本息的义务。但某集团未能将全部债券本息拨付给某公司，到期后也未能全部兑付债券本息，对承销商某公司及其权利继受人某集团构成违约，故某银行有向发行人某集团主张兑付债券本息的权利。

民事法律关系的变更，除了要有各民事主体的共同真实意思表示为前提外，还必须要有共同的民事行为才能产生。本案兑付债券债权债务关系是否转化为单纯的欠款债权债务关系，仅依据当事人双方往来确认债券本金和债券利息如何计算的函件，是远远不够的。况且双方往来函件中就债券本金数额、利息如何计算并没有取得一致意见，更没有达成共同的约定。所以，本案仍是基于《承购包销和兑付协议》产生的债券发行承销兑付民事法律关系，债权的性质仍是债券本息兑付请求权。

债券兑付请求权基于债券发行和认购的基础法律关系产生，金融债权则产生于资金拆借或者由其他民事法律关系转化而来。债券本息兑付权虽属于金融债权的范畴，与金融债权的实现均以一方给付另一方一定数量的货币为表现形式，但二者存在一定差异，如在是否适用诉讼时效制度问题上，二者是不同的。

（2）公开发行债券的性质。证券法第10条规定，公开发行证券，必须符合法律、行政法规规定的条件，并依法报经国务院证券监督管理机构或者国务院授权的部门核准；未经依法核准，任何单位和个人不得公开发行证券。有下列情形之一的，为公开发行：①向不特定对象发行证券的；②向特定对象发行证券累计超过二百人的；③法律、行政法规规定的其他发行行为。

债券与股票是证券最主要的两种表现形式。根据证券法的相关规定，证券发行分为公开发行和非公开发行。证券公开发行销售须受到中国证监会、国家发改委和中国银监会等部门的监管。证券法修订生效之前，公开发行证券必须经过行政监管部门的批准，之后须经过监管部门的核准。公司企业发行债券必须符合相应条件，金融企业债券的发行更是条件严格。公开发行的方法也是法定的，为包销和代销两种，包销方式又分为全额包销和余额包销。全额包销是指承销商按协议约定先将发行人所发行的债券全部购入，而后再向社会销售。承销商能否全部向社会销售与发行人无关，故全额包销协议对发行人有利，保证了发行人的债券全部发行成功、募集资金目的完全实现。至于承销商是否已向社会公开销售与发行人无关，不影响承销商所承销的证券是公开发行的性质。所以证券包销不是定向发行，更不是非公开发行。

债券包销协议使得承销商具有了双重身份。如果债券已经向社会公众销售，承销商则履行了承销商的职责，对债券投资人而言，其与发行人要共同承担兑付到期债券本息的义务；如果发行人在债券兑付期限届满前没有足额预付兑付款，承销商兑付后则转变为债券持有人；如果债券没有或者部分没有销售公众投资人，则承销商成为债券持有人，具有了债券投资人的身份。只要发行人于债券到期后没有足额支付债券本息兑付款，无论承销商兑付了投资人多少债券，承销商作为剩余债券的持有人有权到期后向发行人主张兑付债券的本息。

（3）公开发行的债券兑付请求权是否适用诉讼时效。诉讼时效制度确立的目的在于促使权利人及时主张权利，达到促进民事流转和维护交易安全的目的。就诉讼时效适用范围而言，债权请求权适用诉讼时效是法律的一般规定，但法律没有具体规定哪些债权请求权适用诉讼时效，哪些债权请求权不适用诉讼时效。当特殊的债权请求发生时，则应当有诉讼时效适用范围例外的情形。

公开发行企业债券具有以下法律特征：①是经过监管部门核准的合法民事法律行为；②是资本市场上发行人募集资本金的一种方法；③按照证券法的相关规定，发行人不得亲自向投资人发售，必须通过债券承销商以包销或代销方式向社会公开发售；④通过承销商发售，在发行人与众多债券投资人之间建立了债券投资民事法律关系；⑤发行人在一定期限内有偿使用投资人认购债券的资本金；⑥债券记载的期限到期后，发行人应当无条件兑付债券本息，如果没有兑付投资人持有的债券，意味着发行人持续占有和使用投资人的资本金。上述公开发行债券的法律特征决定了债券兑付请求权不同于一般请求债权，一是发行人持续占有和使用资本金，构成了民法上的事实持续发生；二是特定的发行人与众多投资人之间发生的民事法律关系，如果以超过债券兑付期限两年而适用诉讼时效驳回兑付请求，势必在发行人与社会众多投资人之间重大利益平衡上偏向了发行人，这将不利于社会重大利益的保护，也不利于资本市场的发展壮大。

诉讼时效产生于实体经济基础之上，调整和规范的是特定民事主体之间的社会关系，平衡特定当事人之间的权利义务，不直接涉及众多不特定民事主体的权益。如在社会重大民事法律关系中适用诉讼时效制度时，则应当考虑是否对众多民事主体的权益产生影响甚至损害，如果一方单个主体受益而可能损害众多民事权益，那么该民事法律关系就不应当在诉讼时效的适用范围之内。资本市场为基础的虚拟经济，同时参与其间的民事主体众多，他们通过虚拟的市场交换着虚拟的商品，从而获取投资收益或发生亏损。资本市场公开发行债券，发行人面对的是众多不特定的债券投资人，从而形成一个民事主体将对众多不特定民事主体的民事法律关系。债券发行完成，众多投资人履行了债券发行认购的义务，将资金交付给发行人占有和使用至债券约定的期限届满。发行人必须按照约定到期兑付债券本息，如果债券持有人在兑付期限内没有主动兑付到期债券本息，发行人可以向有关部门提存相关应兑付的债券本息。如果发行人没有提存相关债券本息，仍继续占有该部分债券本息，则基于债券发行认购发生的法律关系和事实将持续存在。发行人就不得以超过诉讼时效而抗辩债券持有人的兑付请求，从而免除其应兑付到期债券本息的义务。反之，如果诉讼时效适用于债券兑付请求权，势必在以万亿计算的债券市场上，发行人对众多不特定的投资人之间产生的利益将产生失去平衡的法律后果。所以，基于债券公开发行认购民事法律关系产生的债券兑付请求权不适用诉讼时效。

最高人民法院认识到本案将对资本市场产生重大影响，在制定《关于审理民事案件适用诉讼时效制度若干问题的规定》时吸收采纳了本案二审的观点，在该司法解释的第1条规定了兑付国债、金融债券以及向不特定对象发行的企业债券本息请求权，人民法院不支持以诉讼时效抗辩。向不特定对象发行债券是证券法第10条规定的公开发行的一种表现方式，它更典型也更能体现该请求权不适用诉讼时效制度的精髓。

【法条指引】

中华人民共和国证券法

第十条第一款、第二款 公开发行证券，必须符合法律、行政法规规定的条件，并依法报经国务院证券监督管理机构或者国务院授权的部门核准；未经依法核准，任何单位和个人不得公开发行证券。

有下列情形之一的，为公开发行：

（一）向不特定对象发行证券的；

（二）向特定对象发行证券累计超过二百人的；

（三）法律、行政法规规定的其他发行行为。

中华人民共和国合同法

第四十四条第一款 依法成立的合同，自成立时生效。

第六十条 当事人应当按照约定全面履行自己的义务。

当事人应当遵循诚实信用原则，根据合同的性质、目的和交易习惯履行通知、协助、保密等义务。

第一百零七条 当事人一方不履行合同义务或者履行合同义务不符合约定的，应当承担继续履行、采取补救措施或者赔偿损失等违约责任。

最高人民法院关于审理民事案件适用诉讼时效制度若干问题的规定

第一条 当事人可以对债权请求权提出诉讼时效抗辩，但对下列债权请求权提出诉讼时效抗辩的，人民法院不予支持：

（一）支付存款本金及利息请求权；

（二）兑付国债、金融债券以及向不特定对象发行的企业债券本息请求权；

（三）基于投资关系产生的缴付出资请求权；

（四）其他依法不适用诉讼时效规定的债权请求权。

▶ 12. 分销商与证券公司存在偿付债券代兑付款合同关系时，其是否应承担债券兑付款责任？债券的发行人及保兑人的责任如何分担？

【宣讲要点】

企业债券，是指企业依照法定程序发行，约定在一定期限内还本付息的有价证券。企业债券的代理发行人和到期兑付本息的担保人（保兑人）是偿付债券兑付款的最终责任人。债券分销，是指债券承销商在债券分销期内，将其所承购债券转让给其他市场成员的业务。证券公司与发行人和保兑人以外的其他公司建立分销关系，并签订协议使得分销人成为到期向持券人兑付债券本息的直接（第一）付款人的，证券公司与该主体形成了双重的法律关系——分销合同关系和债券持有兑付关系，从而产生双重的请求权——合同权利请求权和债券兑付请求权，两种请求权都是为了实现同一给付目的，因此，一请求权的实现会导致另一请求权归于消灭，发生请求权竞合的，权利人可选择其一行使，要求偿还兑付款，分销商在履行相应责任以后，可以向发行人或保兑人进行追偿。保兑人作为发行人的担保人，不与分销商承担连带赔偿责任。权利人若请求分销商偿付兑付款，则无权要求保兑人就分销商应偿付的兑付款承担连带责任，若将发行人作为被告，则有权要求保兑人承担连带责任。因此，在此类案件当中，债券的发行人、保兑人及分销商的责任如何分担，不仅与该三方当事人在此企业债券发行中各自所处的地位及其相互之间成立的法律关系有关，还与原告的诉讼请求的指向即其请求权的定性有关。

【典型案例】

1992年8月12日，原中国人民银行某省分行批准某公司发行2900万元企业债券，并核准该期企业债券的发行章程，某证券公司分销的债券即为该期债券。债券章程载明：本期债券发行总额为人民币2900万元，每张面额为1000元；债券期限为3年，年利率9.5%，以贴水方式（指发行价格低于面值）发行，每百元售价为97.6元，自1992年9月10日至1995年9月10日止，自发行之日起计息，到期一次兑付本息；本债券由A投资公司（后为本案被告某银行清算组，负责清理某银行的债权债务）代理发行并担保兑付本息。

1992年9月2日，某证券公司与A投资公司签订一份债券分销协议。A投资公司全面履行了《分销协议》，A投资公司送交1200万元债券给某证券公司；1992年10月12日，某证券公司付分销债券款1161.6万元给A投资公司；A投资公司已于1995年9月8日、12日、13日分别付给某证券公司分销债券到期本息款500万元、500万元、542万元，共计1542万元。

1992年10月22日，某证券公司为某投资公司代理发行清澜土地债券，双方签订协议书，某投资公司送达980万元债券给原告。

某证券公司于1992年11月6日付分销债券款9506万元给某投资公

司，某投资公司将该款付给A投资公司。某投资公司未依约于1995年9月9日支付债券兑付资金给原告。债券认购人至某证券公司处兑付某证券公司分销的到期债券，某证券公司给以兑付。

1995年9月21日、29日、10月20日、11月10日、12月11日，A投资公司代某投资公司付已兑付债券兑付款400万元、200万元、200万元、75万元、170万元共计1045万元给原告。1996年1月17日、4月17日、8月21日、1997年3月28日，某银行（原A投资公司）付某证券公司为某投资公司分销的已兑付债券兑付款164万元、26.5万元、1.67万元、1.16万元共计193.327万元给某证券公司。

某证券公司向人民法院起诉请求判令某投资公司、某银行清算组依约支付企业债券款及全部逾期款之罚息。

在庭审中被告某投资公司答辩称，我公司与原告的分销协议说明我公司是分销代理商，没有向原告兑付债券的义务。本案中，原告已向我公司支付债券款，我公司已向A投资公司支付该笔债券款，原告与我公司已没有任何关系。A投资公司是为发行债券单位某公司作担保，不是为我公司作担保。我公司不应做被告，应追加某公司为被告。

被告某银行清算组答辩称，原告起诉清算组没有事实依据。我方与原告签订的债券分销协议已履行完毕，双方不存在任何关系。我方对某投资公司的债务不承担担保责任，我方对某公司承担担保义务。原告依据与某投资公司签订的协议书起诉我方，没有起诉某公司，所以没有权利要求我方承担义务。

一审人民法院经审理，作出判决如下：被告某投资公司于本判决生效之日起10日内给付原告清澜债券兑付金20余万元及逾期付款违约金。如逾期履行，则按银行同期贷款最高利率加倍支付迟延履行期间的债务利息；驳回原告的其他诉讼请求。宣判后，被告某投资公司不服，提出上诉。二审人民法院认为，一审判决认定事实清楚，适用法律正确，应予维持，判决驳回上诉，维持原判。

【专家评析】

本案是债券分销兑付款案，争议的焦点是：分销商某投资公司是否应承担债券兑付款责任；债券的保兑人在本案中是否应承担担保责任。

某公司经原中国人民银行某省分行批准发行企业债券，为合法发行。A投资公司、某投资公司为代理发行清澜土地债券与原告某证券公司订立的《分销协议》《协议书》，反映了签约当事人的真实意思表示，内容合法，均为有效协议。某证券公司依约履行了为某投资公司分销980万元债券的义务，但某投资公司却未按协议约定于债券到期日将兑付资金划入某证券公司账户，某投资公司该行为属于违约行为，应承担相应的违约责任。

A投资公司是清澜债券的代理发行人，某投资公司将原告给付的980万元债券的分销款付给A投资公司，说明原告分销的这980万元债券是某投资公司从A投资公司得到的，某投资公司与A投资公司对这980万元债券也存在分销关系。《协议书》约定1995年9月9日某投资公司将兑付资金划入原告账户，由原告代为兑付。该条款中的兑付资金来源，从A投资公司是债券发行人、保兑人及A投资公司与某投资公司存在分销债券关系来看，应是A投资公司划款给某投资公司。因此，1995年9月21日至12月11日，A投资公司付已兑付债券兑付款1045万元给原告；1996年1月17日至1997年3月28日，某银行付已兑付债券兑付款193.327万元给原告，应视为代某投资公司向原告付款，即某投资公司从1995年9月21日起至1997年3月28日止，先后从该债券的代理发行及保兑人A投资公司和某银行（因A投资公司后改组为某银行海口分行）取得为某证券公司分销债券的兑付款合计1238.327万元，应视为是A投资公司代某投资公司向某证券公司付款。A投资公司已全面履行《分销协议》，双方在该协议中的权利、义务归于消灭。某投资公司不按与原告签订的《协议书》的约定支付债券兑付资金给原告，属违约行为，应承担迟延划款的违约责任。按某证券公司为某投资公司分销980万元债券到期本息为1259.3万元计算，A投资公司已支付的兑付款应从上诉人按协议约定应支付的兑付款额中扣减，扣减后上诉人依约尚少付债券兑付款20.973万元，某投资公司应对自己不按协议履行义务而造成被上诉人至今不能依约收回20.973万元兑付债券款，承担给付该款项和逾期付款违约责任。某投资公司履行给付义务后，有权对因债券发行人、保兑人的过错致使其逾期不能向被上诉人交付兑付款的款额，向债券的发行人、保兑人追偿，即最终由债券的发行人（海南某公司）、保兑人（A投资公司）承担债券的兑付义务。

基于以上分析，本案中存在两个关键问题，一是分销商是否承担债券兑付款责任；二是保兑人在何种条件下承担责任。

首先，分销商某投资公司是否应承担债券兑付款责任。企业债券是指企业依照法定程序发行，约定在一定期限内还本付息的有价证券。《企业债券管理条例》第7条规定："企业债券持有人有权按照约定期限取得利息、收回本金……"《文昌县清澜开发总公司企业债券章程》规定："本债券由A投资公司代理发行并担保兑付本息，本债券兑付地点为A投资公司。"因此，本案中的发行人是文昌县清澜开发总公司，代理发行人和保兑人是A投资公司。某投资公司作为分销商，是否应承担债券兑付款责任？债券最终应由债券的发行人、保兑人承担债券的兑付义务，但在本案中，某投资公司应先向某证券公司承担兑付责任，然后享有向发行人、保兑人追偿的权利。理由是：（1）某投资公司为代理发行海南清澜土地债券而与某证券公司签订的《协议书》，该《协议书》反映了签约当事人的真实意思表示，内容合法应为有效协议。该协议规定："债券到期日后由某投资公司将兑付资金划入某证券公司账户，由某证券公司代兑付。"可见，某投资公司不仅分销债券，而且有将债券兑付款偿付某证券公司的义务。其与某证券公司不仅有分销债券的关系，而且也有偿付代兑付债券款的合同关系。（2）某投资公司在履行给付义务后，有权向债券的发行人、保兑人追偿，使债券的兑付最终由债券的发行人、保兑人承担。

至于债券的保兑人在本案中是否应承担担保责任，A投资公司担保兑付债券本息，被担保人是债券的发行人文昌县清澜开发总公司。而在某投资公司与某证券公司签订的《协议书》中，A投资公司并没有对《协议书》约定的某投资公司付债券兑付款给某证券公司承担担保义务，因此，保兑人A投资公司只能在债券持有人向债券发行人追偿债券兑付款时，才承担担保义务，在本案中，其不承担担保责任。

本案中，某投资公司和A投资公司（在案件中为某银行清算组）对原告请求的偿还债券兑付款欠款是否应承担责任，不仅与该三方当事人在此企业债券发行中各自所处的地位及其相互之间成立的法律关系有关，也与原告诉讼请求的指向即其请求权的定性有关。依据案件事实，A投资公司是案涉企业债券的代理发行人和到期兑付本息的担保人（保兑人），某投资公司和原告分别是与之建立分销关系的分销人和到期向持券人兑付债券本息的直接（第一）付款人，并在兑付债券后成为持券人，取得向债券发行人和保兑人兑付债券本息的权利。也就是说，某投资公司和某证券公司对A投资公司而言，均分别成立双重法律关系——分销合同关系和债券持有兑付关系，因而产生双重的请求权——合同权利请求权和债券兑付请求权，因两种请求权都是为了实现同一给付目的，故一请求权的实现，另一请求权归于消灭，发生请求权竞合的问题，权利人可选择行使之。但某投资公司作为A投资公司的分销人，又与原告订立协议，由原告为某投资公司分销980万元的同一债券，协议中约定某投资公司应于1995年9月9日将980万元债券的兑付资金划入原告账户，由原告代兑付；划款每迟划一天付每日万分之五的罚息。该事实说明原告与某投资公司成立了债券分销合同关系，确立的是合同上的权利、义务内容，而没有债券上的权利、义务内容，双方之间不存在双重法律关系，某投资公司未在约定日期向原告划款，是违反合同约定的违约行为，应依照合同约定的违约罚则承担违约责任。这种行为和责任不属债券权利、义务内容，原告对某投资公司没有债券关系的请求权。

综上所述，某投资公司对原告违约后，原告对其仅享有合同违约请求权；原告对A投资公司因分销协议如约履行完毕而不存在分销合同请求权，仅因A投资公司的发行人和保兑人的身份，原告作为持券人而对A投资公司享有债券兑付请求权。分销合同请求权内容是追究违约责任，由某投资公司给付欠付款及违约金；债券兑付请求权内容是到期的债券本息，其数额是确定的，不发生从债券到期日至实际兑付日还要负担利息的问题。需要注意的是，适用于两种请求权的时效期间是不同的。合同违约适用的时效为诉讼时效，一般适用民法通则规定的两年诉讼时效，即从请求权产生之日起开始计算，并适用中止、中断的规定。而债券兑付的时效因具体情况不同而有所不同：如明确规定了兑付期并表明逾期不予兑付的，该兑付期则为除斥期间为消灭时效，兑付期满产生除权效果；虽规定了兑付期但未表明逾期不予兑付的，则持券人只要持有债券，随时均可要求兑付，只有在被拒绝兑付时，才从被拒绝之日起产生诉讼时效的问题。两种请求权各自对应的法律关系及对方主体均不相同，在时效制度的适用上没有联系，适用各自的时效制度。

从原告的诉讼请求内容来看，其对某投资公司提出的是合同请求权，并且要求追究其违约责任；其对A投资公司（某银行清算组）提出的是其保兑人身份应对某投资公司的违约行为承担连带责任。原告对某投资公司提出的请求权正确，对A投资公司提出的请求权不正确。A投资公司担保兑付债券本息的被担保人是债券发行人某公司，并没有对某投资公司与原告的合同关系担保。A投资公司的担保是债券发行兑付担保，属债券兑付责任，不是原告与某投资公司分销协议的合同担保人，没有该合同上的担保义务。因此，原告对A投资公司的主张错误，不能得到支持。原告作为持券人，对A投资公司仅享有兑付请求权，但基于广义的请求权竞合的理论，原告不能在同一案中对该两公司提出基于同一给付内容的不同的诉讼请求，如果原告同时提出了这样的诉讼请求，则其对A投资公司的诉讼请求在本案中也是应当被驳回的。某投资公司和A投资公司之间对原告而言，类似于不真正连带债务的关系。不真正连带债务的特征，一般认为是赋予债权人选择权，由债权人择一请求权向相对债务人提起诉讼，而该请求权的相对债务人有全部给付的义务，且是基于该请求权涉及的法律关系的独立的理由，与其他请求权的相对债务人没有法律上的联系，仅有事实上的联系。A投资公司在某投资公司对原告违约后，虽然其履行兑付980万元债券的部分兑付行为，主要应当解释为是对作为持券人的原告的债券兑付行为，但因该行为具有消灭同一给付内容的他人债务的性质，且不具有向某投资公司追偿的权利，所以它类似于不真正连带债务。

综上，作为原告，在本案中有两种选择：一是基于合同关系产生的债权请求权向某投资公司追究其违约责任，某投资公司作为分销商，在承担责任以后有权向债券兑付款的最终责任人——发行人（海南某开发总公司）或保兑人（A投资公司）进行追偿；二是作为债券持有人，将负有债券本息兑付责任的发行人和保兑人作为共同被告，要求他们对剩余的债券兑付款承担连带责任。二者的给付内容是相同的，只是请求权的基础有所不同，只能择其一，而不能同时进行，这一点在今后的此类诉讼中应引起注意。

【法条指引】

中华人民共和国民法通则

第一百零八条 债务应当清偿。暂时无力偿还的，经债权人同意或者人民法院裁决，可以由债务人分期偿还。有能力偿还拒不偿还的，由人民法院判决强制偿还。

企业债券管理条例

第四条 发行和购买企业债券应当遵循自愿、互利、有偿的原则。

第五条 本条例所称企业债券，是指企业依照法定程序发行、约定在一定期限内还本付息的有价证券。

第七条 企业债券持有人有权按照约定期限取得利息、收回本金，但是无权参与企业的经营管理。

第十一条 企业发行企业债券必须按照本条例的规定进行审批；未经批准的，不得擅自发行和变相发行企业债券。

中央企业发行企业债券，由中国人民银行会同国家计划委员会审批；地方企业发行企业债券，由中国人民银行省、自治区、直辖市、计划单列市分行会同同级计划主管部门审批。

▶ 13. 证券回购交易中，没有足额实物券托管交割的，回购合同的效力如何？

【宣讲要点】

证券回购交易，是指证券买卖双方在成交同时就约定于未来某一时间以某一价格双方再进行反向交易的行为。其实质内容是：证券的持有方（融资者、资金需求方）以持有的证券作抵押，获得一定期限内的资金使用权，期满后则需归还借贷的资金，并按约定支付一定的利息；而资金的贷出方（融券方、资金供应方）则暂时放弃相应资金的使用权，从而获得融资方的证券抵押权，并于回购期满时归还对方抵押的证券，收回融出资金并获得一定利息。

证券回购交易实质上是一种以有价证券作为抵押品拆借资金的信用行为，是证券市场的一种重要融资方式，具体操作应该符合相关规定，否则便会影响行为的效力。证券回购业务成立的要件包括：（1）交易主体。根据《中国人民银行、财政部、中国证券监督管理委员会关于重申进一步规范证券回购业务有关问题的通知》的规定以及最高人民法院召开审理证券回购纠纷案件座谈会的精神，非金融机构、个人以及不具有法人资格的金融机构一律不得直接参与证券回购业务。因此，对没有中国人民银行颁发的金融许可证，或者虽然有金融许可证但没有从事证券交易经营范围的单位或者个人，一般应认定不具备订立证券回购合同的主体资格，其订立的证券回购合同应认定为无效。金融机构的分支机构无论是否领取了企业法人营业执照，只要在《中国人民银行、财政部、中国证券监督管理委员会关于重申进一步规范证券回购业务有关问题的通知》下发后，都应认定其不具有从事证券交易的主体资格。但在文件下发前，金融机构的分支机构以自己的名义签订的证券回购合同，应确认其主体资格合法。在诉讼中，只要金融机构的分支机构领取了营业执照，就具有诉讼的主体资格。但在实体处理上，对分支机构没有偿付能力的，应由其主管企业法人承担民事责任。(2) 回购期限。最长不得超过1年。(3) 证券回购的券种只能是国库券和经中国人民银行批准发行的金融债券。(4) 交易场所。交易分为场内交易和场外交易。凡未经国务院和中国人民银行批准的证券交易场所和融资中心，一律不得开办证券回购业务。(5) 必须有真实、足额的实物券。这是构成证券回购交易的最重要的条件。在证券回购交易中，融资方未向对方当事人实际交割或封存足额实物券的，该证券回购协议应认定为无效合同。合同被认定为无效后，应当返还融资本金，按同业拆借利率赔偿拆借期间的利息损失，并承担逾期罚息。

根据民法通则的相关规定，行为人可以签订书面授权委托书委托他人在委托权限和期限内为一定事务。事务所发生的法律效果、责任承担归于委托人。因此，分支机构代表人签署并加盖公章的授权文件，授权企业分支机构的工作人员，使用备案的业务专用章及个人名章，企业分支机构的工作人员，持分支机构代表人签署并加盖公章的授权文件，经申请和公示，取得证券交易中心席位，并以申请证券交易中心席位时备案的业务专用章及个人名章所为的确认证券交易的行为，应该归结为企业分支机构的行为。而分支机构不具有企业法人资格，不独立承担民事责任。所以，分支机构无论是否撤销，其民事责任都由该分支机构所属的企业来承担，未按法律规定进行登记的，不得作为总公司不承担相应责任的抗辩理由，只要其具备设立分公司的实质情形，就应对分公司的法律行为承担责任。

【典型案例】

1995年1月6日，某证券公司向武汉证券交易中心出具了一份授权书，该授权书内容如下："武汉证券交易中心：我单位特派魏某、陈某为中心场内交易出市代表，所有场内交易和资金划拨经上列代表之一签字即具法律效力，我单位承诺对上述交易和资金划拨行为极有可能产生的后果承担一切责任。"在该授权书上有陈某（化名）的签名，并加盖了某证券公司的印章。

某银行云南省分行营业部（以下简称某行云南营业部）原下属机构某银行昆明市分行有价证券业务代办处（以下简称证券代办处）分别于1995

年6月1日、6月16日、6月29日，与某证券投资基金部武汉交易中心（以下简称基金部武汉交易中心）签订了3份《有价证券回购交易成交合同》，约定由证券代办处买入1300万元有价证券，基金部武汉交易中心应分别于1995年9月30日、10月16日、10月29日按每百元券104.80元的价格回购。该3份合同还约定证券代办处购券款一经划出，基金部武汉交易中心应开出债券代保管收据寄至证券代办处，基金部武汉交易中心回购债券款一经划出，证券代办处应将代保管收据寄至基金部武汉交易中心；基金部武汉交易中心回购债券按约定汇入代办处账户，逾期汇入，按逾期金额日万分之五计罚息，逾期超过10天，视为自动放弃权利，证券代办处有权卖掉代保管债券，基金部武汉交易中心不得有异议。此外，双方对上述协议中的1000万元债券又签订了《债券买卖附加协议》，约定手续费16万元。该3份合同签订后，证券代办处分别将500万元、300万元、500万元的购券款电汇至基金部武汉交易中心指定的账户，基金部武汉交易中心收到款项后，没有按约定开出证券代保管收据。合同期限届满后，基金部武汉交易中心未按约定将所购证券予以回购。经证券代办处多次催收，基金部武汉交易中心于1996年7月31日归还20万元，深圳市某实业股份有限公司于1997年1月4日至8月28日替基金部武汉交易中心归还了320万元，1997年11月10日、11日基金部武汉交易中心又归还了40万元，其余款项未归还。1997年11月19日双方订立了一份《还款计划》，主要内容如下："某基金部武汉交易中心1997年11月19日拟订以下还款计划：我方对如下债务事实予以确认：某银行原证券代办处于1995年6月1日、6月16日和6月29日与我方进行了3笔国债回购交易，并分别将交易资金500万元、300万元和500万元按合同规定的期限汇入我方账户，截至1997年11月19日，我方尚有1000万余元本金及利息未还。特作还款计划如下：1997年12月底前还款100万元，1998年3月底还款200万元，6月底还款300万元，9月底还款300万元，剩余本金及利息于1998年12月底全部归还。"基金部武汉交易中心加盖了印章，并有陈某的签字。因基金部武汉交易中心未履行还款承诺，某行云南营业部遂诉至人民法院。诉讼中，某证券公司基金部被A公司收购，A公司与某证券公司约定了收购之前民事行为法律后果由某证券公司承担。

人民法院经审理认为，某行云南营业部原下属机构证券代办处与原基金部武汉交易中心签订的3份《有价证券回购交易成交合同》，因未在证券交易中心进行，属场外交易，且没有足额的实物券托管或交割，违反了《信贷资金管理暂行办法》的规定，双方签订的3份合同应确认无效。双方以证券回购名义，行变相拆借资金之实，对此双方均有责任。双方的债权债务应根据国务院批转的中国人民银行《关于进一步做好证券回购债务清偿工作的请示》的通知精神处理，返还融资本金，按同业拆借利率赔偿拆借期间的利息损失，并承担逾期罚息。由于某投资公司基金部被收购，某投资公司应对其分支机构所产生的法律后果依法承担赔偿责任。本案截止到1999年7月28日某投资公司尚欠某行云南营业部本金920万元，利息58.89万元，对某行云南营业部此项请求予以支持。某行云南营业部对某证券公司的诉讼请求，不予支持。据此，人民法院判决：证券代办处与基金部武汉交易中心签订的3份《有价证券回购交易成交合同》无效；某投资公司于判决生效后30日内返还某行云南营业部本金人民币920万元，利息58万余元（按年息13.59%计算），并承担逾期罚息，按日万分之四计算（从1995年10月30日计算至还清款项止）；驳回某行云南营业部对某证券公司的诉讼请求；某行云南营业部其他诉讼请求不予支持。

某投资公司不服一审判决，提起上诉。二审人民法院认为，原审判决认定事实清楚，适用法律基本正确，唯按日万分之四的固定利率判处逾期罚息不当，应按中国人民银行颁布的同期逾期罚息利率分段计算。对此，本院予以纠正。判决维持一审判决主文第1项、第3项、第4项；对一审判决主文第2项关于逾期罚息部分予以变更。

【专家评析】

本案的争议焦点是：证券回购合同效力如何；作为企业分支机构的某证券公司被收购后，能否要求其所属的某证券公司承担民事责任；收购方A公司是否承担民事责任。

（1）某行云南营业部与某证券公司签订的证券回购合同的效力。某行云南营业部原下属机构证券代办处与原某证券公司基金部武汉交易中心签订的3份《有价证券回购交易成交合同》，因未在证券交易中心进行，属场外交易，且没有足额的实物券托管或交割，违反了中国人民银行、财政部、中国证券监督管理委员会关于证券回购的规定以及最高人民法院关于审理证券回购纠纷案件的有关意见，属于合同违反法律规定的情形，应确认为无效。双方以证券回购名义，行变相拆借资金之实，对此双方均负有责任。

（2）某投资公司是否承担民事责任。某投资公司的前分支机构某证券公司曾向武汉证券交易中心申请交易席位，并将魏某、陈某作为交易员向武汉证券交易中心申报。随后，该基金部当时的代表人陈某签署授权书确认魏某、陈某系该基金部特派的场内交易出市代表，加盖该基金部的印章后向武汉证券交易中心出具，该意思表示已经在武汉证券交易中心公示。故该基金部应对陈某、魏某使用某基金部武汉交易中心业务专用章所为的民事行为承担责任，而由于分支机构不具备法人资格，行为的法律后果应当由其隶属的某投资公司承担。在基金部已被某公司予以收购，且某公司与某投资公司约定了收购之前民事行为法律后果的分担的情形下，某投资公司应对基金部在收购前所进行的民事行为的法律后果承担民事责任。

（3）某公司是否承担民事责任。某投资公司与某公司签订的转让协议约定：某公司受让某证券公司，某证券公司变更为某投资公司。某证券公司正式交接之前发生的债权债务仍由某投资公司所有，某公司不承担任何相关或连带责任。这一协议具有收购的性质，根据此约定，某公司不承担某证券公司的债权债务。

【法条指引】

中华人民共和国民法通则

第四十三条 企业法人对它的法定代表人和其他工作人员的经营活动，承担民事责任。

第五十八条 下列民事行为无效：

……

（五）违反法律或者社会公共利益的；

……

无效的民事行为，从行为开始起就没有法律约束力。

第六十五条第一款、第二款 民事法律行为的委托代理，可以用书面形式，也可以用口头形式。法律规定用书面形式的，应当用书面形式。

书面委托代理的授权委托书应当载明代理人的姓名或者名称、代理事项、权限和期间，并由委托人签名或盖章。

中国人民银行、财政部、中国证券监督管理委员会关于重申进一步规范证券回购业务有关问题的通知

人民银行各省、自治区、直辖市和计划单列市分行：

经查，一些金融机构从事证券回购业务严重违规。为维护金融市场秩序，保证证券回购业务健康发展，现重申证券回购业务有关规定并就进一步规范如下：

一、证券回购业务是指债券持有人在卖出一笔债券的同时，与买方签订协议，约定一定期限和价格，买回同一笔债券的融资活动。人民银行各级行要根据《信贷资金管理暂行办法》（银发〔1994〕37号）、《关于坚决制止国库券卖空行为的通知》（〔1994〕财国债字第20号）、《关于1995年国库券发行中有关问题的紧急通知》（银发〔1995〕83号）等有关规定，切实加强对证券回购业务的管理。各类金融机构必须按规定开展证券回购业务。

二、凡未经国务院和中国人民银行批准的证券交易场所和融资中心，一律不得开办证券回购业务。所有金融机构也不得参与这些场所和中心开设的证券回购市场。非金融机构、个人以及不具有法人资格的金融机构，一律不得直接参与证券回购业务，任何交易场所、融资中心不得接受其为会员。禁止在国家批准的证券交易场所之外私下从事证券回购业务。

三、证券回购券种只能是国库券和经中国人民银行批准发行的金融债券；回购期限最长不得超过1年；回购资金不得用于固定资产投资，不得用于期货市场投资和股本投资，不得以贷款、拆借等任何名义用于企业。

四、回购方必须有百分之百的属于自己所有的国库券和金融债券，并将国库券和金融债券集中在中国人民银行省、自治区、直辖市、计划单列市分行指定的一家证券登记托管机构保管。代保管单只能由该机构出具。凡出具虚假代保管单的机构，比照全国人大《关于惩治破坏金融秩序犯罪的决定》中的第十条、第十五条等规定惩治。返售方在回购期内不得动用回购证券。禁止任何金融机构挪用个人或机构委托其保管的证券。

五、禁止任何金融机构以租券、借券等方式从事证券回购业务。

六、凡从事证券回购业务的金融机构必须在8月30日以前到当地人民银行逐笔填写《证券回购业务登记表》，由人民银行省、自治区、直辖市、计划单列市分行汇总并报中国人民银行总行和财政部。逾期不登记者，取消其从事证券回购业务的资格。

七、文到之日前所有在证券回购业务上的违规行为必须按本通知规定限期纠正。回购方必须在10月30日之前，将其所开具的代保管凭证中记录的代保管证券如数交由上述人民银行指定的证券登记托管机构保管。逾期不交者，返售方必须将资金抽回。文到之日起新开办的证券回购业务一律按本通知规定执行。

八、严禁金融机构以出售国库券代保管单等形式盗用国家信用、非法集资或变相高息吸收存款。

九、对于违反通知规定者，人民银行有权视其情节轻重，给予以下处罚：

（一）没收非法所得；

（二）处以违规金额每日万分之五的罚款；

（三）连续两次违规，取消违规者从事证券回购业务资格；情节严重者，给予通报批评，并责令撤换法定代表人，直至吊销其《金融机构法人许可证》或《金融机构营业许可证》。

十、证券公司及证券兼营机构必须每月向当地人民银行如实上报“资产负债表”、“损益表”、“证券回购（返售）业务明细表”，由中国人民银行省、自治区、直辖市、计划单列市分行汇总报中国人民银行总行。凡连续两个月不报送报表的金融机构，中国人民银行有权责令其撤换法定代表人。

以上要求，请人民银行省、自治区、直辖市、计划单列市分行及时通知辖区内各金融机构。

中国人民银行、财政部、中国证券监督管理委员会关于认真清偿证券回购到期债务的通知

中国人民银行各省、自治区、直辖市分行，计划单列市分行，各省（市、自治区）财政厅、局，各省（市、自治区）政府证券管理部门：

8月8日，中国人民银行、财政部、证监会联合下发的《关于重申对进一步规范证券回购业务有关问题的通知》（银传〔1995〕60号），对规范证券回购业务起到了积极作用。同时，也暴露出过去证券回购业务中存在的问题。特别是有些证券机构假借证券回购名义，违法违章套取资金，到期不能归还债务，危害到金融秩序的稳定。为此，中国人民银行各省（市、自治区）分行、各省（市、自治区）财政厅、局，各省（市、自治区）政府证券管理部门要密切配合，共同督促所在地证券交易中心、证券交易所、各证券经营机构，从事新的证券回购业务必须按8月8日银传60号通知执行。同时，对该文下发前办理的证券回购业务的到期债务，必须按以下规定积极清偿：

一、对8月8日以前签订的、10月31日之前又补不足实券的回购协议，允许双方按原定回购协议的期限到期清偿债务。对8月8日以后开展的新回购业务，必须执行100%实物券托管的规定。

二、同属一家金融机构的分支机构，分别以会员资格参加市场交易的，首先由总行、总公司在本系统内组织清理相互拖欠。对本系统内分支机构之间的债权债务，实行内部冲抵。属于净拆入资金的系统，由总行、总公司对所属分支机构及时注入资金，清偿对其他系统的拖欠。

三、对于以发售国库券代保管单等形式向居民个人筹集资金，用于证券回购市场的金融机构，必须提前组织资金，按原定协议及时兑付本金和利息。凡分支机构和基层营业单位兑付有困难的，必须由该金融机构总行、总公司负责兑付。

四、对回购资金用于固定资产投资，一时确难收回的，应由债权人、债务人双方签订资产抵押合同，解决相互拖欠。

五、凡连续三年盈利、资本充足率超过10%的非银行金融机构，经当地人民银行审批，可向当地融资中心拆借资金，归还到期债务。拆借资金的期限最长不超过4个月，数额不超过实收资本金。具体操作办法由中国人民银行另行通知。

六、证券机构把回购资金转借给企业，用于正常流动资金需要和居民中、低档住宅开发的，借款企业可按规定向银行申请贷款解决拖欠。

七、各金融机构要把清偿债务放在首位。凡不主动清偿债务，或故意拖欠债务的金融机构，人民银行对该机构不予登记，并依法查处有关责任人。财政部、人民银行、证监会要取消或不予批准该机构国债一级自营商资格，限制该机构股票主承销等业务。

八、各证券交易中心、证券交易所要履行原定职责，全力以赴，积极组织会员清偿债务，并按旬向当地由中国人民银行、财政厅(局)、政府证券管理部门组成的协调小组汇报到期债务清偿进度。

以上通知请中国人民银行各省（市、自治区）分行，各省（市、自治区）财政厅（局），各省（市、自治区）政府证券管理部门迅速转发所在地证券交易场所及各金融机构认真执行。

最高人民法院召开审理证券回购纠纷案件座谈会

为正确处理证券回购纠纷案件，1996年11月26日至29日，最高法院在湖北省武汉市召开了有八个高级人民法院、五个中级人民法院有关审判人员参加的座谈会，中国人民银行、中国证券监督管理委员会、财政部派员参加了会议。证券回购是证券持有人（回购方，即资金拆入方）在卖出一笔证券的同时，与买方（返售方，即资金拆出方）签订协议约定一定期限和价格，买回同一笔证券的融资活动。1995 年年底以来，一些地方人民法院开始受理证券回购纠纷案件。去年上半年这类案件上升的幅度非常大。证券回购合同纠纷案件是一种新类型案件。由于在这方面没有明确的法律规定和司法解释，致使审理工作难度较大，适用法律方面问题较多。

与会同志通过认真讨论，总地认为，人民法院审理证券回购案件，应在查明事实、分清责任的基础上，以《民法通则》、《经济合同法》为基本依据，按照国家有关行政法规，参照中国人民银行、财政部、中国证券监督管理委员会有关规章，妥善予以处理。对目前审判工作中遇到的一些主要问题，会议基本上达成了共识。

现将会议的主要情况转发，供各地法院参考。

一、关于证券回购纠纷案件的受理与管辖问题

1995 年 10 月 27 日，中国人民银行、财政部、中国证监会《关于认真清偿证券回购到期债务的通知》（银传〔1995〕80 号）规定对同属一家金融机构的分支机构，分别以会员资格参加市场交易，发生证券回购纠纷应由其共同所属金融机构协调解决。

目前，有些交易场所为解决金融债务链，对部分相互拖欠的证券回购资金，通过交易场所作了对冲。如果以当事人协议的方式对冲的，因其债权债务关系已经合法转移而应予承认，如当事人反悔而向法院起诉的，不予受理。如果以其他方式强行对冲的，由于变更、转移债权债务关系是当事人的权利，有的债权人或者债务人不同意对冲而起诉至法院的，人民法院应依法受理。

对已经人民法院判决或调解的证券回购案件，因政策调整而当事人申请再审的，人民法院不再重新处理。

证券回购纠纷属于合同纠纷，应按照《民事诉讼法》第二十四条的规定，由被告住所地或合同履行地人民法院管辖。证券交易行为在证券交易场所内进行的，融资本金交割行为的地点应为合同规定义务履行的地点，即合同履行地。因此，证券回购纠纷案件的地域管辖问题，应根据1996年7月4日最高人民法院《关于如何确定证券回购合同履行地问题的批复》（法复〔1996〕9号）的规定，凡是通过证券交易场所进行的证券回购交易（即场内交易）而产生的纠纷，证券交易场所所在地或者被告方所在地的人民法院有管辖权；对未通过证券交易场所进行证券回购交易（即场外交易）而产生的纠纷，返售方所在地或者被告方所在地的人民法院有管辖权。

关于证券回购纠纷案件的级别管辖问题，应按照各高级人民法院作出并经最高人民法院批准的关于案件级别管辖的规定执行。

二、关于证券回购合同的主体资格问题

对证券回购合同主体资格的审查，应以1995年8月8日中国人民银行、财政部、中国证监会《关于重申对进一步规范证券回购业务有关问题的通知》（银传〔1995〕60号）的规定为准，即非金融机构、个人以及不具有法人资格的金融机构一律不得直接参与证券回购业务。因此，对没有人民银行颁发的金融许可证，或者虽有金融许可证但没有从事证券交易经营范围的单位或者个人，一般应认定不具备订立证券回购合同的主体资格，其订立的证券回购合同应认定为无效。

关于财政证券机构的主体资格问题。财政证券机构（包括国债服务部、国债服务中心等国债中介机构）的形成有其历史原因，它们在国债的发行、兑付和流通转让方面起了重要作用。鉴于财政系统证券机构的清理和改组、转轨工作正在进行之中，对其从事的国债发行、兑付、转让（包括回购）等交易活动，可认定为具有从事该项交易的主体资格。

关于金融机构的分支机构的主体资格问题。一些金融机构的分支机构经工商行政管理机关登记领取企业法人营业执照，违反了1994年

9月8日中国人民银行银发〔1994〕228号通知中关于证券交易营业部、证券业务部作为证券公司、信托投资公司的全资附属营业机构，不具有独立法人资格的规定，而应认定其不具有独立法人资格。对这些分支机构以自己的名义签订的证券回购合同，应依照银传〔1995〕60号文件中关于不具有法人资格的金融机构一律不得直接参与证券回购业务的规定处理。金融机构的分支机构无论是否领取企业法人营业执照和是否具有会员席位，只要是在该文件下发后，都应确认其不具有从事证券交易的主体资格。但在文件下发前，金融机构的分支机构以自己名义签订的证券回购合同，应确认其主体资格合法。在诉讼中，只要金融机构的分支机构领取营业执照，就具有诉讼的主体资格。但在实体处理上，对分支机构没有偿付能力的，应由其主管企业法人承担民事责任。

关于承包方、借用方的主体资格问题。有些金融机构将其在交易场所的席位发包或出借给其他单位或个人经营，违反了证券交易场所管理办法中有关会员席位不得转让使用的规定。无论承包方或借用方本身是否是具有会员席位的金融机构，其以发包方或出借方名义签订的证券回购合同，均应以主体资格不合法而确认为无效。

三、关于证券回购合同内容的合法性问题

证券回购合同的内容是否合法，要从实物券数额、回购期限、违约责任等方面进行审查。

1. 关于实物券数额的问题。1994年2月15日中国人民银行《信贷资金管理暂行办法》(银发〔1994〕37号)、1994年7月1日《关于坚决制止国债券卖空行为的通知》(〔1994〕财国债字第20号)，以及银传〔1995〕60号通知，都规定了证券交易必须有足额的实物券。各证券交易场所制定的交易规则及经营证券回购业务的金融机构均必须严格遵守上述规定。但在《暂行办法》颁发之前，根据证券交易场所关于实物券数额的规定而订立的证券回购合同，不能以其实物券数额不足100%而认定为无效。而在《暂行办法》颁发之后，对实物券数额不足100%的证券回购合同，应认定合同无效。

2. 关于回购期限的问题。银传〔1995〕60号通知规定证券回购期限最长不得超过一年。因此，对约定的回购期限超过一年的，应认定为无效。

3. 关于违约责任条款的问题。当事人在回购合同中约定的逾期罚息，有的为日万分之八，有的为日万分之十，有的甚至高达日万分之十二。会议认为，对于逾期罚息过高的，不应予以认可，应当一律比照当时中国人民银行规定的有关逾期付款违约金的计算标准处理，超过部分不予保护。

四、关于证券回购合同纠纷案件中的民事责任承担问题

对于证券回购合同纠纷案件中的民事责任承担问题，要根据有关法律、司法解释及国家政策的规定，在全面审查证券回购合同是否有效的基础上，确定当事人应承担的民事责任。

1. 对证券回购合同认定为有效的，应保护回购合同约定的回购价格，并参照银行结算有关逾期付款的规定承担违约金。

2. 对证券回购合同认定为无效的，应根据1996年6月25日国务院批转中国人民银行《关于进一步做好证券回购债务清偿工作请示的通知》（国发〔1996〕20号）文件精神，返还融资本金，按同业拆借利率赔偿拆借期间的利息损失，并承担逾期罚息。

3. 对承包、借用经营期间发生的证券回购纠纷，只要是以发包方或出借方的名义签订的证券回购合同，发包或出借会员席位的金融机构就应承担民事责任。至于发包方、出借方与承包方、借用方之间，则属于另一法律关系，可作另案处理。

五、关于证券回购纠纷与经济犯罪交织的问题

在前一阶段的国债回购交易中，存在着许多违法甚至犯罪活动。因此，人民法院在审理证券回购纠纷案件中，要注意发现经济犯罪的问题，对于出租、出让交易席位，违规操作，严重失职，造成重大损失的；交易人员收受贿赂的；挪用、贪污回购资金的；冒用法人名义，伪造印鉴，进行诈骗犯罪的；利用国库券代保管单骗取资金的等行为，要特别注意发现其中的犯罪线索，对可能构成犯罪的，人民法院要及时移送有关机关。对证券回购纠纷事实清楚，法人应当承担民事责任的，应在移送犯罪线索后，继续审理经济纠纷。

▶ 14. 投资人因信赖证券机构而购买其推荐的债券，对于债券不能兑付所造成的损失如何承担责任？

【宣讲要点】

债券是一种有价证券，是社会各类经济主体为筹集资金而向债券投资者出具的、承诺按一定利率定期支付利息并到期偿还本金的债权债务凭证。债券作为证券，和其他投资产品一样，对其风险的判断也更多地仰仗于购买人。即使是受其他机构或个人推荐，只要在推荐过程中不存在欺诈情形，推荐人在根据诚实信用原则遵守相应义务的情况下，不应对风险所造成的损失对购买人承担责任。

投资人对所投资品种负有风险注意义务，不能将购买证券公司推荐的债券而遭受的损失归责于证券公司。投资人将债券发行人所应负有的风险提示义务及自身所应负有的风险注意义务转嫁给推荐人承担是缺乏法律依据的。

【典型案例】

1998 年 5 月 28 日，某股份公司向其客户某农商行电传一份中国人民银行《关于同意海南发展银行发行特种金融债券（第二期）的批复》（以下简称 60 号批复），双方于当日签订一份《代理转让协议》，约定：（1）甲方（某农商行）委托乙方（某股份公司）按下列条件购买二期海南发展银行特种金融债券（以下简称海发特债）；（2）乙方协助甲方按上述条件买入海发特债，收妥甲方全部购券款后，协助并保证卖出方于 1998 年 6 月 17 日之前将面值 1 亿元的海发特债通过中央国债登记结算公司（以下简称中央结算公司）过户给甲方，并于收到购券款后3日内向甲方支付25万元的手续费；（3）任何一方如违反约定划款或过户债券，就迟延部分承担每日万分之五的违约金。

某股份公司于1998年6月2日向××信托投资公司购得面值519万余元海发特债，购入价格480万元，于1998年6月5日向××金融咨询有限责任公司购得面值3512万余元海发特债，购入价格3250万元，于1998年6月10日向某投资公司购入面值2752万余元海发特债，购入价格2505万元。某股份公司从上述3家公司共购得面值6784万余元海发特债，购入价格6235万元。另外，某股份公司下属天津分公司在某股份公司与某农商行签订代理转让协议前后，通过诉讼及抵债方式取得面值约2360万元海发特债。某股份公司于1998年6月12日与某股份公司天津分公司签订代理转让协议，约定某股份公司以2183万元购买某股份公司天津分公司持有的面值约2360万元海发特债。某股份公司、某股份公司天津分公司、某股份公司资金调剂中心于1998年6月23日签订协议，约定某股份公司付给某股份公司天津分公司购券款2183万元，其中1000万元用以冲抵某股份公司天津分公司原借款，剩余1183万元由某股份公司支付给某股份公司天津分公司。

某股份公司于1998年6月12日、15日向中央结算公司发出指令，要求将其所收购的面值6784万余元海发特债及其从某股份公司天津分公司购入的面值约2360万元海发特债，共计面值9144万元海发特债过户给某农商行。中央结算公司即于同年6月15日将面值9144万元海发特债过户到某农商行的托管账户，并分别向某农商行及某股份公司出具了“特种金融债券金额确认书”。1998年6月24日，某股份公司致函某农商行称，根据双方协议，我方已将面值9144万元海发特债过户至贵方在中央结算公司的账户，尚有856万元债券不能按协议如期执行，即将上述剩余券款及利息电汇给某农商行。

1998年7月8日，某农商行致函某股份公司要求将海发特债发行章程及有关偿债措施、担保合同、财务报告、法律意见书、承销协议等文件传真给该行。某股份公司7月10日回函称，海发特债发行章程已随60号批复同时传给该行，申请发行特种金融债券所应提交给有关机关的其他材料，无法从公开信息中获取，因而无法提供。同年8月28日，某农商行致函中央结算公司，向其请求取消某股份公司的过户指令。同年9月7日，某农商行致函某股份公司称，6月2日该行依约付款后，情势发生了根本性的变化，而某股份公司却将实情隐瞒至今，该行对如此代理转让海发特债的行为不能认可。同年9月14日，中央结算公司根据某农商行的函件将其托管账户内的面值9144万元海发特债划回到某股份公司账户。同年9月18日，某农商行函告某股份公司已将上述海发特债退回，要求某股份公司退还购券款并在一星期内寄送如何买入和过户债券的材料。同年9月24日，某股份公司向某农商行回函称，对其退回海发特债的行为不予认可。

同年10月21日，某农商行以某股份公司的行为构成欺诈为由向人民法院提起诉讼，请求判令某股份公司返还购券款9229万元及利息并承担诉讼费用。某股份公司在应诉前，于同年11月30日指令中央结算公司将上述海发特债再行过户到某农商行的账户，中央结算公司于同年12月1日又将面值9144万元海发特债过户到某农商行的账户。

人民法院一审审理认为，本案双方之间系代理关系。某股份公司应当知道该债券的风险，但其在向某农商行推荐债券时未尽告知和协助义务，并故意隐瞒自己已持有该债券的事实及相关信息，虚构发行费，致使农商行作出违背其真实意思的表示而与之签约；签约后其不仅将自己清欠所得的债券代理转让给某农商行，而且利用掌握的信息低价收购债券交给某农商行，从中牟取暴利，损害了某农商行的权益。某农商行关于某股份公司违反诚信原则、违背代理协议实施欺诈行为致使代理无效的事实和理由可予采信。双方所取得的财产应返还对方。一审判决：双方签订的代理转让协议无效；某农商行于判决生效后10日内将面值9144万元海发特债返还给某股份公司；某股份公司应于判决生效后10日内将9229万余元购券款返还给某农商行；某股份公司于判决生效后10日内偿付上述款项的利息；驳回某农商行的其他诉讼请求。

某股份公司不服一审判决，提起上诉。二审人民法院认为原审判决认定事实清楚，适用法律正确，应予维持。判决：驳回上诉，维持原判。

某股份公司不服上述终审判决，提起再审申请。再审法院认为，某股份公司与某农商行签订的代理转让协议合法有效，双方形成代理买卖关系。某股份公司在履行协议过程中转让自己持有的面值2359万余元海发特债无效，某股份公司为某农商行代理买卖面值6784万余元海发特债归某农商行所有，某农商行向某股份公司支付购券款6235万元。其余内容双方按协议约定履行。人民法院最终作出判决：撤销二审判决和一审判决；某股份公司为某农商行代理买卖面值6784万余元海发特债归某农商行所有；某农商行向某股份公司支付代理买卖面值6784万余元海发特债购券款6235万元及利息；某股份公司向某农商行转让自己持有的面值2359万余元海发特债无效，某股份公司将该部分所得购券款2388万余元以及占用期间的利息返还给某农商行；某股份公司将代理买卖面值6784万余元海发特债所得差价款632万余元以及占用期间的利息返还给某农商行；某股份公司向某农商行支付25万元手续费。

【专家评析】

本案涉及投资人信赖证券机构推荐的投资品种，购买后无法兑付造成损失的处理。案中某股份公司与其客户某农商行是长期合作关系，此前某股份公司曾多次向某农商行推荐投资品种，双方从未发生纠纷。此次某农商行在收到某股份公司电传的有关海发特债的资料后，立即作出购买决定。后由于海南发展银行突然关闭，海发特债的持有人全部无法兑付，导致重大经济损失。本案一、二审和再审对于某股份公司的推荐行为作出了不同认定。一审认定某股份公司恶意推荐，构成欺诈，认定双方的行为无效；二审判决并没有采纳一审判决关于某股份公司构成欺诈的认定，而是采用了一种温和的认定，认为某股份公司的行为有违诚实信用原则，维持了一审判决关于双方代理买卖行为的认定。

一、二审判决均认定某股份公司向某农商行推荐购买海发特债构成欺诈，双方签订的《代理转让协议》无效，某股份公司将买券款返还某农商行，但一、二审认定某股份公司欺诈的理由不同。一审判决认定某股份公司构成欺诈的理由主要有四点：（1）某股份公司应该知道该债券的风险，但未尽告知和协助义务；（2）故意隐瞒自己已持有该债券的事实及相关信息，虚构发行费；（3）签约后将自己清欠所得的债券转让给某农商行；（4）低价收购债券，牟取暴利，损害某农商行的权益。再审判决则否定了一审判决的上述认定，认为上述四条理由或属主观推定，或与事实不符，或属协议履行问题，不是认定某股份公司构成欺诈的法定理由。

二审判决维持了一审判决关于代理协议无效的认定，但认定的理由及视角与一审不同。二审判决主要是根据海发特债的发行目的、发行对象、发行方式、发行价格等因素进行分析，认为海发特债在发行时，其债券品质及投资价值存在很大风险，在此情况下，某股份公司仍然向某农商行推荐该债券，构成欺诈，所以认定代理协议无效。

二审判决从海发特债的发行目的、对象、方式、价格等因素出发，作为判断该债券品质的观点是正确的，这本身也是投资人在作出投资决定前所应全面考虑的问题。但二审判决据此认定某股份公司推荐购买债券构成欺诈存在两个错误：一是二审判决对于海发特债的发行方式、发行价格等重要事实认定错误，因此，在认定事实错误的基础上，所得出的海发特债在发行时即不具备投资价值或具有很大投资风险是错误的；二是二审判决毫无根据地认为某股份公司作为海发特债的推荐人，应对该债券品质及投资风险负责，而不是由投资人自行加以判断，将债券发行人所应负有的风险提示义务及债券投资人所应负有的风险注意义务移加在推荐人身上，这是缺乏法律依据的。

关于海发特债的发行方式，二审判决认定海发特债是全国清欠办在海南发展银行证券回购债务清欠会议上，决定将海发特债分配给各债权人的，从而得出该债券品质存在问题，非一般理性投资者所自愿认购。就海发特债是否是全国清欠办分配给各债权人的问题，中国银监会告知，全国清欠办是由中国人民银行、财政部、证监会等部门抽调人员临时组成的，主要工作是清理证券回购债务，督促债务人尽快清偿债务，其本身不具备审批和管理特种金融债券的职权。海发特债是由中国人民银行负责审批监管的，其发行与全国清欠办毫无关系。全国清欠办组织清欠专场，只是提供一个平台，集中对债务人向债权人清偿欠款进行协调，清欠办无权也从没有干预海发特债的发行，更谈不上将海发特债分配给各债权人，债务人用海发特债抵偿清欠债务，是债权人和债务人自愿协商后选择的结果。因此，二审判决认定海发特债是清欠办强行分配给债权人的，进而得出债券品质存在问题的结论也是缺乏依据的。

关于海发特债的价格，二审判决认定在签订和履行本案协议期间，该批债券的真实价格仅为每百元券92元左右，远远低于其以券抵债时的价格即债券面值，以此说明该债券风险加大。二审判决该项认定属事实认定错误，真实情况是，在债权人和海南发展银行签订抵债协议时，由于债券不同于现金，不能马上兑现，会给债权人造成一定损失，因此，海南发展银行与债权人经过自愿协商，为使债权人获得一定补偿，海南发展银行大都以低于债券面值的价格与债权人签订了抵债协议，所以，债权人以券抵债时的价格是低于债券面值的，有补偿的因素在里面。由于海发特债是可以向机构投资者（非债权人）发行的，因此，其他机构投资者若要向海南发展银行购买海发特债，仍需按债券面值与海南发展银行协商定价。二审认定海发特债市场价格发生了明显变化，由每百元券100元变为每百元券92元左右，是缺乏事实依据的，导致其对海发特债品质所作出的结论错误。某农商行与某股份公司签订的代理协议中，未约定是向海南发展银行认购，还是向其他债券持有者购得，因此，协议约定的购买价格是债券面值加上部分利息，是合理的。

再审审理时，根据双方代理买卖行为发生的事实，以及债券不能兑付的原因，作出以下认定：(1) 本案系代理转让纠纷，某股份公司向某农商行推荐购买海发特债时，已将其所掌握的、债券发行人所应公开的信息告知某农商行，且该公开的信息中包括了海发特债的发行目的、发行方式、发行价格等内容。除此以外，法律并未规定、合同亦未约定推荐人还负有哪些告知和协助义务。(2) 某股份公司参加清欠会议并持有海发特债的事实，与某农商行是否决定购买该债券无关。某股份公司清欠所得债券的价格低于债券面值，是基于债务人海南发展银行给予的补偿，不代表该债券的风险因素，也不代表该债券的市场价格，某股份公司也无须将以券抵债的价格告知某农商行。(3) 某农商行作为投资人，对所投资品种负有风险注意义务，且某农商行作为专业的金融机构，其对于投资品种的风险判断能力和自我保护意识，远强于一般的公众投资者。某农商行在得知某股份公司推荐的债券后，立即作出购买决定，是其风险意识淡薄、疏于自我保护的结果，对于投资后果理应自行承担。(4) 海南发展银行关闭是政府决策行为，是突发事件，海发特债不能兑付的风险是任何人不能提前预料的，不能以海南发展银行关闭而推导出海发特债发行时即存在兑付风险的结论。(5) 某股份公司在向某农商行推荐海发特债时，不存在捏造虚假事实、隐瞒真实情况等情节，不构成欺诈，双方签订的《代理转让协议》合法有效。(6) 某股份公司在履行协议过程中，将自己持有的债券转让给某农商行，虽未侵害被代理人利益，但由于某农商行不予认可，该行为无效，双方将该部分券、款相互返还。(7) 某股份公司在履行协议过程中，向他人低价收购债券后，未将差额部分返还被代理人，侵害了被代理人利益，其占有的不当得利应返还某农商行。

在商业市场上，投资人对所投资品种负有风险注意义务，不能将购买证券公司推荐的债券而遭受的损失归责于证券公司。投资人将债券发行人所应负有的风险提示义务及自身所应负有的风险注意义务，全部转嫁给推荐人承担，缺乏法律依据。通过对本案的多次审理、分析和研究，基本可以得出上述结论，同时，本案还可以衍生出这样几点值得注意的事项。

第一，委托人将一定事项交给受托人办理后，只要是结果符合委托要求的，委托人应当接受该受托办理结果，而不能随意加以否决或者认为无效。双方都应当根据合同法相关规定履行诚信义务，不能将自己的责任转嫁到对方身上。

第二，对于风险的判断，要看各方的职业能力和水平，要看受托方是否如实报告了自己所了解和掌握的所有情况和资料，以便于委托方作出合理判断。同时，要知道，如果委托方不是金融机构，而是普通商业企业，可能其与受托方没有处于同一专业平台，此时应当赋予委托方更多的抗辩权。客观事实是，委托方是金融机构，所掌握的金融专业知识能力并不比受托方差，故而，不宜授予其过多的抗辩权。

第三，对于标的物的质量瑕疵，应当说海发特债的确是存在先天缺陷的，并非一般金融机构经批准发行的债券，而是因其不能正常偿债，才经批准发行了该批特债，故其风险早就存在。不过，就是这一点关键问题，委托方未必彻底了解，那么，受托方也仅仅知道其存在问题，但是否到了马上关闭海南发展银行，债券几乎失去兑付可能性的情况，受托方未必完全知晓。所以，双方对于该债券的品质错误判断应当处于同一水平上，不能够得出受托方存在欺诈的结论，因为毕竟该债券不是受托方所发行，其不能承担过重的质量瑕疵担保责任。

第四，关于自己交易的撤销问题。在数笔交易中，受托方将自己下属分公司持有的部分债券一并卖给了委托方，等于出现了自己与自己交易的情形。对此，要看委托方的态度，如果其认可，该笔交易可认定为有效；但如其不认可，则该笔交易属于可撤销。毕竟委托方没有声明受托方可以将自己持有的债券转卖给委托方。当然，从结果看，受托方转卖自己持有债券的行为，的确是转嫁了风险，而这是违背诚实信用原则的。因此，法庭予以撤销符合法律规定原则。

第五，受托方以低价购入债券，自己赚取了差价，关键也要取决于合同约定，取决于委托方的态度。尽管本案争议的焦点没有过多涉及差价利益归属问题，但在判断利益关系时，法庭必须考虑这样的处理原则对双方利益的影响。如果彻底改变原一审、二审判决，显然，利益关系发生了重新的衡量，不能完全一边倒。对于差价利益问题，只要没有明确约定可以归属于受托方，那么，法庭就可以重新予以衡量，将其判归委托方是适当的，有利于最大限度地平衡各方利益，不至于使得利益倾斜得过多。

总之，该案经过再审的慎重判定，所得出的判决结论更加符合本案签订履行的实际情况，符合市场经济条件下当事人权益保护基本原则的落实，也给我们一个提示，即商事交往关系的复杂性，需要从更多的层面分析问题，合理界定各方的权利义务，才能得出更为合理的处理结论。

【法条指引】

中华人民共和国证券法

第四条 证券发行、交易活动的当事人具有平等的法律地位，应当遵守自愿、有偿、诚实信用的原则。

第五条　证券的发行、交易活动，必须遵守法律、行政法规；禁止欺诈、内幕交易和操纵证券市场的行为。

中华人民共和国合同法

第六条　当事人行使权利、履行义务应当遵循诚实信用原则。

第八条　依法成立的合同，对当事人具有法律约束力。当事人应当按照约定履行自己的义务，不得擅自变更或者解除合同。

依法成立的合同，受法律保护。

▶ 15. 证券公司系统故障致损时是否应赔偿客户实际损失及机会利益？

【宣讲要点】

证券公司基于系统故障导致客户遭受损失的，客户可依据合同法的相关规定，向证券公司要求承担违约责任。当系统故障导致客户不能进行交易时，客户可以主张的损失赔偿原则上应根据客户实际发生的、基于系统故障受到影响的交易为依据进行计算。当系统故障导致客户账户上的股票或资金发生减损或灭失时，只要证券公司存在过错，符合侵权行为的构成要件，客户亦可基于证券公司的侵权行为请求损害赔偿，但证券公司也仅应当赔偿客户的实际损失。基于股票交易存在较高的风险性，交易人不能控制的影响股价的不确定因素较多，交易风险极大，客户在交易中存在一定的机会利益。所谓机会利益，即机会本身而言，对当事人意义重大，尽管机会的存在不一定必然最终使当事人受益，但是当事人对可能带来收益的机会具有合理期待。因而，应通过机会利益损失赔偿予以保护。特殊情况下，当客户被根本剥夺了股票交易机会，如下述典型案例中相关股票被标识“股份余额不足”，且能提供证据证明按其惯常操作将进行交易，则无论是基于违约还是侵权，法官均可酌情考虑让证券公司赔偿给客户一定数额的机会利益损失。

【典型案例】

周某在某证券公司上海北京东路证券营业部（以下简称某证券营业部）处开户进行股票买卖，习惯采取每日“低吸高抛”的操作方式。2007年2月1日凌晨2:01:06至2:14:54，其通过电话外线委托方式预埋了21笔卖出委托参与当天集合竞价，欲卖出北京城建、华泰股份、中华企业、新华百货、鹏博士、长江电力和工商银行7只股票。某证券营业部于当日9:15:09将周某预埋的委托向某证券交易所进行申报，其中，申报成功19笔，9:15:11申报2笔撤单。当天上午，周某账户9:21:22至9:23:36有4笔买入委托，9:30至11:30共有8笔卖出委托，均未成交。后周某发现其股票被无故撤单，即与某证券营业部交涉。次日，北京城建、中华企业等股票暴跌。为此，周某将某证券营业部诉至人民法院。

在庭审中原告诉称：事发当天上证A股开中阳线，按其惯常操作手法，即使最初委托的价格可能当时成交不了，但是根据行情的变化及时调低价格，是可以成交的，能够抛出其持有的所有问题股。现由于证券公司的原因导致其股票未能抛出，其损失应当按照当日其全部未成交的股票卖出委托来计算，按其惯常操作手法可能成交的价格与当日收盘价之间的差价进行赔偿，要求某证券营业部赔偿股票交易损失17977元。

被告辩称：2007年2月1日上午，因公司报盘机通信问题，造成部分客户的委托重复写入了交易所接口库，对客户被重复写入的卖出委托，当客户在开盘后对该笔股份继续进行卖出委托的时候，交易所都会因有过重复写入并标识“股份余额不足”给予拒绝。根据对客户的委托记录以及当日行情价的确认，周某2月1日上午的卖出委托中，以9.66元的单价卖出2000股中华企业的委托和以11.05元的单价卖出200股北京城建的委托按当日行情可以成交，其余委托按当日行情均不会成交。针对这2笔可能成交的委托，结合周某后续的股份操作，对于因该日委托产生周某实际损失的，将按实际情况给予周某差价金额1036元弥补。

一审人民法院经审理认为，根据委托记录和交易行情，周某实际可以成交但受故障影响而未能卖出2000股中华企业及200股北京城建，其所受到的经济损失为1036元。因周某自述其属于超级短线客，每天交易频繁，利用自有股票进行短期套利。该交易方式本身即存在很大的风险。且周某在当天下午曾有买入委托的记录，并无卖出的委托。在随后几天内周某又多次买入卖出相关股票。上述因素导致周某的经济损失难以准确界定，故损失总额可结合周某交易情况和当时的股票行情走势等因素综合分析酌情确定为2000元。

判决后，原告不服一审判决，主张按其惯常操作可能成交的价格与当日收盘价之间的差价进行赔偿，提起上诉。二审人民法院认为，原审人民法院结合上诉人交易情况和当时的股票行情走势等因素综合分析酌情确定被上诉人赔偿上诉人经济损失2000元，并无不当。判决驳回上诉，维持原判。

【专家评析】

实践中，证券公司基于系统故障导致客户遭受损失的事故时有发生，原则上证券公司因系统故障对客户应负赔偿责任局限于实际损失。根据合同法的规定，客户可以向证券公司要求承担违约责任，即可以要求证券公司赔偿包括可得利益在内的实际损失，但是可得利益损失的确定与赔偿应当限制在代理人在签订代理合同及违约时可以预见的范围之内。当系统故障导致客户账户上的股票或资金发生减损或灭失时，只要证券公司存在过错，符合侵权行为的构成要件，客户亦可基于证券公司的侵权行为请求损害赔偿，但证券公司也仅应当赔偿客户的实际损失。

基于系统故障导致客户的交易损失，往往不仅局限于实际发生的证券交易损失，但是，这些损失往往基于客户不能举出充分证据予以证明而无法获得赔偿。本案中，周某主张其除了已经发出的卖出指令基于系统故障而遭受损失外，还主张无法进行其惯常操作而遭受损失，并提出每日进行类似操作的证据。后一部分损失，基于股票交易存在较高的风险性，交易人不能控制的影响股价的不确定因素较多，交易风险极大，因此股票交易只具有获利的可能性，而不具备获利的必然性，不符合可得利益的条件，只能是机会利益损失。

笔者认为，在特殊情形下，法官均可酌情考虑让证券公司赔偿给客户一定数额的机会利益损失。理由如下：

(1) 从证券委托代理合同的特性出发，为客户提供股票交易机会是证券公司作为金融中介机构履行合同义务的基本内容。证券公司作为专门从事各种金融活动的组织，在买卖股票这一直接金融活动中充当中介，必须为交易进行提供物质、人员、技术上的保障，为当事人参与金融活动提供保障，该保障并非保障客户获利，而是交易机会上的保障。而该机会利益对客户而言意义重大。这在于：金融的核心是跨时间、跨空间的价值交换；所有涉及价值或者收入在不同时间、不同空间之间进行配置的交易都是金融交易。机会利益意味着进行跨时间、跨空间价值交换之交易机会，无机会则无利益。因而，交易机会是实现金融交易目的的基本媒介，对交易主体而言利益重大，尽管亦伴随较大风险，但也不能否定机会利益的存在及其独立具有的法益。

(2) 从传统民商法理论来看，机会丧失理论是有一定适用空间的。合同法上，机会丧失理论主要适用于这样的情形：如果合同约定的内容就是为一方当事人提供一个获益的机会，则因一方违约导致该机会丧失当然应该予以赔偿。机会丧失理论在侵权法领域主要适用于这样的情形：如果没有加害行为，受害人原本可能获得一个较佳的结果（获得利益或避免损害的发生），而加害行为使得这种可能性（机会）丧失或减少，则该机会的丧失应得到赔偿。本案中，由于证券公司的原因发生了系统故障，使周某丧失了利用原有股票进行交易的机会，从根本上剥夺了股民获利的可能性，如不让证券公司承担任何责任，民法通则中的公平、诚实信用和合法权益不受侵害的原则就无从体现，客观上也放纵了证券公司违约行为的发生。所以，人民法院可依据民法通则的原则，酌情判令证券公司对客户机会利益的丧失给予适当赔偿。

(3) 机会利益损失数额的司法自由裁量。确定机会利益损失数额的方法通常有两种，即具体推定与抽象推定。前者指根据受害人遭受的损失、支出的费用来计算损失额。后者指按照当时社会的一般情况来确定损失额，而不考虑受害人的特定情况。坦言之，两种方法对于损害数额的确定各有优劣。具体推定更能体现保护受害人的目的，但有时举证较为困难；

抽象推定虽可避免烦琐的举证，易于适用，但其适用通常需以市场价格的存在为前提。从司法裁量来看，量化机会损失，有赖于两种计算方法的结合。司法在确定机会利益的价值时，可以综合考量合同的特性、机会中所蕴涵的或然性、相对方的可预见性等因素，进行酌定。例如，机会对缔约目的实现越重要，该机会利益的价值越大；机会中蕴涵的偶然性越多，机会的价值就越小。

在本案中，根据委托记录和交易行情，周某实际可以成交但受故障影响而未能卖出2000股中华企业及200股北京城建，受到经济损失1036元。至于前述两笔卖出委托以外当日其他的卖出委托，根据当日行情并不能成交，周某主张按照其惯常操作方式即撤单再卖出均可以成交，但其所述操作并非实际发生，其亦无法提供充分证据证实该方式系其惯常操作方式且均能成功，故无法依照此方式计算损失数额。周某自述其属于超级短线客，每天交易频繁，利用自有股票进行短期套利，其所主张的按照其惯常操作方式可能获得的利益，伴随着较大的操作风险，且周某在当天下午曾有买入委托的记录，并无卖出的委托。在随后几天内周某又多次买入卖出相关股票。上述因素导致周某的经济损失难以准确界定，亦超过被告签订证券委托代理合同可以预见的范围。故结合周某的交易情况和当时的股票行情走势等因素可以综合分析，酌情确定被上诉人赔偿上诉人一定的经济损失。

【法条指引】

中华人民共和国证券法

第四条 证券发行、交易活动的当事人具有平等的法律地位，应当遵守自愿、有偿、诚实信用的原则。

中华人民共和国合同法

第一百一十三条第一款 当事人一方不履行合同义务或者履行合同义务不符合约定，给对方造成损失的，损失赔偿额应当相当于因违约所造成的损失，包括合同履行后可以获得的利益，但不得超过违反合同一方订立合同时预见到或者应当预见到的因违反合同可能造成的损失。

中华人民共和国民法通则

第四条 民事活动应当遵循自愿、公平、等价有偿、诚实信用的原则。

证券公司监督管理条例

第二条 证券公司应当遵守法律、行政法规和国务院证券监督管理机构的规定，审慎经营，履行对客户的诚信义务。

▶ 16. 证券公司营业部挪用客户账户内资金或证券的行为是违约还是侵权？如何确定管辖法院？

【宣讲要点】

客户在证券公司开户投资后，二者之间即形成了合同关系，证券公司对客户账户内的资金或证券负有合同约定的妥善保管义务。同时，根据我国证券法的规定，证券公司对客户的股票和资金负有保管的义务，这种义务对证券公司而言也是一种法定义务。客户账户内资金或证券被证券公司挪用后，证券公司既违反了合同约定的义务，构成违约；又违反了法律规定的义务，侵害了客户的财产权益，构成侵权。当事人一方的违约行为造成了侵害对方人身、财产权益的后果时，产生了违约责任与侵权责任的竞合，受损害方有权选择依照合同法要求其承担违约责任或者依照其他法律要求其承担侵权责任。所以，客户对证券公司既可以主张违约责任，也可以主张侵权责任。客户以侵权为由对证券营业部提起民事诉讼的，应该按照民事诉讼中管辖的相关规定由侵权行为地或者被告住所地人民法院管辖。

【典型案例】

2004 年 7 月 2 日，某住房公积金管理中心（以下简称住房公积金）在某投资公司营业部开立资金账户。当月 8 日，住房公积金委托某投资公司营业部以 7420 万元人民币购入代码为 010405、面值为 7894 万余元的国债。2005 年 7 月，住房公积金无法进入资金账户，经与某投资公司营业部交涉，对账单显示住房公积金购买的上述国债已被挪用。

2005年7月28日，住房公积金以侵权纠纷为由向人民法院提起诉讼，请求判令世纪营业部、某证券公司、某投资公司营业部、某投资公司返还住房公积金购买的代码为010405的04国债或赔偿相应的损失。一审答辩期间，某证券公司提出了管辖权异议。

一审人民法院经审理认为，住房公积金以侵权为由提起诉讼，根据民事诉讼法有关规定，因侵权纠纷提起的诉讼，由侵权行为地或被告住所地人民法院管辖。天津市为侵权行为地，本案被告世纪营业部及被告某投资公司营业部住所地均在天津市，因此其对本案享有管辖权，裁定驳回某证券公司对本案管辖权提出的异议。

某证券公司不服一审裁定，提起上诉。二审人民法院认为一审裁定并无不当，裁定驳回上诉，维持原裁定。

【专家评析】

本案的争议焦点是：证券公司营业部挪用客户账户内资金或证券应承担违约责任还是侵权责任？如何确立管辖法院？

客户在证券公司营业部开户投资，证券公司及其营业部对客户资金账户内的资金和证券，不仅负有合同约定的妥善保管义务，而且依据证券法的相关规定负有法定的妥善保管义务。当客户账户内证券或资金被证券营业部挪用后，客户有权选择依照合同法要求加害方承担违约责任或者依照其他法律要求其承担侵权责任，发生请求权的竞合，客户可以选择提起违约之诉或者侵权之诉，人民法院是否享有管辖权应当根据原告提起诉讼的请求权基础加以判断。本案住房公积金在某投资公司营业部资金账户内的国债被挪用，其以侵权为由对某投资公司营业部等相关被告向某投资公司营业部所在地的天津市人民法院提起民事诉讼，应按侵权纠纷的管辖规定由侵权行为地或者被告住所地人民法院管辖，天津市为本案的侵权行为地，也是被告某证券公司营业部及被告某投资公司营业部的住所地，因此，本案某证券公司提出的管辖权异议没有事实和法律依据，一审、二审均未予以支持是正确的。

【法条指引】

中华人民共和国证券法

第一百三十九条 证券公司客户的交易结算资金应当存放在商业银行，以每个客户的名义单独立户管理。具体办法和实施步骤由国务院规定。

证券公司不得将客户的交易结算资金和证券归入其自有财产。禁止任何单位或者个人以任何形式挪用客户的交易结算资金和证券。证券公司破产或者清算时，客户的交易结算资金和证券不属于其破产财产或者清算财产。非因客户本身的债务或者法律规定的其他情形，不得查封、冻结、扣划或者强制执行客户的交易结算资金和证券。

中华人民共和国合同法

第一百二十二条 因当事人一方的违约行为，侵害对方人身、财产权益的，受损害方有权选择依照本法要求其承担违约责任或者依照其他法律要求其承担侵权责任。

中华人民共和国民事诉讼法

第二十八条 因侵权行为提起的诉讼，由侵权行为地或者被告住所地人民法院管辖。

证券公司监督管理条例

第五十九条 客户的交易结算资金、证券资产管理客户的委托资产属于客户，应当与证券公司、指定商业银行、资产托管机构的自有资产相互独立、分别管理。非因客户本身的债务或者法律规定的其他情形，任何单位或者个人不得对客户的交易结算资金、委托资产申请查封、冻结或者强制执行。

第六十条 除下列情形外，不得动用客户的交易结算资金或者委托资金：

（一）客户进行证券的申购、证券交易的结算或者客户提款；

（二）客户支付与证券交易有关的佣金、费用或者税款；

（三）法律规定的其他情形。

▶ 17. 证券营业部按规定为客户办理和撤销指定交易后客户资金发生变动是否应认定为侵权？

【宣讲要点】

在自己的证券账户下挂他人的证券账户，购买国债后再撤销自己证券账户的指定交易，将国债的处分权交给他人的操作方式，曾是证券客户间进行资金拆借或委托理财的一种较为普遍的做法。证券客户主张证券公司对此交易产生的债务纠纷承担民事责任的，应当证明证券公司办理下挂证券账户、办理指定交易和撤销指定交易的行为与资金拆借或者委托理财的完成存在直接因果关系。证券公司按规定依据证券客户的委托为其办理指定交易和撤销指定交易后，客户证券账户内的国债资金出现了变现并被用资人使用的结果，应认定为符合客户意图，与证券公司办理指定交易和撤销指定交易的行为不存在必然因果关系，不应当认为是这一行为直接导致资金拆借或者委托理财的完成。民法上对于侵权行为产生的法律后果，当事人没有过错的，只有在法律规定应当承担民事责任时才承担民事责任。因此，在法律没有明确规定证券公司需要在此情形下承担民事责任时，证券公司不需要承担证券客户通过证券交易为他人融资所产生的债务风险。

【典型案例】

1999 年 3 月 22 日，某保险公司成都分公司派其工作人员向某在某证券公司成都营业部办理了委托、指定交易手续，并对 B880217601（以下简称 601）账户设定了密码。1999 年 4 月 1 日，某保险公司成都分公司撤销了 601 账户在某证券公司成都营业部的指定交易。1999 年 7 月 26 日，某保险公司成都分公司通过转账将 4000 万元资金划至某证券公司成都营业部。1999 年 7 月 28 日，某投资顾问公司的 B880311617（以下简称 617）账户被加挂在某保险公司成都分公司的 791293 资金账户上。1999 年 7 月 29 日至 1999 年 8 月 2 日，某证券公司成都营业部用 617 账户将 4000 万元全部用于申购了000896国债。1999年8月10日，某保险公司成都分公司申请撤销上海A股791293账户。某证券公司成都营业部将617账户予以了撤销。同日，617账户被某投资顾问公司指定到了××证券有限公司成都星辉路证券营业部（以下简称××证券）。

1999年8月13日，雷某在××证券办理了指定交易。1999年8月15日，某投资顾问公司向××证券出具承诺书："我公司同意将本公司证券挂在雷某的账户下作为子账户，并承诺承担一切相关民事与法律责任。该事宜特委托我公司邓某代为办理。"此后，雷某即将617账户上的000896国债全部卖掉，并将资金用于自己账户的股票交易。2000年3月14日，某投资顾问公司将雷某账户上的代码为0682的股票52万余手转托管到了A证券马家花园证券营业部（以下简称A证券）。从1999年至2001年，陆续3年分别从××证券雷某账户和A证券陈某账户转入某保险公司成都分公司在某证券公司成都营业部791293账户613万余元共3笔，总计1841万余元，并由某保险公司成都分公司将款项转回公司。1999年8月24日及1999年12月24日，从××证券雷某账户分别转账208万元、280万元入某保险公司成都分公司在成都市建一支行人南分理处账户。

1999年10月17日，某保险公司成都分公司与某证券公司重庆营业部签订《资产委托管理协议书》，约定：由某保险公司成都分公司委托某证券公司重庆营业部对其代码为000896的国债共计7万余手进行委托管理服务；某保险公司成都分公司应于本协议签订之后5个工作日之内将可流通国债授权交由某证券公司重庆营业部管理；管理期限为自某保险公司成都分公司将可流通证券授权并交由某证券公司重庆营业部管理之日起至2003年10月30日止；某保险公司成都分公司一次性付给某证券公司重庆营业部国债收益488万元，在1999年12月31日前付清。

2002年3月，某证券公司重庆营业部向某保险公司成都分公司出具承诺书："应贵公司要求，我部原则上同意提前一年终止《国债委托管理合同》，即我部同意在2002年10月31日前卖出国债（000896）7万余手，并按付款前1周（5个交易日）的平均价格结算资金，即10月24日、25日、28日、29日、30日的收盘价的平均价格结算资金，并于10月31日前将结算资金划入贵公司指定银行账户。”某证券公司重庆营业部在该承诺书上盖章。

由于某保险公司成都分公司未收到2002年国债利息，发现某证券公司成都营业部未曾为自己601账户购买4000万元的国债，遂诉至人民法院。

一审人民法院经审理认为，某保险公司的部分诉讼请求成立，判决某投资顾问公司在该判决生效之日起10日内返还原告3783万余元及其相应利息（按中国人民银行关于一年期流动资金存款利率的有关规定从2002年1月1日计至付清之日止）；某证券公司成都营业部对上述3783万余元及利息承担90%的补充赔偿责任。

某证券公司成都营业部、某保险公司均不服一审判决，提起上诉。二审人民法院经审理认为，某证券公司成都营业部关于其不构成侵权的上诉理由成立，予以支持。原审人民法院关于某证券公司成都营业部擅自撤销617账户指定交易的事实认定不当，判决其承担某保险公司损失总额90%的赔偿责任，属于适用法律错误，应予纠正。某保险公司要求判定某证券公司重庆营业部承担赔偿责任的上诉理由不成立，予以驳回。原审人民法院认定某证券公司重庆营业部不承担赔偿责任正确，但在判决主文中未作表述不当，应予以纠正。原审人民法院判决某投资顾问公司承担赔偿责任正确，予以维持；某投资顾问公司不能偿还的部分，因系由某保险公司撤销指定交易而将4000万元交由某投资顾问公司使用，并从中得到3年的国债利息，某保险公司亦有过错，对于该损失应当自行承担。最终判决维持一审判决书主文第1项；撤销一审判决书主文第2项；驳回某保险公司成都分公司对某证券公司成都营业部的诉讼请求；驳回某保险公司成都分公司对某证券公司重庆营业部的诉讼请求。

【专家评析】

本案中，资金账户下挂他人证券账户是否违法，属于由证券监管机构处理的行政法律范畴的问题，不影响本案某保险公司成都分公司与某证券公司成都营业部之间根据委托指定交易协议、撤销指定交易申请确认民事责任的承担，不属于本案考虑的问题。某保险公司成都分公司与某证券公司成都营业部通过签订《证券交易委托协议书》建立了委托代理法律关系，某保险公司成都分公司依法应当对委托某证券公司成都营业部实施的行为承担民事责任。某保险公司成都分公司将某投资顾问公司617账户下挂到其791293资金账户下购买国债，使某保险公司成都分公司名下的4000万元资金变成了某投资顾问公司名下的4000万元国债，此后某保险公司成都分公司撤销617账户在某证券公司成都营业部的指定交易，彻底放弃了对617证券账户的实际控制，这正是导致某投资顾问公司得以在××证券重新设定617账户的指定交易，并将其下挂在股民雷某账户下作为子账户卖掉全部国债的直接原因。本案中没有明确、充分的证据证明存在着国债处分后炒股的风险应由某保险公司成都分公司自己承担的约定，某投资顾问公司应返还抵扣相应收益后的3783万余元资金及利息。某投资顾问公司取得并能够处分本案中的4000万元国债，是某保险公司成都分公司自己的行为所造成；某投资顾问公司在没有某保险公司成都分公司任何委托手续的情况下，擅自动用某保险公司成都分公司的国债，致使某保险公司成都分公司的资金无法收回，其行为对某保险公司成都分公司构成了侵权，应对某保险公司成都分公司因此而造成的损失承担赔偿责任。某证券公司成都营业部并未违背某保险公司成都分公司的指令，也没有实施对某保险公司成都分公司的欺诈行为；其按照申请办理撤销指定交易的行为，与某保险公司成都分公司的款项损失之间并不存在近因，不构成行为与损失之间的因果关系。根据民法通则的相关规定，作为代理人的某证券公司成都营业部按照某保险公司成都分公司的要求实施代理行为的民事责任应当由某保险公司成都分公司承担。

此外，某证券公司重庆营业部与某保险公司成都分公司签订资产委托管理协议书时某保险公司成都分公司在某证券公司成都营业部的国债早已被某投资顾问公司指定到了××证券并被变卖，某保险公司成都分公司自始未将协议书中所约定的000896国债实际交付给某证券公司重庆营业部，且488万元高额收益也并非某证券公司重庆营业部直接支付，亦没有证据证明系他人代某证券公司重庆营业部支付，故该份协议书应认定为并未实际履行。2002年3月某证券公司重庆营业部向某保险公司成都分公司出具承诺书时，某保险公司成都分公司的资金亦早已被某投资顾问公司所占用，故该承诺书与某保险公司成都分公司的经济损失之间亦并无直接因果关系，某证券公司重庆营业部对某保险公司成都分公司的损失不承担责任。

综上，某证券公司成都营业部和某证券公司重庆营业部的一系列行为与原告的损失之间无因果关系，不承担赔偿责任。某投资顾问公司应承担赔偿责任，某投资顾问公司不能偿还的部分，因某保险公司成都分公司亦有过错（某保险公司成都分公司撤销指定交易而将4000万元交由某投资顾问公司使用，使之从中得到3年的国债利息），由其自行承担。

【法条指引】

中华人民共和国证券法

第一百四十五条　证券公司及其从业人员不得未经过其依法设立的营业场所私下接受客户委托买卖证券。

中华人民共和国民法通则

第六十三条第一款、第二款　公民、法人可以通过代理人实施民事法律行为。

代理人在代理权限内，以被代理人的名义实施民事法律行为。被代理人对代理人的代理行为，承担民事责任。

第一百零六第三款　没有过错，但法律规定应当承担民事责任的，应当承担民事责任。

第一百一十七条第一款、第三款　侵占国家的、集体的财产或者他人财产的，应当返还财产，不能返还财产的，应当折价赔偿。

受害人因此遭受其他重大损失的，侵害人并应当赔偿损失。

▶ 18. 证券客户认为证券公司未按规定流程办理指定交易致其损失而起诉索赔的，证券公司承担何种举证责任和赔偿责任？

【宣讲要点】

近年来，因证券公司没有履行安全保障义务导致股民股票被盗卖、保证金被提取的股票纠纷案时有发生，这就要对证券公司代理买卖证券过程中的义务和法律责任进行明晰，以更好地维护股民的利益。

证券公司代理客户买卖证券所应承担的义务是：

（1）证券公司的查验义务。现在的证券交易正在日益的信用化、自动化和电子数据化，交易双方不用见面，一切都通过电脑处理，投资者可以通过在营业部自行操作，也可以通过电话委托、刷卡自助委托等各种方式买卖证券。这一切在方便客户的同时，也加大了交易的风险。因此，为了减少投资者和证券公司在证券买卖上的纠纷，我国规定了证券公司有义务查验投资者的股东账户卡、资金卡、身份证。如果投资者委托他人下达交易指令，证券公司应查验是否有被代理人的授权委托书，如果因证券公司疏于检查给股民造成损失，应承担相应的责任。

（2）证券公司的安全保障义务。证券公司在接受客户买卖证券的委托后，对客户交付的资金和证券便负有妥善保管的义务。所谓安全保障义务，是指在某些特定的法律关系中，一方当事人对另一方当事人的人身、财产之安全负有关照和采取积极措施加以保护的义务，这种义务称之为安全保障义务或者安全关照义务。这一义务是基于民法中的委托代理的一般规则而产生。我国的《证券公司内部控制指引》第 4 条也规定证券公司应该保证客户及证券公司资金的安全、完整；第 9 条规定证券公司应采取切实有效的措施杜绝挪用客户交易结算资金、客户委托管理的资产及客户托管的证券等行为，确保客户资产的安全完整。

（3）证券公司的损害赔偿责任。我国证券法规定了证券公司违背客户的委托买卖证券、办理交易事项，以及其他违背客户真实意思表示，办理交易以外的其他事项，给客户造成损失的，依法承担赔偿责任，并处以1万元以上10万元以下的罚款。民法通则也规定了未履行义务而造成的损失应该赔偿。可见因证券公司的过错或没有尽其义务给投资人造成的损失，证券公司有义务进行赔偿。

以上是对证券公司代理买卖证券过程中的义务及责任的宣讲，是基于实体法的角度作出的。从程序法的角度而言，“谁主张、谁举证”是民事诉讼法证明的一般规则，即当事人对自己提出的主张，有责任提供证据予以支持。证券公司被客户起诉索赔的，应当举证证明其在指定交易中严格遵守了规定的交易流程，不存在违规行为。如果不能证明，则应当承担赔偿责任。因此，证券公司作为客户的指定代理商，负有保障客户账户股票及资金安全的义务，在经办代理业务的过程中违规操作，未经严格审查并履行相关手续，对客户账户轻率办理清密、大额取款预约及取款业务等，致客户账户股票被卖、资金被取走，在没有充分证据证实该行为是客户所为或是客户委托他人所为的情况下，具有过错，应当赔偿客户被取走的资金，并按同期银行存款利率承担其利息损失。

【典型案例】

1996年11月18日，王某在宜昌A证券登记中心填写了开户登记表，开办了深圳证券账户和上海证券账户。同日，原“A证券有限公司宜昌证券营业部”（本案被告的前身）通过与王某签订指定交易协议书，成为王某的证券指定交易代理商。王某取得了自助式磁卡MAC，开始进行股票交易。1999年8月4日，王某从其账户中取款1000元。至此，王某的账户上存有股票丰乐种业500股、吉发股份1210股、国投原宜400股、格力电器3200股和现金53.45元。8月6日，王某持本人身份证及证券账户卡到被告A证券有限公司武汉分公司宜昌云集路营业部（以下简称云集路营业部）办理清密手续。同日，上述4只股票以自助式磁卡方式卖出，成交金额为8万余元。同日，王某在云集路营业部办理了大额取款预约手续，并填写了预约单，约定取款日期为8月9日，届时取现金8万余元。上述大额取款预约单和取款凭条上填写的姓名是王某，填写的身份证号和证券无账户也都是王某所使用的，但字迹不是王某的。王某声称其持有的股东代码卡、身份证及自助式磁卡 MAC 从未丢失过，于8月7日至29日赴山东省诸城化肥厂出差，28日发现股票账户有问题，29日返回宜昌，8月30日，王某到被上诉人云集路营业部的综合柜台，称其在山东出差期间用磁卡划卡要操作自己的账户时，电脑总提示密码错误，要求查询，得知自己的密码于8月6日被清密，并且账上4只股票被卖出，还假借自己名义填写了一份大额取款预约单（经王某的申请，公安机关对此进行了笔迹鉴定，认定笔迹不是王某或者其妻子的），于同月9日取现金8.3万元。王某以云集路营业部违规操作致其遭受财产损失为由，要求云集路营业部赔偿损失。云集路营业部则以每一笔业务都是严格按照A证券有限公司武汉分公司的《代理业务操作规程》操作，8.3万元是王某自己取走的为由，拒绝赔偿。双方为此酿成纠纷，王某遂提起诉讼。

在庭审中原告王某认为，云集路营业部存在违规行为，致使其股票被盗卖，资金被盗领，应该赔偿原告股票被盗卖、资金被盗领的损失和原告为处理此事而承担的误工费、车票等损失。并且被告在报纸上散播无根据谣言，要求支付精神损害赔偿金3万元，在相关报纸上登报道歉，并负担本案诉讼费用。云集路营业部认为，密码清密手续、出售和提取现金都是本营业部严格按照规程进行，并由原告本人办理的。原告的诉讼请求没有道理，应当驳回。

人民法院经审理认为，原告王某的身份证、股东代码卡都在其手中，从未丢失过，仅凭字迹不属自己填写而主张股票被他人冒领，请求判令被告云集路营业部赔偿其经济损失，证据不充分，不予支持。王某请求赔偿工资、车票和精神损失，因无事实根据和法律依据，不予支持。判决：驳回原告王某的诉讼请求。王某不服一审判决，提起上诉。

二审人民法院经审理认为，上诉人王某的部分上诉有理，应予采纳。一审判决由于倒置了举证责任，从而错误地认定了事实，导致错判，应当撤销。据此判决：撤销一审民事判决；被上诉人云集路营业部赔偿上诉人王某资金损失8.3万元、利息2173元，并酌情赔偿王某差旅费、误工费损失500元，合计85673元，限本判决生效后10日内履行。

【专家评析】

本案是一个比较典型的证券公司没有履行安全保障义务导致股民股票被盗卖、保证金被提取的股票纠纷案。涉及的法律问题主要是证券公司代理买卖证券过程中的义务和法律责任问题。其中关键的是要认定清密、出卖股票和提取资金行为是否为上诉人王某所为及如何证明。

按照民事诉讼法“谁主张、谁举证”的证明规则，王某作为原告，提交了不是本人签名、预约提款和取款之日本人都不在宜昌的证据，用以支持行为“非王某所为”的主张。云集路营业部则提交了内部职工的证言，用以支持“是王某所为”的主张；并以如果非王某所为，则预约取款单和取款凭条上留下的身份证号码、股东代码怎么可能与王某使用的一致来反驳对方。对双方提交的证据综合评判：王某的证据与公安机关笔迹《鉴定结论》能相互印证，因此应当认为对“非王某所为”的主张，王某已经尽到举证责任。云集路营业部的证据，不仅因来源于与本案有利害关系的内部职工而不具有充分的证明力，且因与笔迹鉴定结论相矛盾而不能采信。即使身份证和股东代码卡从未丢失，身份证号码和股东代码也不是除本人以外其他人无法知晓的绝密信息。因此，取款预约单和取款凭条上填写的号码与王某使用的一致，不能证明“是王某所为”。云集路营业部要以此为由来反驳对方，还需提交确凿的证据。这个问题不是王某的主张，不能倒置由王某承担“为什么一致”的举证责任。云集路营业部没有充分的证据来证明“是王某所为”，只能认定其主张不成立。

除此以外，按照被上诉人云集路营业部执行的A证券有限公司武汉分公司《债券结算代理业务操作规程》的规定，客户办理清密，必须由客户持本人身份证及股东代码卡并填写清密申请书，由操作人员认真审核后方可办理。因此，在办理清密手续后，客户填写的清密申请书就成了云集路营业部应当提供也可以提供的证据。云集路营业部不能提供清密申请书来证明自己的主张，再一次说明其主张不成立，还说明其未按规定的程序进行清密。密码是保障投资者权益的一种手段，清密涉及投资者利益。云集路营业部未按规定的程序进行清密，从而为王某账户的资金被盗取创造了条件，云集路营业部对此应承担过错责任。

《债券结算代理业务操作规程》还规定，客户支取保证金应持本人身份证及股东代码卡原件办理，提款人应在取款凭条上签名。据此应当认为，在取款凭条上签名的提款人就是客户本人，或者是持有客户委托手续的客户代理人。在被上诉人云集路营业部提交的8月9日取款凭条上，虽然签署的名字是"王某"，但却不是上诉人王某本人书写，而且取款凭条上既不附有王某的委托书，也没有代理人的姓名和身份证号码。这说明云集路营业部在办理本案大额取款预约及取款业务过程中，存在着对证件审查不严的过错。

对于本案，也有学者根据民法理论中的债权准占有人制度来分析被告是否应当承担损害赔偿责任。债权准占有人即符合债权人表面特征从而代替真实债权人受领债权的那个人。比如有人捡到了车票、船票从而代债权人行使了坐车坐船的权利，即为债权准占有人。债权准占有人的法律后果就是债务人对债权准占有人的清偿视为对债权人的清偿，从而不再对债权人承担责任。本案中，代王某领取资金的人拥有各种书面文件，表面上的条件成立，所以应视为债权准占有人。但并不是基于此，营业部就无须为债权人承担责任了。债权准占有人制度使清偿后对债权人不再承担责任的条件就是债务人要善意无过失。本案中的营业部未尽到其查验义务，存在过失，故应当对债权人承担损害赔偿责任。

综上，云集路营业部作为王某的指定代理商，负有保障王某账户股票及资金安全的义务。云集路营业部在经办代理业务的过程中违规操作，未经严格审查并履行相关手续，对王某账户轻率办理清密、大额取款预约及取款业务，致王某账户股票被卖、资金被取走，在没有充分证据证实"是王某所为"或"是王某委托他人所为"的情况下，应当赔偿王某被取走的资金，并按同期银行存款利率承担其利息损失。同时，对王某因处理该纠纷的误工费及相关差旅费损失，云集路营业部也应酌情赔偿。

【法条指引】

中华人民共和国证券法

第一百三十九条　证券公司客户的交易结算资金应当存放在商业银行，以每个客户的名义单独立户管理。具体办法和实施步骤由国务院规定。

证券公司不得将客户的交易结算资金和证券归入其自有财产。禁止任何单位或者个人以任何形式挪用客户的交易结算资金和证券。证券公司破产或者清算时，客户的交易结算资金和证券不属于其破产财产或者清算财产。非因客户本身的债务或者法律规定的其他情形，不得查封、冻结、扣划或者强制执行客户的交易结算资金和证券。

第二百一十条　证券公司违背客户的委托买卖证券、办理交易事项，或者违背客户真实意思表示，办理交易以外的其他事项的，责令改正，处以一万元以上十万元以下的罚款。给客户造成损失的，依法承担赔偿责任。

中华人民共和国合同法

第一百二十二条　因当事人一方的违约行为，侵害对方人身、财产权益的，受损害方有权选择依照本法要求其承担违约责任或者依照其他法律要求其承担侵权责任。

中华人民共和国民法通则

第一百零六条第一款　公民、法人违反合同或者不履行其他义务的，应当承担民事责任。

第一百一十七条第一款、第三款　侵占国家的、集体的财产或者他人财产的，应当返还财产，不能返还财产的，应当折价赔偿。

受害人因此遭受其他重大损失的，侵害人并应当赔偿损失。

中华人民共和国民事诉讼法

第六十四条第一款　当事人对自己提出的主张，有责任提供证据。

证券公司监督管理条例

第五十九条 客户的交易结算资金、证券资产管理客户的委托资产属于客户，应当与证券公司、指定商业银行、资产托管机构的自有资产相互独立、分别管理。非因客户本身的债务或者法律规定的其他情形，任何单位或者个人不得对客户的交易结算资金、委托资产申请查封、冻结或者强制执行。

第六十条 除下列情形外，不得动用客户的交易结算资金或者委托资金：

（一）客户进行证券的申购、证券交易的结算或者客户提款；

（二）客户支付与证券交易有关的佣金、费用或者税款；

（三）法律规定的其他情形。

证券公司内部控制指引

第四条 有效的内部控制应为证券公司实现下述目标提供合理保证：

（一）保证经营的合法合规及证券公司内部规章制度的贯彻执行。

（二）防范经营风险和道德风险。

（三）保障客户及证券公司资产的安全、完整。

（四）保证证券公司业务记录、财务信息和其他信息的可靠、完整、及时。

（五）提高证券公司经营效率和效果。

第九条 证券公司应采取切实有效的措施杜绝挪用客户交易结算资金、客户委托管理的资产及客户托管的证券等行为，确保客户资产的安全完整。

▶ 19. 证券公司内部员工挪用客户资金，给客户带来损失，证券公司也存在疏于监督管理的明显过错，此时责任应如何划分？

【宣讲要点】

证券公司办理经纪业务，必须为客户分别开立证券和资金账户，并对客户交付的证券和资金按户分账管理，如实进行交易记录，不得作虚假记载。客户在证券公司开设的资金账户完全为客户自己所有和使用，任何单位或者个人不得以任何形式挪用客户账户的资金和证券。同时根据刑法的规定，挪用资金罪，是指公司、企业或者其他单位的工作人员利用职务上的便利，挪用本单位资金归个人使用或者借贷给他人，数额较大、超过3个月未还的，或者虽未超过3个月，但数额较大、进行营利活动的，或者进行非法活动的行为。据此，证券公司有义务制止员工的违法行为，避免损失，因监督管理不利并存在明显过错的情况下，给客户带来损失的，应根据过错与责任相当的原则，对客户损失承担相应的赔偿责任，涉及刑事责任的，按照刑法的相关规定处理。

【典型案例】

1998年，重庆某公司以其财务科长刘某个人名义，在××证券股份有限公司较场口营业部（以下简称××证券较场口营业部），开设000588200050号资金账户（以下简称0050账户），签订指定交易合同和电话委托交易合同，约定以柜台交易和电话委托的方式交易某证券交易所的挂名证券。1998年11月，重庆某公司存入资金500万元，支票注明收款人为××证券较场口营业部，用途为购买国债。××证券较场口营业部工作人员罗某将重庆某公司账户500万元购买国债后马上擅自进行回购，在重庆某公司账户下又挂设23个某证券交易所及深交所的股票账户，然后进行股票交易，后亏损。为掩盖炒股亏损的事实，罗某于1999年9月伪造国债交割单，造成国债理财营利数十万元的假象，要求重庆某公司继续追加投资。重庆某公司于12月22日分两次以支票方式存入资金共计500万元要求进行国债交易，支票注明收款人为××证券较场口营业部，用途为购买国债。罗某又将该500万元在重庆某公司的资金账户下用于炒股。2000年1月18日，重庆某公司注销以刘某的名义开设的0050资金账户，重新以重庆某公司的名义开设000588303375号资金账户（以下简称3375账户），同时将0050资金账户的剩余资金转入其中。为防止重庆某公司生疑，罗某再次伪造国债收益存款凭单，显示该资金账户中尚有人民币1035万余元。其后罗某通过伪造××证券较场口营业部的公章和经理马某的签名，与重庆某公司签订委托理财协议。

2000年1月18日，重庆某公司以转账方式从0050账户取出1035万余元，于同日存入以公司名义在××证券较场口营业部开设的3375资金账户。××证券较场口营业部分别出具了加盖单位印鉴的支款凭单和存款凭单。此后，重庆某公司未通过自助方式在3375账户上进行证券交易，也未通过柜台委托方式委托××证券较场口营业部交易。2001年12月，因为股票继续亏损，罗某告知重庆某公司最好追加投资。重庆B公司得知后遂投入2000万元于重庆某公司的资金账户。同样，罗某在该账户下开设15个股票账户进行股票交易。2002年1月1日，罗某伪造印章、签名，以××证券较场口营业部名义与重庆某公司签订《委托资产管理协议》和《委托资产管理协议补充协议》。该两份委托协议上××证券较场口营业部的印鉴及负责人的签名经鉴定不真实。当日重庆某公司取得加盖××证券较场口营业部印章的重庆某公司有1176万余元资金的对账单。同年1月10日及7月28日，重庆某公司又先后取得了存入合同约定收益各70万余元的两份“存款凭单”。经鉴定，两份存单上××证券较场口营业部的印鉴不真实。后来，重庆某公司董事会特别授权何某作为重庆某公司资金账户证券投资的具体经办人，其委托并放任罗某自行操作重庆某公司账户。2002年，重庆某公司账户进入了该公司未认可的2000万元。同年6月28日，3375账户被人持伪造的授权委托书取走2110万元。同年12月17日，重庆某公司取走了前述“约定收益”共141万余元。现在重庆某公司的资金账户上仅余9万余元。2002年3月罗某在无力弥补重庆某公司投资1000万元的本息资金缺口情况下，产生将剩余资金非法占为己有的意图，取出人民币236.1万元归入囊中。2002年6月，在重庆B公司的催要下，罗某将重庆某公司的部分资金，连同重庆B公司的剩余资金，共计2110万元，谎称国债交易取得收益，归还给重庆B公司。

2003年4月，重庆某公司向人民法院提起诉讼，请求判令××证券较场口营业部返还1000万元，按中国人民银行同期贷款利率支付利息并加付罚息，承担诉讼费，由××证券股份有限公司承担连带责任。一审人民法院经审理，判决××证券较场口营业部于判决生效后10日内支付重庆某公司884万余元及资金占用损失（以884万余元为基数，从2003年5月7日起，按中国人民银行规定的同期逾期贷款利率计付至付清时止）；××证券股份有限公司对××证券较场口营业部的支付义务负连带责任；驳回重庆某公司的其他诉讼请求。××证券较场口营业部和××证券股份有限公司均不服一审判决，提起上诉。

二审人民法院认为，一审判决认定事实、适用法律均错误，应予纠正。判决：撤销〔2003〕渝一中民初字第213号民事判决；驳回重庆某公司的诉讼请求。

2008年3月9日，公安机关侦查将罗某捕获。2009年2月13日，人民法院认定罗某犯挪用资金罪、职务侵占罪，处以17年有期徒刑。

重庆某公司以二审判决认定事实错误，刑事判决书证明××证券较场口营业部高管人员罗某利用职务便利挪用、侵占重庆某公司账户资金，导致其资金亏空为由，向人民法院申请再审，请求撤销二审判决，改判××证券较场口营业部返还资金本金822余万元，赔偿资金占用损失618万元。

再审人民法院经审理认为，本案出现的新证据证明，××证券较场口营业部工作人员罗某利用职务便利，挪用、职务侵占××证券较场口营业部负有保管义务的重庆某公司账户资金，致使重庆某公司资金损失，××证券较场口营业部具有管理上的明显过错。原二审判决认定重庆某公司自己进行股票交易致使资金损失的事实不成立，适用法律不当。再审判决撤销一审、二审民事判决；××证券较场口营业部于判决生效后30日内赔偿重庆某公司因罗某挪用、职务侵占资金损失812万余元（0050资金账户余额367.01元、3375资金账户余额9万余元已经由重庆某公司自行取回），并赔偿按中国人民银行规定的同期贷款利率计付至付清时止的资金占用损失；驳回重庆某公司其他诉讼请求。

××证券较场口营业部不服再审判决，向原再审法院申请再审，人民法院认为原再审法院判决部分事实认定不清，责任划分不当，故对其判决结果予以纠正，判决撤销原再审判决；××证券较场口营业部赔偿重庆某公司损失469万余元及相应利息损失。

【专家评析】

本案涉及以下问题：客户与券商的民事法律关系；交易密码性质以及罗某行为的民事认定；重庆某公司损失构成；券商内部监管责任与本案民事责任划分等。争议焦点是：××证券较场口营业部内部员工罗某挪用重庆某公司账上资金，给其带来损失，××证券较场口营业部存在疏于监督管理的明显过错，此时的责任应如何分担？

（1）客户与券商之间的民事法律关系。证券交易是以证券公司为主的交易所会员单位入场进行的，所有投资主体须与会员签订指定交易协议，在会员名下通过会员拥有的交易通道下达交易指令而完成。凡是买卖在证券交易所挂牌集合竞价和交易的股票、债券和基金等投资品种，都需以自己的股东账户到证券公司营业部开设资金账户，故投资主体必然要与证券公司发生经纪合同关系。新旧证券法对客户与券商之间民事法律关系的规范是一致的。

本案重庆某公司与××证券较场口营业部之间发生的是客户与券商经纪合同民事法律关系。1998年11月5日，重庆某公司以其财务科长刘某名义在××证券较场口营业部开设0050资金账户并购买了国债，该事实证明重庆某公司与××证券较场口营业部证券之间建立了客户与券商之间经纪合同民事法律关系。2002年1月1日，罗某以××证券较场口营业部名义与重庆某公司签订的《委托资产管理协议》和《委托资产管理协议补充协议》，因是伪造公章、签名订立的合同，属于无效合同，即不能根据该委托协议确认重庆某公司与××证券较场口营业部发生委托理财民事关系。

（2）客户交易密码以及罗某行为的民事认定。金融机构客户身份识别，是指银行、证券和保险等金融机构通过开户时客户真实身份资料登记和设立相关密码，从而建立客户对应专用的保护制度。证券市场自建立起，即有客户身份识别制度。密码是进入客户账户的钥匙，是客户进行证券交易的必要前提。根据相关规定和开户操作流程，账户密码是由客户在开户过程中自行设置的，该密码只能由客户本人知悉。证券交易只认密码而不管谁在实际操作，通过密码进行的股票交易，其后果由客户承担。密码不仅是交易权限而且是确保投资者账户资金安全的关键手段，投资者在开户后应对资金密码和交易密码妥善保管。

重庆某公司以刘某名义开设了0050资金账户，虽然不能具体确定重庆某公司办理开户手续的人员，但不能以此否定该资金账户已实际开设并设有密码。罗某为0050资金账户设置了初始密码并且告诉了重庆某公司人员，该密码一直没有改动且一直为罗某操作使用。重庆某公司不能以0050资金账户不是自己开设也不知道该账户密码，抗辩其不应承担对自己资金账户密码及资金安全的保护义务。

罗某操作重庆某公司资金账户和侵占该账户资金，违反了证券法、刑法的禁止性规定，属于违法犯罪行为。本案没有直接证据证明××证券较场口营业部对罗某实施的违法犯罪行为事先授权或事后追认。罗某在重庆某公司资金账户下挂多个他人股东账户并操作重庆某公司资金账户，推定××证券较场口营业部应当知道，其没有制止罗某，应当承担相应的管理责任，但不能因此推定其授权或追认罗某代表该营业部与重庆某公司发生委托理财行为，因该行为完全由罗某个人对相关材料的伪造而产生。

本案中，罗某与何某就购买国债理财事项达成合意，并以重庆某公司名义进行投资；重庆某公司被罗某和何某说服，董事会通过购买国债进行理财增加收益决议；重庆某公司董事会委托何某全权办理刘某资金账户证券投资事宜；刘某资金账户开设并购买了国债，何某认可罗某长期操作刘某名下的重庆某公司资金账户；重庆某公司基于对何某、罗某抑或对××证券较场口营业部的信任，在长达近4年里对自己的资金账户未予关注；何某在罗某数次追加资本金请求后，不仅没有查询重庆某公司资金账户投资状况，而是帮助罗某说服重庆某公司追加了500万元，甚至自己还以重庆B公司的2000万元资金转入重庆某公司资金账户；何某是重庆某公司的财务处长，应当具有谁的资金入谁的账、资金要入他人账户必须有合法依据的财务常识；罗某在重庆某公司资金账户中使用该2000万元期限届满，何某和罗某又以伪造的重庆某公司董事会的印章将重庆某公司资金账户中的2110万元划转至重庆B公司。上述事实表明，重庆某公司董事会特别授权何某作为重庆某公司资金账户证券投资的具体经办人，其委托并放任罗某自行操作重庆某公司账户，因此造成的交易损失，重庆某公司应自行承担相应责任。

（3）本案民事责任的划分。××证券较场口营业部如管理规范，及时发现并且制止罗某的违法行为，客观上就可以避免重庆某公司的损失。但其对自己员工长期违法行为失于监督管理，丧失了职责，违反了行政管理规定，不仅产生行政责任，而且也应对重庆某公司的损失承担相应民事责任。何某受重庆某公司董事会委派，认可和授权罗某的违法行为，因罗某违法交易产生的损失，应由重庆某公司应自行承担部分责任。根据过错与责任相当的原则，重庆某公司关于1000万元的诉讼主张不能得到全部的支持，人民法院可以酌定××证券较场口营业部对重庆某公司466万余元交易损失承担赔偿责任。

综合以上分析，罗某将重庆某公司的236.1万元转入挂在重庆某公司资金账户下的李某、张某、刘某3人股票账户中，以自己的照片加上该3人的真实信息伪造了李某、张某、刘某3人身份证，然后其利用职务便利在××证券重庆双桥营业部直接办理该3人与××证券的撤销指定交易协议，再分别与某3家证券公司办理指定交易协议，完成了重庆某公司资金账户的证券向李某、张某、刘某3人股票账户转入的侵占行为，最后变现据为己有。罗某以自己照片同时伪造成3人身份撤销重庆某公司资金账户指令交易的过程，××证券较场口营业部存在明显过错，客观上导致了罗某犯罪行为的完成，但重庆某公司在操作上也存在一定过错，故××证券较场口营业部应当对罗某该犯罪行为致重庆某公司的损失承担一部分赔偿责任（本案中人民法院判令承担50%的责任），即对466万余元的损失承担50%的责任，并给付相应的利息损失。外加罗某私自转移的236万余元，××证券较场口营业部共应对重庆某公司承担469万余元的赔偿责任。

【法条指引】

中华人民共和国证券法

第一百三十九条 证券公司客户的交易结算资金应当存放在商业银行，以每个客户的名义单独立户管理。具体办法和实施步骤由国务院规定。

证券公司不得将客户的交易结算资金和证券归入其自有财产。禁止任何单位或者个人以任何形式挪用客户的交易结算资金和证券。证券公司破产或者清算时，客户的交易结算资金和证券不属于其破产财产或者清算财产。非因客户本身的债务或者法律规定的其他情形，不得查封、冻结、扣划或者强制执行客户的交易结算资金和证券。

第二百一十条 证券公司违背客户的委托买卖证券、办理交易事项，或者违背客户真实意思表示，办理交易以外的其他事项的，责令改正，处以一万元以上十万元以下的罚款。给客户造成损失的，依法承担赔偿责任。

中华人民共和国合同法

第一百二十二条 因当事人一方的违约行为，侵害对方人身、财产权益的，受损害方有权选择依照本法要求其承担违约责任或者依照其他法律要求其承担侵权责任。

中华人民共和国民法通则

第一百零六条第一款 公民、法人违反合同或者不履行其他义务的，应当承担民事责任。

第一百一十七条第一款、第三款 侵占国家的、集体的财产或者他人财产的，应当返还财产，不能返还财产的，应当折价赔偿。

受害人因此遭受其他重大损失的，侵害人并应当赔偿损失。

证券公司监督管理条例

第五十九条 客户的交易结算资金、证券资产管理客户的委托资产属于客户，应当与证券公司、指定商业银行、资产托管机构的自有资产相互独立、分别管理。非因客户本身的债务或者法律规定的其他情形，任何单位或者个人不得对客户的交易结算资金、委托资产申请查封、冻结或者强制执行。

第六十条 除下列情形外，不得动用客户的交易结算资金或者委托资金：

（一）客户进行证券的申购、证券交易的结算或者客户提款；

（二）客户支付与证券交易有关的佣金、费用或者税款；

（三）法律规定的其他情形。

▶ 20. 超范围发行股票是否属于非法集资？因此请求返还财产的案件是否属于人民法院受案范围？

【宣讲要点】

发行股票应在监管机构的批准下，在确定的时间范围内发行批准数量的股票。近年来，各地人民法院陆续收到了多起涉及股份有限公司募股行为的性质、效力如何认定以及人民法院受理后应如何处理的案件。该类案件的共通之处在于：社会影响比较大、涉案企业均根据各省体制改革委员会的有关文件进行募股行为，并且不同程度地以发行股票的方式向社会公众募集资金。对此类案件中超范围发行内部职工股的行为是否属于非法集资，其行为是否有效，人民法院应否受理此类案件，是民商事审判中的新问题。

根据《关于取缔非法金融机构和非法金融业务活动中有关问题的通

知》的相关规定，非法集资是指单位或者个人未依照法定程序经有关部门批准，以发行股票、债券、彩票、投资基金证券或者其他方式向出资人还本付息或者给付回报的行为。它具有如下特征：（1）未经有关部门批准；（2）承诺在一定期限内给出资人还本付息；（3）向社会不特定对象即社会公众筹集资金；（4）以合法形式掩盖其非法集资的性质。而依地方体改委批准设立定向募集股份有限公司时，超范围向社会公众募集股份的行为虽然超出了批准的范围，但是该行为与非法集资中擅自发行股票的行为是有区别的，该行为不符合非法集资的特点，但是，该行为违反了证券法、合同法等法律、行政法规的相关规定，在募集程序上存在缺陷，应当认定该行为无效。此类涉及非法募集行为而请求返还财产的案件属于平等民事主体之间的权益纠纷，依法理应由人民法院受理。

【典型案例】

1996 年 4 月，湖北省体改委作出了同意某公司增资扩股的批复。同年 12 月 27 日，湖北省体改委作出关于某公司依公司法的规范重新确认的批复，该批复载明：（1）某公司的规范工作符合国务院国发〔1996〕17 号文件精神，同意转为募集设立股份有限公司……（2）确认公司的总股本为 4800 万股。其中，国家股 1600 万股，法人股 1800 万股，个人股 1400 万股。（3）原则同意修改后的公司章程。（4）公司要按照公司法进行规范化运作。同年，某公司印制了“招股说明书”及内部股权证，向社会公开募集资金，共募集资金 4712.04 万元，其中向本案原告罗某、凌某等 2094 人（包括 400 余名企业内部职工及 1600 余名社会个人）共募集资金 1593.89 万元。在募集资金过程中，某银行荆州市沙市支行为某公司提供账户并代收股款。1996 年 12 月 16 日、12 月 17 日和 1997 年 1 月 23 日，某公司分 3 次向某银行荆州市沙市支行偿还贷款 2995 万余元。1998 年 11 月，国家经济贸易委员会以国经贸投资〔1998〕573 号文件作出《关于下达重点工业产品扩大出口专项规划的通知》，该文件附件中包括某公司“采用电熔技术成型工艺，进行万吨耐热玻璃器皿技术改造”的项目，该项目资金构成为专项贷款 1.12 亿元及自筹资金 2800 万元。2003 年 5 月 15

日，某公司向某银行荆州市沙市支行提交了《关于要求退回用股本金违规还贷的报告》，该报告载明：“1996 年 12 月我公司增资扩股时，募集了几千万元的资金。考虑到当时没有较好的投资项目，加上在贵行贷款月息高达 67 万元，为降低风险，减少利息支出，我公司分别于 1996 年 12 月 16 日、12 月 17 日和 1997 年 1 月 23 日分三次还给贵行贷款 3020 余万元……”2004 年 8 月 12 日，罗某、凌某等 2094 人以两被告共同侵权为由向人民法院提起返还财产之诉。

一审人民法院对沙市支行与某公司在本次募股行为中对原告并不构成共同侵权及某公司募集资金的行为应属于非法集资行为的问题并无异议。但在人民法院对该案应否予以受理的问题上意见不一。综合争议问题，人民法院就某公司募集资金行为的性质及本案是否应由人民法院受理，若受理应如何处理超范围发行部分的股票持有人的权益等问题向上一级人民法院请示。

上一级人民法院对请示问题经慎重研究后，亦形成以下两种不同的观点：观点之一：某公司超范围发行内部职工股的行为应属于非法集资，本案不应由人民法院受理，鉴于已经受理本案，应当裁定驳回起诉。观点之二：某公司的募股行为经过省体改委的批准，发行股票有一定依据，与非法集资的性质不同。原告的起诉符合民事诉讼法第 108 条的规定，人民法院应予受理。但在实体处理上又有两种办法：一是驳回 400 名内部职工的诉讼请求，判令某公司收回超范围发行的内部职工股并返还所募资金及利息；二是驳回所有原告的诉讼请求。上一级人民法院因未形成一致意见遂向最高人民法院提出请示。

最高人民法院认为：某公司超范围向社会公众公开募股的行为虽不属于非法集资，但违反了证券法、合同法等法律、行政法规的相关规定，募集程序上存在缺陷，应当认定为无效；此类超范围发行股票而引起的请求返还财产的案件，属于平等民事主体之间的权益纠纷，理应由人民法院受理；驳回 400 名内部职工的诉讼请求；判令某公司收回超范围发行的内部职工股并返还所募资金及利息。

【专家评析】

本案的争议焦点是：除该公司职工外的1600余名原告所持有的股票是某公司超范围向社会公众发行的，是否构成非法集资，本案是否应由人民法院受理。

首先，关于本案中超范围发行的股票是否属于非法集资的问题，某公司是依湖北省体改委批准设立进行定向募集股份的，其向社会公众募集股份的行为虽然超出了批准的范围，但是该行为与非法集资中擅自发行股票的行为是有区别的，该行为不符合非法集资的特点。但是，该行为在募集程序上是有缺陷的，超出范围发行的股票因违反了证券法等法律、行政法规的相关规定而归于无效，但合法发行的部分仍然是有效的。

至于此类涉及非法集资行为而请求返还财产的案件人民法院是否应当受理的问题，理论界和实务界的争议颇大。就本案而言，以某公司超范围发行内部职工股的行为属非法集资为由，得出本案不应由人民法院受理的观点是没有充分法律依据的。此类超范围发行股票而引起的请求返还财产的案件，属于平等民事主体之间的权益纠纷，若符合法定的起诉条件，理应由人民法院受理。具体法律依据如下：

（1）本案的主要依据应当是国务院1998年发布实施的《非法金融机构和非法金融业务活动取缔办法》（以下简称《取缔办法》）。根据该办法的相关规定，原则上该办法不适用于办法实施前发生的行为，仅适用于办法实施后新发生或仍延续的行为，对于办法实施前发生的行为限期清理整顿，但对于超过期限继续从事非法金融业务活动的，依照该办法予以取缔。本案即符合上述但书情形，即发生于办法实施前但经清理整顿后超过期限仍然继续从事非法金融业务活动，所以应当适用该《取缔办法》。根据该办法第16条的规定，因非法金融业务活动形成的债权债务，由从事非法金融业务活动的机构负责清理清退。同时，根据第21条的规定，因清理清退发生纠纷的，由当事人协商解决；协商不成的，通过司法程序解决。由此可以得出，人民法院不应拒绝受理非法集资清退纠纷。

（2）证券募集是证券募集人与投资者订立的向投资者出售股份的合同

行为，因此，合同法的相关规定同样适用于本案。根据合同法第58条的规定，合同无效或被撤销后，因该合同取得的财产，应当予以返还。合同被确认无效后，当事人有权基于物上请求权或不当得利请求权，向人民法院起诉要求对方返还财产或赔偿损失，人民法院没有理由拒绝此类案件的受理。

（3）根据证券法第188条的规定，未经法定机关核准，擅自公开或者变相公开发行证券的，责令停止发行，退还所募集资金并加算银行同期存款利息。该规定表明当事人有权依法向作出无效行为的相对方请求其返还所募资金并加算银行同期存款利息，人民法院对此理应受理。

基于以上分析，对涉及此类情形的案件，当事人请求超范围募集股份的行为人返还财产的，人民法院应当予以受理。另根据民法通则的相关规定，民事行为部分无效，不影响其他部分效力的，其他部分仍然有效。本案中向社会公众超范围发行的部分因违反法律、法规的规定而归于无效；但向内部职工募集的部分，根据当时的法律法规和国家政策，是合法有效的。因此，本案中400名内部职工的诉讼请求是不能得到支持的，某公司应当收回超范围发行的内部职工股，将募集的资金及利息返还给其余原告。

【法条指引】

中华人民共和国证券法

第一百八十八条　未经法定机关核准，擅自公开或者变相公开发行证券的，责令停止发行，退还所募资金并加算银行同期存款利息，处以非法所募资金金额百分之一以上百分之五以下的罚款；对擅自公开或者变相公开发行证券设立的公司，由依法履行监督管理职责的机构或者部门会同县级以上地方人民政府予以取缔。对直接负责的主管人员和其他直接责任人员给予警告，并处以三万元以上三十万元以下的罚款。

中华人民共和国合同法

第五十八条 合同无效或者被撤销后，因该合同取得的财产，应当予以返还；不能返还或者没有必要返还的，应当折价补偿。有过错的一方应当赔偿对方因此所受到的损失，双方都有过错的，应当各自承担相应的责任。

中华人民共和国民法通则

第六十条 民事行为部分无效，不影响其他部分的效力的，其他部分仍然有效。

国务院非法金融机构和非法金融业务活动取缔办法

第十六条 因非法金融业务活动形成的债权债务，由从事非法金融业务活动的机构负责清理清退。

第二十一条 因清理清退发生纠纷的，由当事人协商解决；协商不成的，通过司法程序解决。

最高人民法院关于原告罗某、凌某等2094人与被告湖北荆江股份有限公司、中国银行荆州市沙市支行返还财产纠纷一案适用法律问题的请示的答复

根据1998年6月30日第247号国务院令发布施行的《非法金融机构和非法金融业务活动取缔办法》第二十一条之规定，并参照2005年10月27日修订的《中华人民共和国证券法》第一百八十八条之规定，原告罗某、凌某等2094人与被告湖北荆江股份有限公司、中国银行荆州市沙市支行返还财产纠纷，系涉及超范围发行股票而请求返还财产的案件，属于平等民事主体之间的权益纠纷，依照《民事诉讼法》第一百零八条之规定，人民法院应当受理。

▶ 21. 在委托理财关系中，证券公司对客户持有的股票强制平仓，但防止了更大损失发生的，是否构成侵权?

【宣讲要点】

强行平仓制度是与持仓限制制度和涨跌停板制度等相互配合的风险管理制度。当交易所客户的交易保证金不足且未在规定时间内补足，或当客户的持仓量超出规定的限额，或当客户违规时，交易所为了防止风险进一步扩大，将对其持有的未平仓合约进行强制性平仓处理。依据《中国金融期货交易所风险控制管理办法》的相关规定，下面五种情况下会出现强行平仓：（1）会员结算准备金余额小于零，并未能在规定时限内补足的；（2）持仓超出持仓限额标准，并未能在规定时限内平仓的；（3）因违规受到中金所强行平仓处罚的；（4）根据中金所的紧急措施应予强行平仓的；（5）其他应予强行平仓的。

客户将其所有的国债交由证券公司理财，证券公司又自行指定信托公司理财，该三方当事人之间形成了两段法律关系。因证券公司已承诺向客户返还理财资金，故其对信托公司享有追偿权，信托公司应直接向证券公司返还受托理财资金。对于证券公司将信托公司所有的股票强行平仓是否构成侵权的问题，应重点审查证券公司的行为是否具有违法性，是否给信托公司造成了实际损失。当市场行情仍朝着持仓不利的方向发展时，证券公司对客户持有的股票强制平仓，虽然减少了信托公司的资产，但是防止了更大损失发生的，不应认定为违规违法，不构成侵权。

【典型案例】

2003 年 2 月 26 日，Z 集团公司与某证券营业部签订了 1 份《委托国债保管协议》，约定 Z 集团公司将其在某证券营业部开立资金账户中票面金额 1 亿元的国债委托某证券营业部保管，保管期限自 2003 年 2 月 27 日至

2004年2月27日。同日双方又签订了《委托国债投资补充协议》，该协议约定某证券营业部保证保管期间受益为9%。2003年4月7日，双方又签订了金额、内容相同的《委托国债保管协议》《委托国债投资补充协议》，仅将保管时间约定为自2003年4月7日至2004年4月6日。2003年4月14日，A公司与某证券营业部签订了《委托国债保管协议》，约定A公司将其在某证券营业部开立资金账户中票面金额1000万元的国债委托某证券营业部保管，保管期限自2003年4月15日至2004年4月14日。同日双方又签订了《委托国债投资补充协议》，该协议约定某证券营业部保证保管期间受益为9%。2003年3月7日，F公司与某证券营业部签订了《委托国债保管协议》，约定F公司将其使用的杭州市丝绸科学研究所在某证券营业部开立资金账户中票面金额800万元的国债委托某证券营业部保管，保管期限自2003年3月7日至2004年3月6日，国债利息收入24.4万元归F公司。同日双方又签订了《委托国债投资补充协议》，该协议约定某证券营业部除应有的原国债受益外一次性支付41.2万元。

2003年3月4日某信托公司向Z集团公司出具《承诺书》，称Z集团公司在某证券营业部开立的资金账户中资产1亿元进行国债委托投资，某信托公司承诺委托资金到账后第二日支付受益11%即110万元，并承诺保证该账户内现金与股票之和不低于初始资金890万元的90%即801万元，如果低于此资金某信托公司应于T+1日证券开盘前追加保证金，否则Z集团公司可以单方终止代理行为，该承诺从2003年3月4日至2004年2月28日。2003年4月28日，某信托公司又向Z集团公司出具了一份《承诺书》，该承诺书与之前的承诺书内容基本一致，仅将受益率调整为10%，保证账户资金不低于815万元，期限从2003年4月28日至2004年4月8日。2003年4月17日，某信托公司向A公司出具《承诺书》，称A公司在某证券营业部开立的资金账户中1亿元进行国债委托投资，某信托公司承诺委托资金到账后第二日支付受益10.8%即108万元，并承诺保证该账户内现金与股票之和不低于初始资金892万元的90%即802.8万元，如果低于此资金某信托公司应于T+1日证券开盘前追加保证金，否则A公司可以单方终止代理行为，该承诺从2003年4月17日至2004年4月16日。

2003年3月4日，某信托公司向F公司出具《承诺书》，称F公司在某证券营业部开立的资金账户中800万元进行国债委托投资，某信托公司承诺委托资金到账后第二日支付受益11%即88万元，并承诺保证该账户内现金与股票之和不低于初始资金712万元的90%即640万元，如果低于此资金某信托公司应于T+1日证券开盘前追加保证金，否则F公司可以单方终止代理行为，该承诺从2003年3月5日至2004年3月4日。

某证券营业部向某信托公司出具了3份内容基本一致的《承诺书》，该《承诺书》称该部保证Z集团公司、F公司、A公司的账户安全不被挪作他用，并保证在委托期间不转托管、撤销指定交易。后某证券营业部将上述三账户交由某信托公司管理，该上述资金账户中下挂多名自然人股东账户，某信托公司管理后将该资金用于购买“桂林旅游”股票，进行投资理财。

2003年11月28日，A公司账户资金、股票市值之和为771万余元；Z集团公司账户资金、股票市值之和为1863万余元；F公司账户资金、股票市值之和为762万余元。2003年12月1日，某信托公司将其在H证券公司的2个股东账户6万余股股票转托管至某证券营业部A公司账户中并出具确认书。同日，A公司账户资金、股票市值之和为857万余元；Z集团公司账户资金、股票市值之和为1812万余元；F公司账户资金、股票市值之和为741万余元。同年12月2日A公司账户资金、股票市值之和为814万余元；Z集团公司账户资金、股票市值之和为1720万余元；F公司账户资金、股票市值之和为703万余元。2003年12月3日，某信托公司将其在××证券股份有限公司上海天平路证券营业部的1个股东账户2万余股股票转托管至某证券营业部A公司账户中并出具确认书。同日，A公司账户资金、股票市值之和为832万余元；Z集团公司账户资金、股票市值之和为1686万余元；F公司账户资金、股票市值之和为690万余元。

2003年12月4日，某信托公司将其在Y证券140万余股“桂林旅游”股票转入某证券营业部梅某账户（450003765），某信托公司并于同日向某证券营业部出具《确认书》，称该公司对70个自然人账户拥有所有权，并托管在梅某账户下。同日，某信托公司在一份2100万元的资产委托管理合同书及补充协议上作为受托方加盖印章，但该两份合同中委托方无签字盖章。

2003年12月4日、12日，某证券营业部对Z集团公司及A公司、F公司、梅某账户开始平仓。Z集团公司账户扣除佣金税费后金额为940万余元，A公司账户扣除佣金税费后金额为463万余元，F公司账户扣除佣金税费后金额为340万余元，梅某账户扣除佣金税费后金额为1216万余元。

2004年Z集团公司、A公司、F公司就某证券营业部平仓行为提起诉讼。后因提起诉讼，某证券营业部分别与它们达成补充协议，约定由某证券营业部支付给Z集团公司2020万元；支付给A公司1010万元；支付给F公司820.33万元，解除之前签订的《委托国债保管协议》《委托国债投资补充协议》。

人民法院经审理认为，某证券营业部的强行平仓行为构成侵权，判决某证券营业部于该判决生效之日起30日内返还某信托公司1947万余元。如果未按该判决指定的期间履行给付金钱义务，应当加倍支付迟延履行期间的债务利息。

某证券营业部不服一审判决，提起上诉。二审人民法院认为，原审判决部分事实认定不清，适用法律不当。某证券营业部提出的驳回某信托公司诉讼请求的上诉理由成立，予以支持。判决撤销一审判决；驳回某信托公司对某证券营业部的诉讼请求。

【专家评析】

本案纠纷系因某证券营业部对某信托公司转入梅某账户的140万余股“桂林旅游”股票强行平仓而起。争议焦点为，本案所涉合同的性质及效力；某证券营业部对争议账户实施的强行平仓行为是否对某信托公司构成侵权。

（1）本案合同性质及效力。依据Z集团公司、A公司以及F公司分别与某证券营业部签订的《委托国债保管协议》《委托国债投资补充协议》的约定，3家公司将其所有的票面金额共计3800万元的国债交付给某证券营业部保管理财1年，营业部在承诺给付8.2%—9%的固定年收益的同时，又将该3800万元国债自行指定委托某信托公司理财，某信托公司通过某证券营业部向3家公司出具《承诺书》，承诺支付10%—11%的固定年收益。上述约定应当认定为某证券营业部既与3家公司之间形成了委托理财关系，又基于牟取利差的目的与某信托公司之间形成了委托理财关系。因案涉所有委托理财合同约定的固定返本付息保底条款违反了证券法、信托法的相关禁止性规定，具有名为理财实为借贷的性质，故本案所有委托理财合同均应当认定为无效。对于3家公司3800万元的理财资金损失，在扣除高额利息400.52万元之后为3399.48万元，应由某信托公司与某证券营业部承担连带偿还责任。因某证券营业部已在案外向3家公司承诺返还合计3850.33万元委托理财资金，故其对某信托公司享有追偿权，某信托公司应当向某证券营业部返还受托理财本金及利息。

（2）某证券营业部对某信托公司所有的140万余股“桂林旅游”股票强行平仓是否构成侵权。某信托公司是接受某证券营业部而非3家公司的委托从事理财行为的，所以该双方之间形成的是直接委托理财关系。在某信托公司对某证券营业部负有上述债务的情况下，根据某信托公司出具的《承诺书》，在出现受托现金或国债的价值低于初始资金3399.48万元的90%即3059.532万元的情况下，某证券营业部“可以采取一切必要手段追索本金”。2003年12月4日之后，“桂林旅游”股票连续八天跌停，上述3家公司账户内的资金、股票市值之和已明显低于《承诺书》约定的止损点。在此事实背景下，无论某信托公司从Y证券转入某证券营业部梅某账户的140万余股“桂林旅游”股票是用于补仓还是质押融资，均不影响某证券营业部采取必要措施追索财产以弥补自身同时也是3家公司损失的扩大。某证券营业部对某信托公司140万余股“桂林旅游”股票强行平仓的行为，虽然缺少相应的合同依据，也减少了某信托公司的股票资产，但实质上亦减少了某信托公司的相应债务数额，而且是以较小的代价最大限度地避免了因“桂林旅游”股票持续下跌所造成的更大损失的发生，从“桂林旅游”股票2003年12月12日之后的价格走势看更是如此。所以，某证券营业部的平仓行为不构成侵权，无须承担赔偿责任。

【法条指引】

中华人民共和国证券法

第一百四十四条 证券公司不得以任何方式对客户证券买卖的收益或者赔偿证券买卖的损失作出承诺。

中华人民共和国信托法

第十一条第一项 有下列情形之一的，信托无效：

（一）信托目的违反法律、行政法规或者损害社会公共利益；

▶ 22. 实际控制人以上市公司名义实施虚假陈述行为给投资人造成损失的，上市公司、证券承销商、证券上市推荐人分别应承担何种责任？

【宣讲要点】

证券市场虚假陈述，也称不实陈述，是指信息披露义务人违反中华人民共和国证券法的相关规定，在证券发行或者交易过程中，对重大事件作出违背事实真相的虚假记载、误导性陈述，或者在披露信息时发生重大遗漏、不正当披露信息的行为。虚假陈述共包括虚假记载、误导性陈述、重大遗漏和不正当披露信息四种类型。上市公司存在上述一种或多种行为的，即构成虚假陈述，符合条件的受损股民可在起诉条件成就后，以提起民事诉讼的方式要求赔偿。

在虚假陈述引发的民事赔偿案件中，发起人、发行人或者上市公司对其虚假陈述给投资人造成的损失承担民事赔偿责任。实际控制人操纵发行人或者上市公司违反证券法律规定，以发行人或者上市公司名义虚假陈述并给投资人造成损失的，可以由发行人或者上市公司承担赔偿责任。发行人或者上市公司承担赔偿责任后，可以向实际控制人追偿。投资人因证券市场虚假陈述行为导致投资受损的，可以直接向发行人、上市公司主张损害赔偿，发行人、上市公司不能以虚假陈述行为为实际控制人实施为由拒绝向投资人承担赔偿责任。证券承销商、证券上市推荐人等证券经营机构对虚假陈述行为的实施负有责任（存在过错）的，需要承担连带赔偿责任。中国证监会因证券经营机构虚假陈述行为而对其作出行政处罚的，应当认定证券经营机构对此负有责任，其进而也需要承担连带赔偿责任。综上，上市公司的实际控制人以上市公司名义实施虚假陈述行为给投资人造成损失，投资人只起诉上市公司的，上市公司应当先行承担赔偿责任，然后可以向实际控制人追偿。证券承销商、证券上市推荐人知道或者应当知道上市公司虚假陈述而不予纠正或者不出具保留意见的，构成共同侵权，对投资人的损失承担连带责任。投资人以自己受到虚假陈述侵害为由，对虚假陈述行为人提起民事赔偿诉讼的，必须以有关机关的行政处罚决定或者人民法院的刑事裁判文书为依据，这是提起证券民事赔偿的前置性要件。

对于虚假陈述民事赔偿案件中因果关系的认定问题，按司法解释的精神，存在以下情形的，可径行认定投资人损失与虚假陈述行为之间存在因果关系：(1) 投资人所投资的是与虚假陈述直接关联的证券；(2) 投资人在虚假陈述实施日及以后，至揭露日或者更正日之前买入该证券；(3) 投资人在虚假陈述揭露日或者更正日及以后，因卖出该证券发生亏损，或者因持续持有该证券而产生亏损。在这些情形下，上市公司或其他相关责任人可以以证券市场系统风险等理由进行抗辩并承担相应的举证义务，对不能证明的部分需承担赔偿责任。抗辩不能成立的，按照前述因果关系的认定结果承担赔偿责任。

【典型案例】

某厂是某公司的股东，1997 年 4 月 26 日，某厂以某公司的名义发布《招股说明书》。该说明书载明某证券公司是某公司股票的上市推荐人和主承销商。1997 年 5 月 23 日，某公司股票在某证券交易所上市。1998 年 3 月 23 日，某厂又以某公司的名义发布《1997 年年报》。1999 年 4 月 21 日，根据有关部门要求，某公司在《中国证券报》上发布董事会公告，称该公司的《1997 年年报》因涉嫌利润虚假、募集资金使用虚假等违法、违规行为，正在接受有关部门调查。2000 年 3 月 31 日，中国证监会以证监罚字〔2000〕第 15、16 号，作出《关于某公司违反中华人民共和国证券法规行为的处罚决定》和《关于某证券公司违反中华人民共和国证券法规行为的处罚决定》。处罚决定中，认定某公司有欺诈上市、《1997 年年报》内容虚假的行为；某证券公司在为某公司编制申报材料时，有将重大虚假信息编入申报材料的违规行为。上述处罚决定均在 2000 年 4 月 27 日的《中国证券报》上公布。

从 1997 年 5 月 23 日起，陈某等 23 人陆续购买了某公司股票；至 2000 年 4 月 27 日前后，这些股票分别被陈某等 23 人卖出或持有。因购买某公司股票，陈某等 23 人遭受的实际损失为 42 万余元，其中 24 万余元损失发生在欺诈上市虚假陈述行为实施期间。

从某公司《1997 年年报》虚假行为被披露的 1999 年 4 月 21 日起，某公司股票累计成交量达到可流通部分 100% 的日期是同年 6 月 21 日，其间每个交易日收盘价的平均价格为 9.65 元；从某公司上市虚假行为被披露的 2000 年 4 月 27 日起，某公司股票累计成交量达到可流通部分 100% 的日期是同年 6 月 23 日，其间每个交易日收盘价的平均价格为 13.50 元。某证券交易所股票交易的佣金和印花税，分别为 3.5‰、4‰。

后陈某等 23 人认为某公司和某证券公司的虚假陈述行为给他们造成了损失，向人民法院提起诉讼，请求判令某公司给原告赔偿经济损失 96 万余元，某证券公司对此承担连带赔偿责任。

在庭审中被告某公司辩称：（1）本案所涉虚假陈述行为，是某厂以某公司名义实施的；某公司是在 1998 年 5 月 6 日才依法取得法人资格和营业执照，不应对此前某厂实施的违法行为承担民事责任。（2）中国证监会的处罚决定是于 2000 年 4 月 27 日公布的，也就是说，2000 年 4 月 27 日是某公司虚假陈述行为的揭露日。1999 年 4 月 20 日某公司的董事会公告，仅是对投资者进行风险提示。原告方将这个日期作为某公司虚假陈述行为的揭露日，不符合法律规定。（3）原告方投资某公司股票的交易损失，主要是受系统风险及影响股价走势的多种因素所致，与某公司被揭露的虚假陈述行为没有显而易见的因果关系。（4）原告既然主张其于 1999 年 4

月21日从大庆联谊公司董事会公告中知道了虚假陈述行为的存在，其提起本案侵权之诉超过了法律规定的2年诉讼时效期间，其诉讼请求不应得到支持。

被告某证券公司除同意被告某公司的答辩理由外，另辩称：原告起诉的虚假陈述事实，包括《招股说明书》《上市公告》以及其他所谓“侵权事实”，均系某公司所为，依法应由实施欺诈者自行承担责任。对某公司的虚假陈述，某证券公司既不明知也未参与。要求股票承销商和上市公司推荐人识别、查验和阻断这些制假造假现象，超出了某证券公司的审核能力与义务。原告的诉讼请求应当驳回。

一审人民法院经审理，判决被告某公司赔偿原告陈某等23人实际损失共42万余元；被告某证券公司对上述实际损失中的24万余元承担连带赔偿责任。某公司和某证券公司不服，提出上诉。二审人民法院经审理认为，一审判决并无不当，判决驳回上诉，维持原判。

【专家评析】

本案争议焦点是：某公司应否对某厂以其名义实施的虚假陈述行为承担民事责任；原告的股票交易损失与虚假陈述行为之间是否存在因果关系；某证券公司应否对虚假陈述行为承担连带责任。

（1）某公司是否承担赔偿责任。本案中，《招股说明书》《上市公报》和《1997年年报》，确实为某厂以被告某公司名义发布的。某公司是某厂以其部分下属企业组建成立的公司。因此，某厂不仅是虚假陈述行为人，也是上市公司某公司的实际控制人。其虚假陈述行为已被中国证监会认定为虚假陈述行为，并给予相应的处罚。根据《最高人民法院关于审理证券市场因虚假陈述引发的民事赔偿案件的若干规定》（以下简称《虚假陈述规定》）的相关规定，发起人、发行人或者上市公司对其虚假陈述给投资人造成的损失承担民事赔偿责任。实际控制人操纵发行人或者上市公司违反证券法律规定，以发行人或者上市公司名义虚假陈述并给投资人造成损失的，可以由发行人或者上市公司承担赔偿责任。发行人或者上市公司承担赔偿责任后，可以向实际控制人追偿。某公司是上市公司和某公司股票的发行人，某公司的实际控制人某厂以某公司的名义虚假陈述，给陈某等23名投资人造成损失，陈某等人可以将某公司列为本案被告，要求某公司承担赔偿责任，某公司可以在先行承担赔偿责任后，再根据《虚假陈述规定》向实际控制人某厂追偿。

(2) 行为与损害间因果关系的认定。依据《虚假陈述规定》，原告如果能够证明其投资的是与虚假陈述直接关联的证券、在虚假陈述实施日及以后，至揭露日或者更正日之前买入该证券，在虚假陈述揭露日或者更正日及以后，因卖出该证券发生亏损，或者因持续持有该证券而产生亏损，即可推定因果关系的存在。原告陈某等23人购买了与虚假陈述直接关联的某公司股票并因此而遭受了实际损失，某公司又不能举证否认这种因果关系，应当认定某公司的虚假陈述行为与陈某等人遭受的损失之间存在因果关系。

(3) 某证券公司是否承担赔偿责任。根据《股票发行与交易管理暂行条例》，证券经营机构承销股票，应当对招股说明书和其他有关宣传材料的真实性、准确性、完整性进行核查；发现含有虚假、严重误导性陈述或者重大遗漏的，不得发出要约邀请或者要约；已经发出的，应当立即停止销售活动，并采取相应的补救措施。该条例还规定了证券承销商、证券上市推荐人或者专业中介服务机构，在知道或者应当知道发行人或者上市公司虚假陈述，而不予纠正或者不出具保留意见的情形下构成共同侵权，对投资人的损失承担连带责任。中国证监会《处罚决定书》认定某公司欺诈上市虚假陈述行为与被告某证券公司相关。作为专业证券经营机构、某公司股票的上市推荐人和主承销商，某证券公司是法定的信息披露义务人，其应当知道投资人依靠上市公司的《招股说明书》《上市公告》等上市材料对二级市场投资情况进行判断；上市材料如果虚假，必将对股票交易市场产生恶劣影响，因此应当对招股说明书和其他有关宣传材料的真实性、准确性、完整性进行核查。但是，其并未尽到法律所要求的勤勉、审慎注意义务，没有对源于某公司的虚假陈述予以纠正或出具保留意见，而且自己还编制和出具虚假陈述文件。某证券公司违法行为的内容和性质，已被中国证监会的行政处罚予以确认。某证券公司编制被告某公司的上市文件时，未经认真审核，致使申报材料含有重大虚假信息，已经构成共同侵权，应当对投资人的损失承担连带责任。本案中，某证券公司应对因欺诈上市给投资人造成的损害部分与某公司承担连带赔偿责任。

【法条指引】

中华人民共和国证券法

第三条 证券的发行、交易活动，必须实行公开、公平、公正的原则。

第五条 证券的发行、交易活动，必须遵守法律、行政法规；禁止欺诈、内幕交易和操纵证券市场的行为。

第十一条第二款 保荐人应当遵守业务规则和行业规范，诚实守信，勤勉尽责，对发行人的申请文件和信息披露资料进行审慎核查，督导发行人规范运作。

第六十三条 发行人、上市公司依法披露的信息，必须真实、准确、完整，不得有虚假记载、误导性陈述或者重大遗漏。

第六十九条 发行人、上市公司公告的招股说明书、公司债券募集办法、财务会计报告、上市报告文件、年度报告、中期报告、临时报告以及其他信息披露资料，有虚假记载、误导性陈述或者重大遗漏，致使投资者在证券交易中遭受损失的，发行人、上市公司应当承担赔偿责任；发行人、上市公司的董事、监事、高级管理人员和其他直接责任人员以及保荐人、承销的证券公司，应当与发行人、上市公司承担连带赔偿责任，但是能够证明自己没有过错的除外；发行人、上市公司的控股股东、实际控制人有过错的，应当与发行人、上市公司承担连带赔偿责任。

股票发行与交易管理暂行条例

第十七条 全体发起人或者董事以及主承销商应当在招股说明书上签字，保证招股说明书没有虚假、严重误导性陈述或者重大遗漏，并保证对其承担连带责任。

第二十一条　证券经营机构承销股票，应当对招股说明书和其他有关宣传材料的真实性、准确性、完整性进行核查；发现含有虚假、严重误导性陈述或者重大遗漏的，不得发出要约邀请或者要约；已经发出的，应当立即停止销售活动，并采取相应的补救措施。

最高人民法院关于审理证券市场因虚假陈述引发的民事赔偿案件的若干规定

第十八条　投资人具有以下情形的，人民法院应当认定虚假陈述与损害结果之间存在因果关系：

（一）投资人所投资的是与虚假陈述直接关联的证券；

（二）投资人在虚假陈述实施日及以后，至揭露日或者更正日之前买入该证券；

（三）投资人在虚假陈述揭露日或者更正日及以后，因卖出该证券发生亏损，或者因持续持有该证券而产生亏损。

第十九条　被告举证证明原告具有以下情形的，人民法院应当认定虚假陈述与损害结果之间不存在因果关系：

（一）在虚假陈述揭露日或者更正日之前已经卖出证券；

（二）在虚假陈述揭露日或者更正日及以后进行的投资；

（三）明知虚假陈述存在而进行的投资；

（四）损失或者部分损失是由证券市场系统风险等其他因素所导致；

（五）属于恶意投资、操纵证券价格的。

第二十一条第一款　发起人、发行人或者上市公司对其虚假陈述给投资人造成的损失承担民事赔偿责任。

第二十二条第一款　实际控制人操纵发行人或者上市公司违反证券法律规定，以发行人或者上市公司名义虚假陈述并给投资人造成损失的，可以由发行人或者上市公司承担赔偿责任。发行人或者上市公司承担赔偿责任后，可以向实际控制人追偿。

第二十七条 证券承销商、证券上市推荐人或者专业中介服务机构，知道或者应当知道发行人或者上市公司虚假陈述，而不予纠正或者不出具保留意见的，构成共同侵权，对投资人的损失承担连带责任。

▶ 23. 虚假陈述案件中投资差额损失如何计算?

【宣讲要点】

真实、准确、完整地披露信息是上市公司等信息披露义务人的法定义务，违之则构成证券市场虚假陈述。投资者因虚假陈述行为受损的，可以向人民法院提起诉讼请求损害赔偿。《最高人民法院关于审理证券市场因虚假陈述引发的民事赔偿案件的若干规定》（以下简称《虚假陈述规定》）第 31 条、第 32 条规定了投资差额损失的计算方法，但由于对平均价格的理解不同，使用的计算方法也有所不同，导致同一证券的买入平均价或卖出平均价有不同的结果。在证券市场虚假陈述案件的具体审理中，证券买入平均价格和卖出平均价格往往成为当事人之间一个重大争议焦点。一般来讲，对虚假陈述案件中买入平均价的计算有先进先出法和算术平均法相结合、加权平均法和移动加权平均法三种方法。

先进先出法和算术平均法相结合的计算方法，是指通过算术平均法，将每次交易的股票价格简单相加后除以交易次数，即可得到平均价格，计算交易次数时又使用先进先出法，排除先卖出的股票次数，直接将交易次数锁定在投资人最后持有的股票数量上，使可用于计算的交易次数更加简化减少。而加权平均法，是指先计算出投资者在虚假陈述实施日至虚假陈述揭露日期间的持仓成本，再用该持仓成本除以投资者的可索赔股票数量，得出的结果就是买入平均价。移动加权平均法，是指每次买入证券后，以新买进的证券成本加上原来的持仓成本，除以本次买进的数量加上原有的持仓数。在移动加权平均法的计算过程中，卖出股票的成本以前一次计算所得买入平均价为计价依据，这样无论卖出数量如何变化，买入均价均不受影响。通过对这三种计算方法进行分析比较，基本上可以确定移动加权平均法为最优的计算方法。

【典型案例】

某公司为上市公司，其股票在深圳证券交易所上市交易，证券名称为银河科技。某公司于2004年2月10日公告发布银河科技2003年年度报告，某会计师事务所也出具了标准无保留意见的审计报告。2005年6月8日，财政部对某会计所予以行政处罚，认定某会计所在对某公司2003年年度会计报表进行审计时，对某公司虚增销售收入2.63亿元、隐瞒银行借款2.7亿元的报表数据予以确认，发表了不恰当的审计意见。2006年1月11日，某公司发布公告，披露其虚增收入和利润问题、大股东占用资金及银行贷款余额账实不符问题，承认其2003年年度虚增销售收入2.63亿元、虚增净利润4300万元和隐瞒银行贷款2.7亿元。

本案的虚假陈述实施日确定为2004年2月10日，虚假陈述揭露日确定为2006年1月11日，2006年3月7日为基准日。自揭露日起至基准日期间，银河科技每个交易日收盘价的平均价格即基准价为2.72元/股。对本案虚假陈述揭露日、虚假陈述实施日、基准日及基准价的确定，当事人均无异议。

何某在银河科技虚假陈述实施日至虚假陈述揭露日间，先后10次买入银河科技共计9500股，支付股款5万余元；其间先后4次共卖出银河科技7375股，卖出股款2万余元，在虚假陈述期间内，何某最后一笔卖出股票的时间为2005年8月12日；银河科技于2004年5月11日按除权系数1.15、2005年6月27日按除权系数1.2、2006年1月9日按除权系数1.6709进行了分红。2006年5月8日，何某卖出银河科技5013股，成交金额1万余元，至此，何某不再持有银河科技股票。

2007年6月，何某向人民法院提起诉讼，以其持有与某公司虚假陈述行为有因果关系的银河科技股票，并因此遭受损失为由，要求某公司赔偿其损失。

在庭审中某公司辩称，何某所诉损失是其在虚假陈述实施日至虚假陈述揭露日之前4次卖出股票亏损导致，并非是因某公司虚假陈述行为被揭露后卖出股票所致，况且该计算方法没有考虑当时的大盘因素。其买卖银河科技股票所遭受的损失与虚假陈述没有法律上的因果关系，请求人民法院驳回其全部诉讼请求。

被告某会计所辩称，审计自身固有局限，难以发现个别虚假信息。外部审计证据存在瑕疵，不可能对有关资料的真实性进行识别。虚假行为在前，审计行为在后，难以发现银河科技的虚假信息。企业的会计责任与会计所的审计责任应当区分开，因为会计所的审计行为远远滞后于企业的会计行为，不应推断存在连带责任。财政部对会计所的行政处罚，不能作为推断本所承担民事责任的证据。请求人民法院驳回何某对本所的诉讼请求。

一审人民法院经审理认为，原告所主张的因某公司虚假陈述而遭受的损害并不存在，某公司无须对其承担民事赔偿责任。何某不服一审判决，提起上诉。二审人民法院认为原审判决并无不当，判决驳回上诉，维持原判。

【专家评析】

本案的争议焦点为：原告何某主张的因某公司虚假陈述行为产生的投资损失应如何计算。本案基本涵盖了证券市场虚假陈述侵权案件确定投资差额损失的三种计算方法，使用三种不同的计算方法会得出三个不同的买入平均价，从而影响了投资差额损失的认定。

先进先出法和算术平均法相结合的计算方法最大的优点就是简单，易于操作。通过算术平均法，将每次交易的股票价格简单相加后除以交易次数，可得到平均价格，而先进先出法又排除了先卖出的股票次数，直接将交易次数锁定在投资人最后持有的股票数量上，使可用于计算的交易次数更加简化减少。然而，该方法的弊端很大。首先，先进先出法是假设先买进的股票最先卖出，这毕竟是一种假定，使股票计算的基础完全建立在假定的前提下，增添了计算的不准确性。其次，先进先出法使被采用进行计算的交易次数相对集中在股市波动的某个区域，如果恰逢此时股票价格上涨，所计算的平均价格就高；如果股票价格下跌，计算的平均价格就低，依据这种方法计算的平均价格受股票波动的某个阶段的影响大，具有价格反映的不完整性。最后，这种计算方法不能科学反映投资者实际的损失，因为它不考虑投资者的持股数量，但在实际操作中，即使投资者买入的股票总数量、买入价格、卖出价格相同，但以同一价格分笔买入的数量不同，其实际的损失也不同，而算术平均法计算的结果不能反映这种不同。本案中一审人民法院即采用此种方法，何某所主张的与虚假陈述有因果关系的投资差额损失在未考虑证券市场系统风险的情况下，直接运用相关数据而适用上述方法计算，应为：（买入证券平均价格 3.35 元/股 - 基准价 2.72 元/股）×5013 股。而根据《虚假陈述规定》第 35 条，已经除权的证券，计算投资差额损失时，证券价格和证券数量应当复权计算。经计算，何某最终卖出 3000 股银河科技股票的股价为 2.36 元/股，复权后为 3.94 元/股，大于买入平均价，且上述计算尚未考虑证券市场系统风险，故何某并未因某公司的虚假陈述而在从事银河科技股票买卖时发生买大卖小的价格差额而遭受投资利益损失，其所主张的因某公司虚假陈述而遭受的损害并不存在，某公司无须对其承担民事赔偿责任，其要求潘某与某会计所对此承担连带赔偿责任的诉讼请求亦不成立。

用加权平均法计算买入平均价，先计算出投资者在虚假陈述实施日至虚假陈述揭露日期间的持仓成本，再用该持仓成本除以投资者的可索赔股票数量，就是买入平均价。加权平均法考虑了投资者购买股票的成本和持股数量，比算术平均法更科学，更接近投资者的实际损失，在计算时也比较简单、快捷。然而，由于要计算出投资者在虚假陈述实施日至虚假陈述揭露日期间的实际持仓成本，必须要将投资者在虚假陈述揭露日前买卖股票的总金额合并计算，所以，投资者在虚假陈述实施日至虚假陈述揭露日期间卖出股票的价格、数量均会影响买入平均价的计算。而且加权平均法无法计算除权对股票价格的影响，尽管《虚假陈述规定》第 35 条明确规定，已经除权的证券，计算投资差额损失时，证券价格和证券数量应当复权计算，因为除权后股票价格有一个自然回落到逐渐回调的过程，如果用加权平均法，就不能反映出这个过程。这就可以解释为何二审人民法院没有采用何某上诉时采用的计算方法的，因为何某的计算存在两个问题：一是虚假陈述实施日至虚假陈述揭露日期间何某卖出了部分股票，已提前收回部分成本，但何某在计算买入平均价格的持仓成本中没有扣除其提前收回的部分成本；二是2006年1月9日某公司按1.6709除权系数进行了分红，该除权直接影响了银河科技的基准价和可索赔数量，但何某在确定买入平均价时没有考虑除权因素，而基准价为含权价，可索赔股票数量也是按照1.6709系数除权后的股票数量来计算的，其没有对含权价、含权股票数量进行复权计算。这样的计算方式使计算投资差额损失的买入平均价与基准价、可索赔股票数量在除权方面处于不平衡状态，导致股票买入平均价偏高，投资差额损失加大，不能反映股票买卖的客观情况。

移动加权平均法克服了算术平均法和加权平均法的缺陷，具有计算准确、整体反映股票交易的现状、综合考虑提前收回成本及除权影响的优点。首先，它反映了投资者在虚假陈述实施日至虚假陈述揭露日买卖股票的一个整体情况，建立在投资者具体买卖股票的基础之上，是一个动态的过程，而不是像先进先出法和算术平均法相结合的方法建立在假定的基础上，仅固定于买入股票的某个区域，不能反映投资者在虚假陈述实施日至虚假陈述揭露日买卖股票的一个整体情况。其次，移动加权平均法克服了加权平均法的不足，将除权对股票价格的影响计算在内。移动加权平均法还在不影响买入平均价的情况下扣除揭露日之前卖出股票回收的成本，客观地反映了股票的平均价格。最后，移动加权平均法采用逐笔加权平均的方法，最后计算的平均价格所依据的持股数量正好等于可索赔股票数量，使买入平均价和卖出平均价所依据的股票数量对等，前后除权或复权的条件平衡，计算结果更加科学、客观。然而，同算术平均法和加权平均法相比，移动加权平均法最大的不足就是计算复杂、烦琐，耗费精力和时间。本案的二审人民法院即采用此种方法来计算何某对银河科技的买入均价。按此法计算，何某买入均价为2.41元/股，因此，何某的投资差额损失为（买入平均价2.41元/股－基准价2.72元/股）×5013，何某没有损失，某公司不应承担民事赔偿责任。

【法条指引】

中华人民共和国证券法

第三条 证券的发行、交易活动，必须实行公开、公平、公正的原则。

第五条 证券的发行、交易活动，必须遵守法律、行政法规；禁止欺诈、内幕交易和操纵证券市场的行为。

第六十三条 发行人、上市公司依法披露的信息，必须真实、准确、完整，不得有虚假记载、误导性陈述或者重大遗漏。

中华人民共和国民法通则

第五条 公民、法人的合法的民事权益受法律保护，任何组织和个人不得侵犯。

第一百零六条第二款 公民、法人由于过错侵害国家的、集体的财产，侵害他人财产、人身的，应当承担民事责任。

最高人民法院关于审理证券市场因虚假陈述引发的民事赔偿案件的若干规定

第十八条 投资人具有以下情形的，人民法院应当认定虚假陈述与损害结果之间存在因果关系：

（一）投资人所投资的是与虚假陈述直接关联的证券；

（二）投资人在虚假陈述实施日及以后，至揭露日或者更正日之前买入该证券；

（三）投资人在虚假陈述揭露日或者更正日及以后，因卖出该证券发生亏损，或者因持续持有该证券而产生亏损。

第十九条 被告举证证明原告具有以下情形的，人民法院应当认定虚假陈述与损害结果之间不存在因果关系：

（一）在虚假陈述揭露日或者更正日之前已经卖出证券；

（二）在虚假陈述揭露日或者更正日及以后进行的投资；

（三）明知虚假陈述存在而进行的投资；

（四）损失或者部分损失是由证券市场系统风险等其他因素所导致；

（五）属于恶意投资、操纵证券价格的。

第三十条 虚假陈述行为人在证券交易市场承担民事赔偿责任的范围，以投资人因虚假陈述而实际发生的损失为限。投资人实际损失包括：

（一）投资差额损失；

（二）投资差额损失部分的佣金和印花税。

前款所涉资金利息，自买入至卖出证券日或者基准日，按银行同期活期存款利率计算。

第三十一条 投资人在基准日及以前卖出证券的，其投资差额损失，以买入证券平均价格与实际卖出证券平均价格之差，乘以投资人所持证券数量计算。

第三十二条 投资人在基准日之后卖出或者仍持有证券的，其投资差额损失，以买入证券平均价格与虚假陈述揭露日或者更正日起至基准日期间，每个交易日收盘价的平均价格之差，乘以投资人所持证券数量计算。

第三十五条 已经除权的证券，计算投资差额损失时，证券价格和证券数量应当复权计算。

▶ 24. 虚假陈述民事赔偿案件中，如何确定因证券市场系统风险而导致的损失？虚假陈述人对此部分损失是否承担赔偿责任？

【宣讲要点】

在确定系统风险所致损失时，应当在综合分析证券市场的综合指数、证券市场流通股总市值、股票所在行业板块指数及股票所在行业板块流通股总市值这四类数据的变动情况基础上加以判断。如果上述四项指标在案件所涉期间均出现了较大幅度的下跌，则可以认为证券市场上个股价格出现了整体性下跌，受其影响，即便不存在上市公司的虚假陈述行为，其股票的市场价格在上述期间亦难免会有一定幅度的下跌，故应认定这种情况下证券市场系统风险客观存在。在确定证券市场系统风险所致的损失数额时，各判断因素均发挥作用，但所居的地位并不等同。鉴于个股所处的行业板块指数及板块市值变动情况与个股股价更具关联性，更能体现出系统风险对个股股价的实际影响力，故应将其作为计算系统风险损失的优先考虑因素。根据《最高人民法院关于审理证券市场因虚假陈述引发的民事赔偿案件的若干规定》，当损失或者部分损失是由证券市场系统风险等其他因素所导致时，人民法院应当认定虚假陈述与损害结果之间不存在因果关系。据此，在虚假陈述民事赔偿案件中，确定虚假陈述人的赔偿责任时，应当扣除证券市场系统风险所致的损失。

【典型案例】

某公司是在某证券交易所上市的公司，其 A 股股票名称为纵横国际。2001 年 3 月 30 日某公司发布了 2000 年年度报告。

2002 年 5 月 30 日，某公司发布重大事项公告，内容为：日前，本公司接到某证券交易所《关于提请对某公司进行专项核查的报告》及中国证监会上海稽查局《关于对某公司进行调查的函》，上海稽查局将对本公司涉嫌违反证券法规的行为进行现场调查。

2004 年 7 月 27 日，证监会作出行政处罚决定书，认定某公司在 2000 年年度年报中有多处虚假陈述的情况，并对某公司及其相关人员处以罚款、警告、认定为终身证券市场禁入者等行政处罚。2004 年 8 月 21 日，某公司为虚假陈述行为发布致歉公告。

纵横国际股票因某公司未能及时公布年报，自 2002 年 5 月 1 日起被停牌，后因被视为财务状况异常，自 2002 年 7 月 19 日起被特别处理，成为“ST”股；之后，某公司于 2002 年 7 月 22 日公布 2001 年年度报告、2002 年 7 月 24 日公布 2002 年第一季度报告，纵横国际股票于 2002 年 7 月 24 日恢复上市。自 2002 年 7 月 24 日至 2002 年 9 月 25 日共 45 个交易日，纵横国际股票的累计成交量达到其可流通部分100%，每个交易日收盘价的平均价格为6.14元/股。

苏某买卖纵横国际股票的情况如下：2001年7月5日，分16次买入6万余股；7月6日，分7次买入21万余股；2001年7月9日买入800股；2001年10月24日买入200股。苏某买入纵横国际股票的平均价格为每股14.47元；买入的佣金为3.5‰，印花税为4‰；2001年8月27日卖出2335股，其余部分至2002年9月25日前未卖出。

苏某以某公司的虚假陈述行为导致其产生投资损失为由，诉至人民法院，请求判令某公司赔偿投资差额损失225万余元、投资差额损失部分的佣金7877.68元、投资差额损失部分的印花税9003.06元及实际占用资金的利息。

在庭审中某公司辩称，苏某当时购买的纵横国际股票与2000年年报没有因果关系，苏某并没有因虚假陈述而遭到损失。股市本身是有风险的，应当扣除证券市场系统风险对股价下跌的影响。请求驳回苏某的全部诉讼请求。

人民法院经审理认为，苏某关于某公司因虚假陈述应赔偿其购买该公司股票而产生的亏损的诉讼请求应予支持。根据规定，虚假陈述行为人在证券交易市场承担的民事赔偿责任以投资人因虚假陈述而实际发生的损失为限，该损失包括投资差额损失及该部分的佣金和印花税，再加上前述资金自买入至卖出证券日或者基准日的银行同期活期存款利息。苏某主张赔偿的损失数额总计为226万余元（其中投资差额损失为225万余元，该投资差额损失部分的佣金和印花税为1万余元），并未超出前述规定。判决：某公司自判决生效之日起10日内赔偿苏某226万余元及利息。一审宣判后，被告某公司不服，提起上诉。

二审人民法院经审理认为，某公司关于原审判决未在损失计算中考虑系统风险的上诉理由成立，予以支持。原审判决认定事实清楚，但未在损失计算中考虑系统风险，属于适用法律有误，应予纠正。判决：撤销一审判决；某公司自本判决生效之日起10日内向苏某赔偿124万余元及其利息；驳回苏某的其他诉讼请求。

【专家评析】

本案的争议焦点为：苏某向某公司主张的因某公司虚假陈述行为产生的损失是否应当扣除系统风险导致的损失以及系统风险造成的损失该如何计算。

（1）苏某购买纵横国际股票至虚假陈述揭露日期间是否存在证券市场系统风险。司法解释未进一步就证券市场系统风险的具体认定标准及确定系统风险所致损失额的计算方法作出规定，实践中争议是较大的。在立法、司法解释缺位的司法背景下，本案就证券市场系统风险及其所致损失数额的认定问题给出了一个具体方案，是极具有探索和启发意义的。根据本案的判决，系统风险存在与否，可以透过证券市场的综合指数、流通股总市值、股票所在行业板块指数及市值等数据的变动情况加以判断。自苏某于2001年7月5日、7月6日购买纵横国际股票至虚假陈述揭露日2002年5月30日，上证综合指数、沪市全部A股流通股总市值、纵横国际所在的机械类行业A股流通股总市值这三类数据均出现了较大幅度的下跌：2002年5月30日的上证综合指数收盘点位（1523.52点）较2001年7月5日（2181.66点）、2001年7月6日（2170.52点）分别下跌了30.17%、29.81%；2002年5月30日在某证券交易所上市的全部A股流通股息市值（6912亿余元，以2001年7月5日在某证券交易所上市的全部A股流通股为统计标准，剔除其后发行的新股）较2001年7月5日（9558亿余元）下跌了27.69%；2002年5月30日纵横国际所处的“普通机械制造业”行业A股流通股总市值（60亿余元）较2001年7月5日（82亿余元）、2001年7月6日（81亿余元）分别下跌了26.26%与25.82%。由此可见，在2001年7月5日至2002年5月30日期间，证券市场上个股价格出现了整体性下跌，证券市场的系统风险客观存在。受其影响，即便不存在某公司的虚假陈述行为，“纵横国际”股票的市场价格在上述期间亦难免会有一定幅度的下跌。依据《最高人民法院关于审理证券市场因虚假陈述引发的民事赔偿案件的若干规定》第19条的规定，损失或者部分损失是由证券市场系统风险等其他因素所导致的，人民法院应当认定虚假陈述与损害结果之间不存在因果关系，在确定某公司的赔偿责任时应当扣除与虚假陈述行为之间不存在因果关系的证券市场系统风险所致的损失。

(2) 证券市场系统风险所致的损失数额如何确定。对于此问题，当前立法与司法解释也是缺位的。在此法律背景下，系统风险既是以证券市场的综合指数、流通股总市值等因素综合体现出来的，则在确定系统风险所致的损失时，不能采用单一标准，而应在综合分析能够具体体现系统风险的“上证综合指数”“沪市全部A股流通股总市值”“纵横国际所在的机械类行业板块指数”“机械类行业A股流通股总市值”这四类数据变动情况的基础上加以总体把握。在上述四类数据中，“纵横国际”股票所处的机械类行业板块指数及板块市值变动情况与“纵横国际”股价最具关联性，最能体现出系统风险对纵横国际股价的实际影响力，故应将其作为计算系统风险损失的优先考虑因素。因某证券交易所无“机械类行业板块”指数数据，应在综合分析其他三类数据变动情况的基础上作出认定。如前所述，自苏某于2001年7月5日、7月6日购买“纵横国际”股票至虚假陈述揭露日2002年5月30日，上证综合指数分别下跌了30.17%与29.81%，沪市A股流通股总市值下跌了27.69%，纵横国际所在的普通机械制造业行业A股流通股总市值分别下跌了26.26%与25.82%。鉴于2001年7月6日苏某购买的股票为21万余股，占其全部股票数的77.25%，故以2001年7月6日为参照所反映的相关数据的变动情况应作为主要参考因素。综合考虑上述各因素，最终可以确定证券市场系统风险造成“纵横国际”股价下跌的幅度约为26%。苏某买入“纵横国际”股票的平均价格为每股14.47元，则因系统风险导致的“纵横国际”股价的损失为每股3.76元（14.47元×26%）。至投资差额损失计算的基准日即2002年9月25日，苏某尚未卖出的股票数为27万余股，故本案应予扣除的系统风险所致损失数额为101万余元（3.76元/股×270200股）。在不考虑证券市场系统风险的情况下，苏某的投资差额损失为225万余元[（14.47－6.14）元/股×270200股]。则扣除系统风险所致损失101万余元后，苏某因某公司虚假陈述所致的投资差额损失为123万余元（225万余元－101万余元）。该投资差额损失部分的佣金为4321.85元（123万余元×3.5%），印花税为4939.26元（123万余元×4‰）。以上3项合计，某公司因虚假陈述而应向苏某赔偿的损失本金为124万余元。

【法条指引】

中华人民共和国证券法

第三条 证券的发行、交易活动，必须实行公开、公平、公正的原则。

第五条 证券的发行、交易活动，必须遵守法律、行政法规；禁止欺诈、内幕交易和操纵证券市场的行为。

第六十三条 发行人、上市公司依法披露的信息，必须真实、准确、完整，不得有虚假记载、误导性陈述或者重大遗漏。

最高人民法院关于审理证券市场因虚假陈述引发的民事赔偿案件的若干规定

第十八条 投资人具有以下情形的，人民法院应当认定虚假陈述与损害结果之间存在因果关系：

（一）投资人所投资的是与虚假陈述直接关联的证券；

（二）投资人在虚假陈述实施日及以后，至揭露日或者更正日之前买入该证券；

（三）投资人在虚假陈述揭露日或者更正日及以后，因卖出该证券发生亏损，或者因持续持有该证券而产生亏损。

第十九条第四项 被告举证证明原告具有以下情形的，人民法院应当认定虚假陈述与损害结果之间不存在因果关系：

（四）损失或者部分损失是由证券市场系统风险等其他因素所导致；

第二十一条第一款 发起人、发行人或者上市公司对其虚假陈述给投资人造成的损失承担民事赔偿责任。

第二十九条 虚假陈述行为人在证券发行市场虚假陈述，导致投资人损失的，投资人有权要求虚假陈述行为人按本规定第三十条赔偿损失；导致证券被停止发行的，投资人有权要求返还和赔偿所缴股款及银行同期活期存款利率的利息。

第三十条 虚假陈述行为人在证券交易市场承担民事赔偿责任的范围，以投资人因虚假陈述而实际发生的损失为限。投资人实际损失包括：

（一）投资差额损失；

（二）投资差额损失部分的佣金和印花税。

前款所涉资金利息，自买入至卖出证券日或者基准日，按银行同期活期存款利率计算。

第三十二条 投资人在基准日之后卖出或者仍持有证券的，其投资差额损失，以买入证券平均价格与虚假陈述揭露日或者更正日起至基准日期间，每个交易日收盘价的平均价格之差，乘以投资人所持证券数量计算。

第三十三条第一项 投资差额损失计算的基准日，是指虚假陈述揭露或者更正后，为将投资人应获赔偿限定在虚假陈述所造成的损失范围内，确定损失计算的合理期间而规定的截止日期。基准日分别按下列情况确定：

（一）揭露日或者更正日起，至被虚假陈述影响的证券累计成交量达到其可流通部分100%之日。但通过大宗交易协议转让的证券成交量不予计算。

▶ 25. 公司董事存在证券内幕交易，投资者的经济损失与该董事内幕交易之间的因果关系如何认定？损失数额如何计算？

【宣讲要点】

证券内幕交易，又称内部人交易、内线交易，是指内幕人员或其他获取内幕信息的人员以获取利益或减少损失为目的，自己或建议他人或泄露内幕信息使他人利用该信息进行证券交易的活动。内幕交易行为几乎和证券市场一样古老，这是因为证券信息是证券市场上的稀缺资源，市场参与者由其天性决定追逐稀缺资源是必然的。对于内幕交易存在着赞成内幕交易和禁止内幕交易的观点，但禁止内幕交易的观点成为主要的观点，也被各国所采纳。我国证券法规定，内幕交易行为给投资者造成损失的，行为人应当依法承担赔偿责任。这填补了我国证券法上内幕交易民事责任的空白，有利于保护投资者的合法权益。但因该规定过于笼统，又没有像虚假陈述案件一样有相应的司法解释作出细化规定，实践中操作起来存在很大的困难。对于投资者依照该规定提起的民事赔偿诉讼，应当参照虚假陈述司法解释的前置程序规定来确定案件的受理，即应当以刑事判决和行政处罚决定为依据，并根据管辖的规定来确定案件的管辖。

内幕交易民事赔偿诉讼之门虽然已经敞开，但投资者真正获偿的案例却不多见。因为在非面对面的证券交易中，很难确定受害人及其所受到的损失，也很难确定内幕交易行为与损失后果之间的因果关系。与一般民事责任因果关系相比较，内幕交易民事责任因果关系异常复杂，原因在于：第一，证券市场主体人数众多、交易迅速、成交量大，同时证券市场以计算机网络技术为基础，因此证券市场专业性、技术性极强。由于大多数证券交易是通过集合竞价和连续竞价，采取交易所主机撮合方式而完成的，内幕交易行为人与受害人并不直接对应或接触，给因果关系认定带来了极大的困难。第二，内幕交易民事责任因果关系属于多因一果的复合因果关系。在证券市场中，投资者的损害主要表现为证券价格的下降或上升，但是影响证券价格上升或下降的因素非常多，况且证券市场极为敏感，一旦市场出现某种异常情况，容易引起连锁反应，促使多种原因相互交织，最后导致证券价格的波动。有时内幕交易行为仅是其中一个因素，将内幕交易行为对原告造成的损失与其他风险因素对原告造成的损失区分开来具有相当的难度。第三，取证困难。内幕交易行为往往非常隐蔽，等到侵权事实被查处或被揭露出来时，已经过去了相当长一段时间，此时，有些证据已不存在或很难取证。因此，对于内幕交易民事责任的因果关系，如果我们按照传统的民商法因果关系理论去证明，会非常困难，或者说根本不可能举证。正因如此，很多国家对内幕交易民事责任的因果关系作出了明确的规定。但具体说来，由于各国政治、经济、法律体系和证券市场的成熟程度不同，对于内幕交易民事责任因果关系的法律规定也各不相同。我国虚假陈述民事赔偿司法解释就明确规定了虚假陈述民事责任的因果关系推定，即只要上市公司存在虚假陈述，投资人在虚假陈述期间买进或者持有股票，在虚假陈述曝光后卖出受到损失的，就可以认定虚假陈述和投资者损失之间存在因果关系。一些国家在内幕交易民事赔偿案件中逐渐放弃了传统的"谁主张、谁举证"的做法，而改采因果关系推定说，赋予善意为相反买卖的投资者以起诉权，加强对投资者合法权益的保护。推定因果关系并不排斥被告提出反证的权利，如果被告确属无辜，完全可以提出证据证明原告的损失是由其他独立因素所造成的，从而排除事实上的因果关系，不承担损害赔偿责任。在参照虚假陈述司法解释和借鉴国外做法的同时，对于证明内幕交易赔偿纠纷案件，还应当明确：(1) 原告仍负有证明责任。举证责任倒置并不是原告不负任何证明责任。根据民事诉讼法的规定，受害人起诉内幕交易者必须举证证明自己符合起诉条件，主要是证明自己与本案有直接利害关系，即需要证明：被告在进行交易时知道相关公司的内幕信息；原告的交易行为与被告的交易行为同时发生；原告的交易行为是与被告反方向的交易行为；原告在此交易行为中切实遭受了损失等。实行举证责任倒置，是指免除原告必须证明被告有主观过错以及被告行为与原告的损害之间有因果关系的证明责任，转而由被告证明自己没有过错，否则推定被告有过错，应对此承担责任。(2) 内幕交易者可以提出反证。事实上的因果关系无疑为受害人主张权利提供了便利，但也可能不适当地加重内幕交易者的民事责任。所以，应允许内幕交易者提出反证，推翻信赖推定。若投资者的损失系其他原因造成的，则内幕交易者不应当对其承担赔偿责任。例如，投资方面的失误、自身判断错误、市场环境突变等。在股市遭受损失的投资者，难免希望从其他地方得到补偿，这种做法不值得鼓励。内幕交易行为的确应当受到惩罚，但如果让违法者承担其不应承担的责任则有失公平。但在我国现有的背景下，在没有法律明确规定的前提下，实践中人民法院的处理一般都是较为保守的，即公司董事存在证券内幕交易，投资者请求该董事赔偿因内幕交易造成的经济损失，但无法证明其经济损失与该董事内幕交易之间存在因果关系的，该董事不对投资者的经济损失承担民事赔偿责任。

【典型案例】

1998年10月，某公司的股票“大唐电信”在某证券交易所挂牌上市，潘某1998年9月21日至2008年3月曾任某公司董事。

陈某于1996年9月2日在某证券交易所开立个人股票账户。2007年2月27日，陈某开始买入“大唐电信”股票。2007年4月10日，陈某以每股17.10元买入4万余股，2007年6月18日，陈某以每股24.47元卖出1万余股。此后，他又多次买入或卖出“大唐电信”股票。

2008年3月20日，中国证券监督管理委员会（以下简称证监会）下达〔2008〕12号行政处罚决定书，该决定书认定潘某存在如下违法行为：2002年，潘某在某证券公司北京知春路营业部开立了个人资金账户，下挂1个上海股东账户。潘某本人承认该账户归其所有，交易资金来源于他的工资卡。截至2007年4月15日，该账户内有“大唐电信”股票1万余股。2005年，某公司亏损。2006年10月30日，某公司发布2006年年业绩预增公告，预计2006年全年实现盈利。2007年二三月间，某公司与其2006年年审机构经过沟通，拟对光通信、无线分公司的资产计提大幅减值准备，初步判断某公司2006年会有数亿元的亏损。2007年4月4日上午10时33分，某公司董事会秘书将审计机构的预审计意见、公司经营班子关于年报亏损的汇报、预亏公告全文以电子邮件的形式向包括潘某在内的全体董事作了汇报，汇报材料中称因“对整合后的无线、光通信资产进行大幅减值计提，由此将造成2006年年度财务报告亏损5亿—6亿元”。2007年4月5日，某公司发布《2006年年度业绩预告更正公告》，宣布某公司由预盈转预亏，但未披露预计亏损的具体数额。根据询问笔录，潘某称自己在公告前就知道会有几个亿的亏损。2007年4月16日，潘某通过办公室电话下单，以每股20.53元的价格将其持有的“大唐电信”股票1万余股卖出，成交金额近28万元。该价格既是当日收盘价，也是当日涨停价。次日，潘某向某证券交易所汇报了此次交易情况，潘某称2007年4月16日的交易行为是失误操作。证监会以潘某的行为违反证券法第76条的规定，并依据证券法第202条的规定对潘某给予3万元罚款的处罚。

陈某认为其正是在潘某内幕交易期间受到内幕交易影响，买入或持有“大唐电信”股票，并导致了相应的投资损失（包括投资差额损失、印花税、佣金及利息）。故将潘某起诉至人民法院，请求人民法院：（1）判令潘某向陈某支付因内幕交易引起的侵权赔偿款67万余元；（2）潘某承担本案的诉讼费。

被告潘某答辩称：（1）本案不符合法定的受理条件，应当裁定不予受理；（2）陈某的损失与潘某的股票买卖行为完全没有因果关系，完全是由于其自身操作行为和股市系统性风险造成的。

人民法院经审理认为，潘某关于陈某诉讼请求所涉损失与其卖出“大唐电信”股票行为之间不存在因果关系的辩护意见成立，予以支持。陈某的诉讼理由及所提交的证据不足以证明其诉讼请求成立，故对陈某的诉讼请求不予支持。判决驳回原告陈某对被告潘某的诉讼请求。宣判后，双方当事人均未提出上诉，一审判决发生法律效力。

【专家评析】

本案中的争议焦点为：陈某诉讼请求之经济损失与潘某卖出股票行为之间是否存在因果关系；潘某是否应当对陈某的经济损失承担民事赔偿责任。

首先，关于陈某诉讼请求之经济损失与潘某卖出股票行为之间是否存在因果关系。证券内幕交易是指掌握上市公司未公开的，可以影响证券价格的重要信息的人，在该信息转变为公开信息之前，买入或者卖出该证券，或者泄露该信息，或者建议他人买卖该证券，直接或间接地利用该信息进行证券交易，以获取利益或减少损失的行为。潘某作为某公司的董事应当属于掌握公司内幕信息的人，他于2007年4月16日卖出大唐电信股票的行为，受到了证监会的处罚。但从本案有效证据表明潘某与陈某在本案诉讼前并不相识，陈某买卖大唐电信股票并非受到潘某的引导，并且陈某于2007年4月10日以每股17.1元买入该股票，又于2007年6月18日以每股24.47元卖出，每股净盈利7.37元，但此时距离潘某卖出股票已经两个多月，至此，说明潘某的行为没有给陈某带来负面影响或损失。

本案中，陈某作为理性投资者，在2005年11月8日某公司因涉嫌虚假陈述被北京监管局决定立案调查后，仍从2007年2月27日起，多次买卖大唐电信股票。该行为要么属于应当预见某公司涉嫌存在的虚假信息披露行为可能被定性为虚假陈述行为的结果会给自己带来投资风险而没有预见，要么属于已经预见某公司存在虚假信息披露行为会给自己带来投资风险但抱有不必然给自己带来投资风险之侥幸心理，属于缺乏足够的证券市场风险防范意识的情形。在此情况下，陈某诉讼请求之经济损失，属证券市场中正常的投资交易风险，不应归责于潘某。故陈某的经济损失与潘某卖出股票行为之间不存在因果关系。

至于潘某是否应当对陈某的经济损失承担民事赔偿责任，根据以上分析，若陈某的经济损失与潘某卖出股票行为之间不存在因果关系，潘某对陈某的经济损失不应承担民事赔偿责任。

由以上分析可以看出，在我国到目前内幕交易民事赔偿法制不健全的情况下，过重的证明责任负担不利于原告的诉请及时得到支持，对于原告这样的中小投资者来说是不公平的。根据国外立法的先进经验，同时进行相反交易的善意投资者就是内幕交易行为的受害者，也是内幕交易行为人恶意获利的牺牲者，交易本身即可证明违法行为与其遭受损失之间的因果关系。因此，笔者认为在内幕交易民事赔偿案件中可以借鉴虚假陈述民事赔偿中的因果关系推定，作出证明责任的划分如下：原告需要证明的内容有：（1）被告实施了内幕交易行为；（2）原、被告的交易是同时发生的；（3）其交易是与被告相对的反方向交易；（4）遭受的损失。如果原告能够证明上述事项，则推定因果关系成立。而被告若要否认这种因果关系，需证明以下一项或多项：（1）原告的交易属于同向交易；（2）原告的损失由系统风险等因素导致；（3）原告有过错，如原告在交易中因自身判断失误导致投资损失或原告存在恶意投资、操纵证券价格等行为。只有这样，才能使证券内幕交易民事赔偿制度不成为虚设，才能从根本上保障中小投资者的合法权益，希望能在今后的立法中予以吸收采纳。

【法条指引】

中华人民共和国证券法

第三条 证券的发行、交易活动，必须实行公开、公平、公正的原则。

第五条 证券的发行、交易活动，必须遵守法律、行政法规；禁止欺诈、内幕交易和操纵证券市场的行为。

第七十六条 证券交易内幕信息的知情人和非法获取内幕信息的人，在内幕信息公开前，不得买卖该公司的证券，或者泄露该信息，或者建议他人买卖该证券。

持有或者通过协议、其他安排与他人共同持有公司百分之五以上股份的自然人、法人、其他组织收购上市公司的股份，本法另有规定的，适用其规定。

内幕交易行为给投资者造成损失的，行为人应当依法承担赔偿责任。

第二百零二条 证券交易内幕信息的知情人或者非法获取内幕信息的人，在涉及证券的发行、交易或者其他对证券的价格有重大影响的信息公开前，买卖该证券，或者泄露该信息，或者建议他人买卖该证券的，责令依法处理非法持有的证券，没收违法所得，并处以违法所得一倍以上五倍以下的罚款；没有违法所得或者违法所得不足三万元的，处以三万元以上六十万元以下的罚款。单位从事内幕交易的，还应当对直接负责的主管人员和其他直接责任人员给予警告，并处以三万元以上三十万元以下的罚款。证券监督管理机构工作人员进行内幕交易的，从重处罚。

▶ 26. 操纵市场行为如何认定？应受何种处罚？

【宣讲要点】

人为操纵市场是扰乱证券市场秩序的一个重要原因。操纵市场，又称为操纵行情，是指某一个人或者某一集团，利用其资金优势、信息优势或者持股优势或者滥用职权影响证券市场，人为地制造证券行情，即抬高、压低甚至稳定某种证券的价格水平，使证券市场供需关系无法发挥其自动调节作用，诱使一般投资者盲目跟从、参与买卖，从而为自己牟取利益的行为。操纵市场有多种形式，包括虚买虚卖、相对委托、连续交易、联合操纵和散布谣言、提供不实资料。其中，虚买虚卖是证券市场上最主要的操纵市场的违法形态。虚买虚卖，又称洗售、虚售。根据我国证券法第77条第3项的规定，洗售，是指以自己为交易对象，进行不转移所有权的自买自卖，影响证券交易价格或者证券交易量。庄家以高于或低于证券市场的价格进行某种证券的自买自卖，带动证券交易价格及交易数量的超常变化，造成该证券交易活跃的假象，使其他投资者作出错误判断参与该证券的买卖，庄家趁机高价抛售，低价吸筹，获取非法利益，侵害投资者的合法财产权益。

【典型案例】

Y公司的前身为深圳J公司，于1992年5月7日在深圳证券交易所上市交易，1999年8月更名为Y公司，“深锦兴”股票随之正式更名为“亿安科技”。“亿安科技”股票从1999年10月25日到2000年2月17日短短的70个交易日中，股价由26元/股左右不停地上涨，到2000年2月15日，“亿安科技”股价突破百元大关，成为自沪深股票实施拆细后首只市价超过百元的股票，这引起了市场的极大关注。

鉴于股票出现的异常波动，中国证监会对此股票交易展开调查，调查表明“亿安科技”股票的飙升纯属A投资公司、B投资公司、C投资公司、D投资公司4家公司的操纵行为。调查结果表明，上述4家公司自1998年10月5日起，集中资金，利用627个个人股票账户及3个法人股票账户，大量买入“深锦兴”（后更名为“亿安科技”）股票。持仓量从1998年10月5日的53万股，占流通股的1.52%，到最高时2000年1月12日的3001万股，占流通股的85%。同时，还通过其控制的不同股票账户，以自己为交易对象，进行不转移所有权的自买自卖，影响证券交易价格和交易量，联手操纵“亿安科技”的股票价格。截至2001年2月5日，上述4家公司控制的627个个人股票账户及3个法人股票账户共实现盈利4.49亿元，股票余额77万股。

从调查的结果来看，炒作“亿安科技”的这4家公司明目张胆地违反了公司法和证券法，肆无忌惮地操纵股票价格，牟取暴利。为此，中国证监会对联手操纵“亿安科技”股票价格的4家公司进行处罚：没收违法所得并罚款总计8.98亿元，限3个月内卖出剩余股票77万股，盈利予以没收。

【专家评析】

本案是中国证券交易市场近年来愈演愈烈的证券欺诈现象中的典型代表。根据证券法第77条第（3）项之规定，以自己为交易对象，进行不转移所有权的自买自卖，影响证券交易价格或者证券交易量即属于虚买虚卖行为，是证券法明文严加禁止的操纵市场的行为。本案中，A投资公司、B投资公司、C投资公司、D投资公司4家公司，一方面集中巨额资金，大量买入“亿安科技”的股票，达到流通股的85%；另一方面，还通过所控制的不同股票账户，以自己为交易对象，进行不转移所有权的自买自卖，影响证券交易价格和交易量，联手操纵“亿安科技”的股票价格，显然构成了证券法所禁止的操纵市场的行为，应受到法律的制裁。因此，根据证券法第203条之规定：“违反本法规定，操纵证券市场的，责令依法处理非法持有的证券，没收违法所得，并处以违法所得一倍以上五倍以下的罚款；没有违法所得或者违法所得不足三十万元的，处以三十万元以上三百万元以下的罚款。单位操纵证券市场的，还应当对直接负责的主管人员和其他直接责任人员给予警告，并处以十万元以上六十万元以下的罚款。”应当给予A投资公司、B投资公司、C投资公司、D投资公司4家公司以没收违法所得、罚款等行政处罚。

【法条指引】

中华人民共和国证券法

第三条 证券的发行、交易活动，必须实行公开、公平、公正的原则。

第五条 证券的发行、交易活动，必须遵守法律、行政法规；禁止欺诈、内幕交易和操纵证券市场的行为。

第七十七条 禁止任何人以下列手段操纵证券市场：

（一）单独或者通过合谋，集中资金优势、持股优势或者利用信息优势联合或者连续买卖，操纵证券交易价格或者证券交易量；

（二）与他人串通，以事先约定的时间、价格和方式相互进行证券交易，影响证券交易价格或者证券交易量；

（三）在自己实际控制的账户之间进行证券交易，影响证券交易价格或者证券交易量；

（四）以其他手段操纵证券市场。

操纵证券市场行为给投资者造成损失的，行为人应当依法承担赔偿责任。

第八十条 禁止法人非法利用他人账户从事证券交易；禁止法人出借自己或者他人的证券账户。

第二百零三条 违反本法规定，操纵证券市场的，责令依法处理非法持有的证券，没收违法所得，并处以违法所得一倍以上五倍以下的罚款；没有违法所得或者违法所得不足三十万元的，处以三十万元以上三百万元以下的罚款。单位操纵证券市场的，还应当对直接负责的主管人员和其他直接责任人员给予警告，并处以十万元以上六十万元以下的罚款。

▶ 27. 证券公司处理业务差错的行为是否属于欺诈客户的情形?

【宣讲要点】

“乌龙指”是证券市场交易中的常见失误，是指股票交易员、操盘手、股民等在交易的时候，不小心敲错了价格、数量、买卖方向等事件的统称。“乌龙指”事件对股价的影响或大或小。由于中国股市除权证外都有涨跌幅限制，“乌龙指”造成的损失相对于没有涨跌幅限制的股市较小；但是，当成交量大时，则会造成股价瞬时的急剧波动。对于遭受“乌龙指”的客户而言，庄家的行为，究竟是失误还是故意、造成的损失是否应当赔偿等问题，是值得研究和探讨的。

证券公司的工作人员受客户委托代为交易其账户内股票，因操作不慎误将客户的股票卖出指令敲成买进，这种未经客户同意的操作当属无权代理，效力待定。客户不予追认的，证券公司应对此承担相应的民事责任。但未给客户造成经济损失的，证券公司承担向客户赔礼道歉的民事责任。证券公司根据证券交易所市场业务规则，将从客户账户上误买进的股票用自己的备付金支付款收进，该笔股票权益属于证券公司。同时，由于证券公司是从客户的账户上误买进股票的，只有通过原账户才能处理掉误买的股票，因此，证券公司通过客户账户卖出误买的股票，不构成欺诈客户行为。

【典型案例】

1994年6月14日，王某在某证券公司所属的玉龙营业部与之签订指定交易协议书。1994年8月10日，王某委托玉龙营业部以每股3.217元买进“河北华药”股票1000股。次日10时22分48秒，王某又发出指令，委托玉龙营业部以每股5元卖出该股票。由于玉龙营业部场内交易员操作不慎，将该卖出指令错敲成买进，在王某名下以每股5元买进“河北华药”股票1000股。因该错买数据不能与王某的委托卖出数据配对，经电脑识别发现错误后，遂将该笔错买剔出放在证券公司错账单抛股交割清单上，由证券公司自购，未动用王某资金。但此笔错买进的“河北华药”1000股仍放入王某股票账户。同时，证券公司将王某委托卖出未成交的“河北华药”股票亦放在8月11日的交割清单上。“河北华药”股票该日开盘价为4.90元，收盘价为5.11元，最高价为5.98元，最低价为4.65元。8月12日9点30分，玉龙营业部在股市开盘时，将前日错买进的“河北华药”1000股放在F18大户席位，以每股5.34元价格申报卖出，所有买进和卖出的资金均通过王某账户。同日，王某领取11日的交割清单时，知悉其委托卖出的“河北华药”1000股未成交。当日10点17分9秒，王某将前日委托卖出而未成交的“河北华药”1000股以每股5.30元申报卖出，也未成交，撤单后又以每股5.70元申报卖出，再次不成交。再撤单后于同日15点22分28秒以每股5.10元申报委托证券公司卖出，最后分两次通过王某锁定的212席位成交，平均成交价格为每股5.172元。8月19日，证券公司将其处理错账买进的“河北华药”股票卖出价款5301.62元从王某账上转走。此后，虽然证券公司向王某说明了情况，但是王某坚持诉至人民法院要求证券公司赔偿经济损失3万元。

在庭审中王某变更诉讼请求为：证券公司赔偿其直接损失和间接损失共7万余元。

被告证券公司辩称，原告所诉1994年8月11日我公司场内交易员不慎将其卖出委托错误敲成买进属实，但此属代理中的过失行为，并非越权代理。况且我公司及时采取补救措施，将错买资金列入我公司账上，未动用原告资金，因此未给原告造成经济损失，不构成侵权。人民法院应当驳回原告的诉讼请求。

人民法院经审理认为，被告的场内交易员不慎将原告的卖出指令错误敲成买进，虽然证券公司事后按惯例程序对错账进行了处理，但是终究给原告造成当日未交易的客观事实。而且被告事后又未及时与原告协商，由此酿成纠纷，证券公司应当按照8月11日“河北华药”股票的最高价格与王某次日卖出的价格差价承担赔偿损失的民事责任。王某的其余诉讼请求，缺乏法律依据，不予支持。据此判决：被告证券公司在本判决发生法律效力之日起5日内赔偿原告人民币808元；驳回原告王某其他诉讼请求。一审判决后，双方当事人均不服，提起上诉。

二审人民法院经审理认为，证券公司虽因过错致王某指令卖出的“河北华药”股票当日未成交，但未给王某造成经济损失，依照民法通则第134条第1款第（10）项的规定，证券公司应当向王某赔礼道歉。同时，证券公司处理业务差错与证券商擅自动用客户账户或以客户名义买卖翻炒股票有本质的区别，本案中证券公司的行为属证券交易中的操作失误，不构成证券欺诈。一审人民法院以8月11日的最高成交价计算王某的损失，既无法律依据，也没有事实根据。证券公司的上诉理由应予支持。一审判决认定事实清楚，但适用法律不当。据此判决：撤销第一审民事判决第1项；维持第一审民事判决第2项；证券公司于本判决发生法律效力之日起3日内书面向王某赔礼道歉。

【专家评析】

本案的争议焦点是：证券公司的工作人员因操作不慎，误将王某的股票卖出指令敲成买进，又根据证券交易所市场业务规则，用自己的备用金支付从客户账户上误买进的股票，并通过客户账户卖出误买的股票，是否构成欺诈客户。

王某与证券公司于1994年6月14日签订的指定交易协议是在自愿、合法的情况下达成的，应为有效。在协议指定的交易期内，上诉人证券公司应当对其工作人员由于过失将卖出指令敲成买进，承担相应的民事责任。股票交易投资风险大，涨跌波动快，具体交易的诸多因素难以预测。实际交易中，王某知悉其委托卖出的“河北华药”股票当日未成交的情况，已于次日重新委托证券公司卖出，其申报的委托卖出价及实际成交价均高于王某当日及前一日的委托价，故证券公司虽因过错致王某指令卖出的“河北华药”股票当日未成交，但未给王某造成经济损失，证券公司应当依法承担向王某赔礼道歉的民事责任。

根据证券法的相关规定，证券经营机构违背被代理人的指令为其买卖证券属于欺诈客户行为。而本案中，客观上虽然存在买入行为与客户指令不一致的情形，但是证券公司将客户的卖出指令错误敲成买进，并不具有欺诈客户的故意，并且，根据交易市场的业务规则，如发生买卖申报反向的情形，一般应由证券商在场内自行补正。在错敲失误发生后，证券公司将前日错买进的“河北华药”1000股放在F18大户席位，以每股5.34元价格申报卖出，所有买进和卖出的资金均通过王某账户，即属于本案证券公司的自行补正行为。证券公司处理误买股票虽然与王某重新委托卖出使用的是同一个账户，但是证券公司是通过大户席位申报卖出，王某则通过其锁定的212席位申报卖出，两者的买卖通讯跑道不同。这种处理证券商业务差错与证券商擅自动用客户账户或以客户名义买卖翻炒股票之间有着本质的区别，本案中发生的情形应属于证券交易中的操作失误，不构成证券欺诈，但证券公司确实存有一定的过错，应向投资者承担相应的民事责任。

【法条指引】

中华人民共和国证券法

第四条 证券发行、交易活动的当事人具有平等的法律地位，应当遵守自愿、有偿、诚实信用的原则。

第五条 证券的发行、交易活动，必须遵守法律、行政法规；禁止欺诈、内幕交易和操纵证券市场的行为。

第七十九条 禁止证券公司及其从业人员从事下列损害客户利益的欺诈行为：

（一）违背客户的委托为其买卖证券；

（二）不在规定时间内向客户提供交易的书面确认文件；

（三）挪用客户所委托买卖的证券或者客户账户上的资金；

（四）未经客户的委托，擅自为客户买卖证券，或者假借客户的名义买卖证券；

（五）为牟取佣金收入，诱使客户进行不必要的证券买卖；

（六）利用传播媒介或者通过其他方式提供、传播虚假或者误导投资者的信息；

（七）其他违背客户真实意思表示，损害客户利益的行为。

欺诈客户行为给客户造成损失的，行为人应当依法承担赔偿责任。

中华人民共和国民法通则

第一百零六条 公民、法人违反合同或者不履行其他义务的，应当承担民事责任。

公民、法人由于过错侵害国家的、集体的财产，侵害他人财产、人身的，应当承担民事责任。

没有过错，但法律规定应当承担民事责任的，应当承担民事责任。

第一百三十四条第一款、第二款 承担民事责任的方式主要有：

（一）停止侵害；

（二）排除妨碍；

（三）消除危险；

（四）返还财产；

（五）恢复原状；

（六）修理、重作、更换；

（七）赔偿损失；

（八）支付违约金；

（九）消除影响、恢复名誉；

（十）赔礼道歉。

以上承担民事责任的方式，可以单独适用，也可以合并适用。

▶ 28. 资产管理人基于商业判断做出的投资行为给投资者造成损失，是否承担赔偿责任？

【宣讲要点】

在委托证券交易合同关系中，委托人应当对受托人为其从事交易的结果直接承担交易风险和交易损失，除非受托人有故意违反委托人交易指令损害委托人利益的行为存在，否则受托人不应承担交易损失的后果。我国民法通则规定，公民、法人违反合同或者不履行其他义务的，应当承担民事责任。公民、法人由于过错侵害国家的、集体的财产，侵害他人财产、人身的应当承担民事责任。所以，资产委托管理关系中的资产管理人在委托投资行为中给委托人造成财产损失的，如果资产管理人存在过错，需要承担过错赔偿责任。委托人需要对资产管理人存在的过错承担举证责任。如果委托人不能提供证据证明资产管理人存在明显过错，就应认定资产管理人根据资产管理委托协议尽到了谨慎、勤勉的管理人义务，其基于商业判断做出的正常投资行为不构成违约或侵权，对委托投资带来的损失不承担赔偿责任，交易损失的后果应由委托人自行承担。

【典型案例】

2000 年 12 月 18 日，某科技公司为甲方，与乙方某股份公司签订了 1 份资产管理委托协议书，协议约定的主要内容是：(1) 某股份公司接受某科技公司的委托，为其提供资产管理服务，委托资金共计人民币 1 亿元…… (3) ……如某股份公司未尽义务导致委托方的委托资产损失，应对该损失予以赔偿，赔偿范围以足以弥补委托资产总额为限。除双方另有约定外，某股份公司在委托人指定的证券账户名下，在不违反委托人利益的前提下，有权自主操作资金专用账户的资金买卖及持有在境内合法的金融市场合法投资的品种。但不得为资金专用账户安排任何形式的借贷或其他负债资金。(4) 某股份公司在委托期限终止前应将指定证券账户中的所有证券变现…… (5) 某股份公司在委托期限内定期（每月、年度和委托期限终止时）向委托人提供资产管理报告…… (7) 如某股份公司未能在约定的委托期限到期后将期末余额支付给委托人，每延迟一天按应支付款项的万分之四计算给付滞纳金；如果任何一方违反协议项下的义务造成损失时，违约方应向对方支付委托资产期初余额 5% 的违约金，并给予对方完全、有效的赔偿……协议签订后，某科技公司于 2000 年 12 月 20 日将委托资金人民币 1 亿元汇入某股份公司指定的账户。

2001 年 11 月 25 日，某股份公司与某科技公司经协商达成《资产委托管理延期协议》(以下简称《延期协议》)，协议约定：某科技公司继续按原协议规定的条款委托某股份公司管理委托资产，委托资金仍为人民币1亿元，委托期限延至2002年12月20日，原协议中某科技公司的权利义务由更名后的某科技公司承接。某股份公司同意在原协议期满到期后1日内，按委托资金的6%向某科技公司支付委托投资收益。在继续委托阶段，双方的权利义务仍遵循原协议的规定。原协议与延期协议不一致的，以延期协议的约定为准。

《延期协议》签订后，某股份公司依约向某科技公司支付了前期收益人民币600万元。在原协议和《延期协议》履行期间，某股份公司未按约定期向某科技公司提供资产管理报告。《延期协议》约定的委托期限到期后，某股份公司未将证券账户内的股票变现，亦未将账户资金余额支付给委托人。根据某股份公司提供的股票交易对账单并经原审人民法院核对，截至2002年12月20日，某科技公司账户内的股票市值（按所购股票当日收盘价格计算）和资金余额总计为人民币8069万余元，形成委托资金交易损失人民币1930万余元。

某科技公司于2003年3月20日向人民法院提起诉讼，请求判令某股份公司返还委托管理资金本金1亿元和逾期付款滞纳金360万元；违约金500万元并承担本案诉讼费用。

在一审诉讼过程中，某股份公司主动向某科技公司归还人民币5000万元。一审人民法院经审理判决，某股份公司于该判决生效之日起10日内向某科技公司支付人民币3069万余元（其中股票市值按约定付款日即2002年12月20日当日已购股票的收盘价格计算并扣除某股份公司已付的人民币5000万元）并支付相应逾期付款违约金（其中：自2002年12月21日起至2003年5月13日止，以人民币8069万余元为基数，按每日万分之四计算；自2003年5月14日起至本判决生效之日止，以人民币3069万余元为基数，按每日万分之四计算）；某股份公司于该判决生效之日起10日内向某科技公司支付违约金人民币500万元；对某科技公司的其余诉讼请求不予支持。某科技公司不服一审判决，提起上诉。

二审人民法院经审理认为，原审人民法院认定事实清楚，适用法律正确，判决驳回上诉，维持原判。

【专家评析】

某股份公司作为一家经主管部门批准从事受托投资管理业务的综合类证券公司，具有受托投资管理业务的经营资质，该公司与某科技公司之间签订的《资产管理委托协议书》和《延期协议》，属双方当事人协商一致的结果，是当事人真实意思的表示，不违反法律、行政法规的禁止性规定，其约定均应认定有效。某股份公司在接受某科技公司的委托后，应全面依约对某科技公司的委托资金进行管理，但某股份公司在委托期间没有完全履行合同义务，没有按期向某科技公司提供资产管理报告，违反了合同的告知义务；合同约定的期限到期后，没有按约将指定的证券账户内的证券予以变现返还给某科技公司，应承担逾期付款的违约责任。某科技公司与某股份公司在《延期协议》中约定了关于损失的赔偿条款，约定某股份公司在未尽勤勉、谨慎义务的情形下，应给予某科技公司资金本金损失的赔偿。但该条款适用的前提是某科技公司必须证明某股份公司有违反谨慎、勤勉的管理人的义务，故在没有证据证明某股份公司有违反管理人义务的情况下，某科技公司依该条款要求某股份公司补偿资金本金损失没有事实依据。就委托证券交易本身而言，委托人应当对受托人为其从事交易的结果直接承担交易风险和交易损失，除非受托人有故意违反委托人交易指令损害委托人利益的行为存在，否则受托人不应承担交易损失的后果。本案中，某股份公司除了部分违约外，某科技公司并没有证据证明某股份公司在证券交易过程中有违反法律规定的行为存在，其经营股票的交易损失也属在股市行情处于低迷环境下的正常市场风险损失，在此方面，某股份公司没有明显过错，其不应对此交易带来的损失承担责任，某股份公司只应按委托期限终止之日的应予变现的证券市值承担返还之责，并以此为基数按约计算逾期付款的违约金支付给某科技公司。由于合同对某股份公司定期向某科技公司提供资产管理报告义务的履行未设立任何前提，属某股份公司应当信守的义务，也是某科技公司享有的独立权利之一。即使某科技公司可以采取积极措施获取相关资产管理信息，也不能免除某股份公司主动履行该项义务。尽管某股份公司不履行提供报告的义务没有造成某科技公司损失，但支付违约金与赔偿损失并无必然联系，某股份公司的不作为行为致使某科技公司获取报告的权利未能实现，故某股份公司应支付违约金，根据合同的约定承担违约责任，向某科技公司支付违约金人民币500万元。

《资产管理委托协议书》约定某股份公司在不违反委托人利益的前提下，有权自主操作资金专用账户的资金买卖及持有在境内合法的金融市场合法投资的品种。但不得为资金专用账户安排任何形式的借贷或其他负债资金。某科技公司没有证据证明某股份公司在证券交易过程中存在违反法律的行为以及在证券交易中存在明显过错和转移某科技公司账户盈利的事实。在股市证券买卖操作中，某股份公司基于商业判断而做出的正常投资行为，即使出现投资判断失误，但其只要尽到了合同约定的谨慎、勤勉的管理人义务，不存在明显过错，就不能以受托人当时的商业判断与市场后来的事实发展相悖为由，要求其承担赔偿责任。且本案经营股票交易的损失也属于股市行情处于低迷情况下的正常风险损失。因此，在长期的大额股票交易中，某科技公司以仅存在的两笔高买低卖的情形，其主张某股份公司在委托理财过程中违反了善良管理义务从而构成欺诈，是不能得到支持的。

【法条指引】

中华人民共和国民法通则

第一百零六条第一款、第二款 公民、法人违反合同或者不履行其他义务的，应当承担民事责任。

公民、法人由于过错侵害国家的、集体的财产，侵害他人财产、人身的，应当承担民事责任。

证券公司监督管理条例

第二条 证券公司应当遵守法律、行政法规和国务院证券监督管理机构的规定，审慎经营，履行对客户的诚信义务。

▶ 29. 委托理财合同保底条款的效力如何？是否会导致合同整体无效？

【宣讲要点】

委托理财合同，是指单位或者个人将其自有资金委托给金融、非金融投资机构或者专业投资人员，委托其投资于证券、期货市场，所获收益按双方约定进行分配的一种合同法律关系。客户与证券经营机构签订合同，约定由客户将资金交付给证券经营机构，委托证券经营机构在一定期限内投资于证券市场，并由证券经营机构按期向客户支付投资收益，此类合同即属于委托理财合同。在委托理财合同中，委托方为了减弱合同风险，往往与受托方订立保证本息固定回报的保底条款，如客户与证券经营机构在委托理财合同中约定，由证券经营机构保证客户的投资收益达到一定比例，不足部分由证券经营机构补足。这种条款严重违背市场经济规律和资本市场规则，且违反我国证券法第 144 条的禁止性规定，即证券公司不得以任何方式对客户证券买卖的收益或者赔偿证券买卖的损失作出承诺，应属无效条款。因保底条款是委托理财合同的目的条款或核心条款，保底条款无效会导致委托理财合同整体无效。

【典型案例】

某科技公司为甲方、某证券公司为乙方、某行长沙支行为丙方，于 2004 年 4 月 19 日签订了《阳光理财协议》，约定：鉴于甲方同意委托乙方以甲方名义进行受托投资管理业务，并签订了《受托投资管理合同》，乙方向丙方申请为该受托投资管理业务提供一定担保，保证甲方在《受托投资管理合同》期满后如期获得受托投资管理资产期末资产余额；丙方同意受理乙方该申请，经三方充分协商，就丙方为甲乙双方受托投资管理业务提供阳光理财业务达成协议；丙方的担保金额为《受托投资管理合同》项下的受托资产的期末资产余额；担保责任期间为本协议生效日起至担保责任解除日止。

2004 年 4 月 21 日，某科技公司为甲方与某银行长沙新华支行（以下简称某行新华支行）为乙方签订《借款合同》，约定：甲方向乙方借款 8000 万元人民币用于经营周转，借款期限自 2004 年 4 月 21 日至 2004 年 10 月 21 日，借款年利率为 4.536%；逾期按逾期天数以日万分之 1.89 计收利息，同时对逾期利息根据逾期天数按日万分之 1.89 计收复利。某科技公司以《阳光理财协议》作为质物，为上述借款提供质押，并于 2004 年 4 月 21 日签订质押合同。《借款合同》到期后，某科技公司只归还了合同期内利息 154 万余元，截止到 2004 年 10 月 21 日，尚欠本金 8000 万元和合同期内利息 31 万余元、逾期利息 365 万余元、复利 6 万余元，总计 8403 万余元。

2004 年 4 月 20 日，某科技公司为委托人与某证券公司为受托人签订《受托投资管理合同》，约定：委托人将人民币 1 亿元交付受托人进行投资管理，管理期限自委托资产到达委托人开设的受托投资管理账户且委托人将该账户有效授权受托人管理之日起算 12 个月；在管理期限内以委托人名义开设证券账户和资金账户的方式开立受托投资管理账户；清算方式为现金结算；双方还对管理佣金和业绩奖励作了约定。同日，双方又签订了《补充协议》，约定：受托人保证受托投资管理资产安全与完整，使得受托投资管理资产的年投资收益率达到 7.8%，如年投资收益率低于 7.8%，受托人负责补足。受托人同意分别于 2004 年 7 月 30 日、2004 年 10 月 30 日、2005 年 1 月 30 日每次将 195 万元收益支付委托人，到期日将剩余收益和本金划给委托人。受托投资管理资产年投资收益率高于 7.8% 部分的收益，作为业绩奖励归受托人所有。同日，双方还签订了《授权委托书》，约定：某科技公司对其在某证券公司营业部开设的证券资金账户授予某证券公司进行独立操作和管理的权利。

2005 年 7 月 18 日，某行新华支行向人民法院提起诉讼，请求依法判令某证券公司及某科技公司偿还所欠某行新华支行贷款 8000 万元及利息。

人民法院经审理认为，某行新华支行对某证券公司代位权成立，某证券公司应偿还某行新华支行 8000 万元本金及同期银行贷款利率扣除 780 万元收益后的余额，不足部分应由某科技公司偿还。鉴于某行新华支行未向某科技公司主张其担保债权，因此，基于担保法律关系而产生的《质押合同》和《阳光理财协议》《关于请求延期还款的函》不属本案审理范围，本院不予审理。判决：某证券公司在判决生效后10日内向某行新华支行支付人民币8000万元本金及利息（从2004年4月21日起，按人民银行同期定期存款利率计算至清偿之日止），已支付的780万元收益，予以冲抵；从判决生效之日起，某科技公司与某证券公司之间因本案《受托投资管理合同》形成的债权债务关系解除；某科技公司在判决生效后10日内，在以上某证券公司应偿还的数额外，尚不足以清偿某行新华支行8403万余元（利息已计算至2004年10月21日，此后利息按合同约定计算至清偿之日止）债务的范围内，承担偿还责任。某证券公司不服一审判决，提起上诉。

二审人民法院经审理认为，各方当事人对于原审判决主文中涉及某科技公司的内容部分均没有提出上诉，故人民法院只对上诉请求的有关事实和适用法律进行审理，对于原审判决其他内容不再进行审理。认定原审判决认定事实清楚，但适用法律部分错误。判决维持一审判决主文第2项、第3项内容；变更一审判决主文第1项内容为：某证券公司在判决生效后10日内向长沙新华支行支付人民币8000万元本金及利息（从2004年4月21日起，按人民银行同期定期存款利率计算至清偿之日止），已支付的780万元，予以冲抵。

【专家评析】

本案的争议焦点是：某科技公司作为委托人与受托人某证券公司之间签订的《受托投资管理合同》及《补充协议》是部分无效还是整体无效？

本案中存在两个法律关系，一是借贷法律关系；二是委托理财法律关系。首先，关于某行新华支行与某科技公司之间签订的《借款合同》的效力，该合同为双方当事人真实意思表示，内容不违反法律、行政法规的强制性规定，系有效合同。某行新华支行在合同签订后，依约向某科技公司发放了贷款，某科技公司应于合同到期后向某行新华支行履行全部偿还贷款本金及利息的义务，逾期履行还应承担相应的违约责任。现某科技公司仅向某行新华支行支付了部分利息，某行新华支行有权向某科技公司追索欠付的本金、利息并追究相应的违约责任。

至于某科技公司作为委托人与受托人某证券公司之间签订的《受托投资管理合同》及《补充协议》的效力，本案的一审人民法院认定，某证券公司具备了监管部门批准的受托投资管理资格，其与某科技公司签订的《受托投资管理合同》及其《补充协议》系当事人的真实意思表示，且不违反法律、行政法规关于禁止混业经营的规定，应当认定有效。但协议中设定的固定利息，系保底条款，其规避和转嫁理财风险，违背了基本经济规律和公平交易原则，违反了我国信托及证券监管行政主管部门关于信托公司及受托理财人不得以任何形式对客户的收益、损失作出承诺的法律规定，属无效约定。某科技公司不得依此无效约定，向某证券公司要求投资回报。某科技公司已收的780万元收益，应当作为不当得利返还给某证券公司。亦即确认了本案《受托投资管理合同》及《补充协议》的效力，只是认为协议中的约定是无效的，并据此判令某证券公司按人民银行同期贷款利率向某行新华支行支付利息，二审人民法院对此进行了纠正。合同中约定某科技公司将资金委托给某证券公司在一定期限内投资于证券市场，并由某证券公司按期支付给某科技公司相应的投资收益，这符合委托理财合同特点。双方关于某证券公司保证某科技公司的资金年投资收益率达到7.8%，不足部分由某证券公司补足的约定属于委托理财合同中保证本息固定回报的条款，违反了证券法第144条关于券商不得以任何方式对客户证券买卖收益或者赔偿证券买卖的损失作出承诺的规定，应属无效条款。保底条款是委托理财合同之目的条款或核心条款，保底条款无效应导致委托理财合同整体无效，故本案《受托投资管理合同》及《补充协议》作为委托理财合同应整体无效。受托人某证券公司应当将委托资金本金返还委托人某科技公司，并按中国人民银行规定的同期定期存款利率标准支付利息，某科技公司不得向某证券公司要求合同约定的投资收益部分，其已收的780万元作为不当得利应返还给某证券公司。

依据如上分析，在本案中，某行新华支行对某科技公司享有债权，某科技公司对某证券公司享有债权，上述债权至本案诉前均已到期。某科技公司既不向某行新华支行履行到期债务，又怠于向某证券公司主张到期债权，对某行新华支行造成了损害。某行新华支行根据相关法律规定，可以向人民法院请求以自己的名义代位行使某科技公司的债权。

【法条指引】

中华人民共和国证券法

第一百四十四条 证券公司不得以任何方式对客户证券买卖的收益或者赔偿证券买卖的损失作出承诺。

第二百一十二条 证券公司办理经纪业务，接受客户的全权委托买卖证券的，或者证券公司对客户买卖证券的收益或者赔偿证券买卖的损失作出承诺的，责令改正，没收违法所得，并处以五万元以上二十万元以下的罚款，可以暂停或者撤销相关业务许可。对直接负责的主管人员和其他直接责任人员给予警告，并处以三万元以上十万元以下的罚款，可以撤销任职资格或者证券从业资格。

中华人民共和国合同法

第五十二条第五项 有下列情形之一的，合同无效：

（五）违反法律、行政法规的强制性规定。

第七十三条 因债务人怠于行使其到期债权，对债权人造成损害的，债权人可以向人民法院请求以自己的名义代位行使债务人的债权，但该债权专属于债务人自身的除外。

代位权的行使范围以债权人的债权为限。债权人行使代位权的必要费用，由债务人负担。

最高人民法院关于适用《中华人民共和国合同法》若干问题的解释（一）

第二十条 债权人向次债务人提起的代位权诉讼经人民法院审理后认定代位权成立的，由次债务人向债权人履行清偿义务，债权人与债务人、债务人与次债务人之间相应的债权债务关系即予消灭。

证券公司监督管理条例

第四十六条第一项 证券公司从事证券资产管理业务，不得有下列行为：

（一）向客户做出保证其资产本金不受损失或者保证其取得最低收益的承诺；

▶ 30. 委托人授权他人代理证券账户的抵押融资，后受托人以其对应的资金账户向其他公司抵押担保的行为是否有效？

【宣讲要点】

根据证券法的相关规定，证券登记结算机构为投资人设立证券账户并对证券账户中的证券托管和过户、对证券持有人名册登记以及证券交易后清算和交收。证券账户既是投资人的身份证明文件，也是证券投资的记账凭证，对投资人而言，证券账户具有唯一性。资金账户是投资人在证券账户设立后，选择证券公司进行交易前存入交易资金并与银行账户对应而设立的账户。资金账户可以因在不同证券公司开户发生变化，但当选定证券公司营业部开户设立后，资金账户则具体固定。资金账户从属且对应于证券账户，是证券账户进行证券交易的基础，仅有证券账户不能进行证券交易，二者不可分割。因此，授权他人对证券账户进行运作，即是授权他人对资金账户进行运作。

根据担保法的相关规定，当事人对保证担保的范围没有约定或者约定不明确的，保证人应当对全部债务承担责任。据此，在委托理财纠纷中，委托人授权他人代理证券账户的抵押融资，后受托人以其对应的资金账户向其他公司抵押担保的行为，未超出委托人的授权，其行为成立且有效，委托人应依法承担保证责任。第三人向债权人保证监督支付专款专用的，在履行了监督支付专款专用的义务后，不再承担责任。未尽监督义务造成资金流失的，应当对流失的资金承担补充赔偿责任。

【典型案例】

2001年7月4日，何某（甲方）与某机械公司（乙方）签订《借款合同》，约定何某向某机械公司借款600万元，借款期限从2001年7月4日起至2002年1月4日止。某机械公司应在2001年7月4日前将600万元划付至双方指定营业部开立的A资金账户25530（以下简称530）；何某应在2001年7月4日前将保证金人民币200万元划到双方指定营业部开立的B资金账户20532（以下简称532）；何某仅可在A资金账户530下使用上述借款，未经双方许可，任何一方不得将该笔借款转到A资金账户530以外的其他资金账户。双方商定合作的某机械公司A资金账户不得买卖ST、PT股票；在借款期间内，当A资金账户530和B资金账户532内资金及股票市值之总和低于何某借款金额的115%时，何某应在两个交易日内追加风险保证金，并予以补足，否则某机械公司有权卖出A资金账户530和B资金账户532内的全部或部分股票，所得资金优先用于偿还借款本息；何某应在借款期满后向某机械公司偿还借款本金和利息，并结清双方约定的应分成利润。关于违约责任，双方约定：在借款期内，若任何一方因出现经营亏损超过警戒线被强制平仓以外的原因，需提前终止合约，必须提前征得另一方同意；否则，需向守约方偿付违约金。同时，A资金账户530产生的任何亏损由违约方承担，该账户的利润划归守约方所有。如何某不能依约归还借款，某机械公司有权单方平仓，以保证资金安全和应得利益。同时，除原定本息及应分享利润外，何某应向某机械公司支付每日5‰的逾期罚息。双方还约定，本合同自资金到达双方指定账户之日起生效，至双方按协议清算完毕之日失效；并约定合同交由双方共同指定的营业部监督执行。

2001年7月4日，何某（甲方）还与某机械公司（乙方）签订《协议书》，约定：因证券投资需要，何某向某机械公司借款人民币200万元，并用下列账号：郝某25521、彭某533、凌某25714账户上的证券和资金作抵押，保证到期还款和付息，并承诺某机械公司有到期在何某账户中主动卖出何某证券并取回本息的权利。若在借款到期之前，何某上述关联账户上的证券市值和资金合计低于人民币240万元，某机械公司有权卖出何某上述关联账户上的证券并提前取回借款本金和利息，卖出过程中造成的一切损失由何某承担。

2001年7月4日，何某、某机械公司共同向A证券南坪营业部出具《委托书》称：何某、某机械公司为切实履行《借款合同》中的双方义务，请贵部自收到本函之日起，依照《借款合同》，按以下条款，监督何某、某机械公司双方行为，确保双方的利益。其相关约定如下：……（4）何某、某机械公司双方委托A证券南坪营业部监督执行按《借款合同》项下违约方应承担的违约责任……（7）A证券南坪营业部承诺严格执行本监管协议，若产生违背本协议行为，A证券南坪北路证券营业部承担由此产生的一切法律和经济责任。

2001年7月4日，程某向何某出具《授权书》，约定：兹全权委托何某代理以下账户的存取、运作、抵押融资：A130044629、深24089181。当日，程某在A证券南坪营业部开立的532资金账户转入保证金人民币77万余元。同日，彭某向何某出具《授权书》，约定全权委托何某代理以下账户的存取、运作、抵押融资：深31232948、上海A229403439。同日，郝某向何某出具《授权书》，约定全权委托何某代理以下账户的存取、运作、抵押融资：上海A275948348、深61516677。

2001年7月4日，某机械公司向中行杨家坪分理处申请开出银行本票1000万元，解付至A证券南坪营业部在工行南坪分理处开设的客户交易结算资金账户，本票资金于同日转入某机械公司职员汪某在A证券南坪营业部开设的00019453资金账户。同日，韩某与A证券南坪营业部签订开户及代理有价证券交易协议书，开立530资金账户。A证券南坪营业部112操作员（简称112操作员）对韩某530资金账户进行账户立即修改为不能取款（取限开通），且韩某与汪某签订代理授权委托书。当日，汪某资金账户600万元转至韩某530资金账户。该款转入后，韩某530资金账户的余额为600万元。2002年3月6日，韩某与何某签订代理授权委托书。

2001年7月4日，曾某与A证券南坪营业部签订开户及代理有价证券交易协议书，开立25528资金账户，并与李某签订代理授权委托书。112

操作员将曾某25528资金账户立即修改为取限开通。当日，汪某资金账户200万元转至曾某25528资金账户。2002年8月8日，曾某又与何某签订代理授权委托书，将李某变更为何某。

2001年9月25日，曾某25528资金账户不能取款的限制被112操作员修改，转账取款173万余元（同日，该款转至凌某于2001年9月24日在A证券南坪营业部开设的25713资金账户）。转账后又恢复为不能取款。此时，该资金账户余额为0.87元。

2002年3月12日，韩某530资金账户不能取款的限制被112操作员修改，何某转账取款19万余元、现金取款11万余元。转账后又恢复取限开通，不能取款。3月22日，何某采取同样方式转账取款10万元（该款于同日转入凌某25713资金账户）；后又现金取款8万余元；6月13日转账取款3万余元；8月6日支票取款24万余元，上述款项共计77万余元。同年9月23日，韩某530资金账户不能取款的限制被112操作员修改，平仓后转账取款311万余元，转账后又恢复为取限开通。至此，该资金账户余额为1万余元。

2002年1月25日，何某（甲方）与某机械公司（乙方）签订《协议书》，约定何某向某机械公司借款100万元，月息12%，借款期从2002年1月25日至同年4月25日，并用凌某25713资金账户上的证券和资金作抵押，保证到期还款付息，并承诺某机械公司有到期在何某账户中主动卖出何某证券并取回本息的权利。若在借款到期前何某上述关联账户上的证券市值和资金合计低于140万元，何某承诺，某机械公司有权卖出上述关联账户中的证券并提前取回本息，卖出过程中造成何某的一切损失由何某承担。同日，某机械公司在中行杨家坪分理处开出100万元银行本票，解付至A证券南坪营业部客户交易结算资金账户。随后，汪某资金账户100万元转至凌某25713资金账户。

2002年4月26日，何某以“凌某（甲方）”代表人身份，与某机械公司乙方签订《协议书》，约定甲方向乙方借款100万元，月息12%，借款期从2002年4月26日至同年10月25日，并用凌某25713资金账户上的证券和资金作抵押，其余内容与2002年1月25日《协议书》内容基本相同。同日，A证券南坪营业部（甲方）向某机械公司（乙方）出具承诺书，保证乙方投入到凌某25713账户的资金100万元的安全，未经乙方同意不得取款、撤销指定交易和转托管，保证在上述账户的市值低于乙方约定市值时，及时通知乙方。保证协助乙方维护自身权益。若由于甲方监控失误，造成乙方资金损失，甲方愿意承担全部责任。

凌某25713资金账户使用情况为：2001年9月24日开户存入10元，9月25日从曾某25528资金账户转入173万余元，2002年1月25日从汪某19453资金账户转入100万元，2002年3月22日从韩某530资金账户转入10万元。期间，凌某25713资金账户进行大量股票交易结算，除上述资金外，未进入其他资金。此外，2002年3月25日、9月25日该账户发生取款，其额度分别为60万元、73万元。

2002年3月12日，何某（甲方）与某机械公司（乙方）签订《协议书》，约定：因证券投资需要，何某向某机械公司借款人民币100万元，月息12‰，借款期从2002年3月12日至2002年9月12日，并用李某某22391账户上的证券和资金作抵押，保证到期还款和付息，并承诺某机械公司有到期在何某账户中主动卖出何某证券并取回本息的权利。若在借款到期之前，何某上述关联账户上的证券市值和资金合计低于人民币140万元，何某承诺：某机械公司有权卖出何某上述关联账户上的证券并提前取回借款本金和利息，卖出过程中造成何某的一切损失由何某承担。同日，某机械公司在中行杨家坪分理处开出100万元银行本票，解付至A证券南坪营业部客房交易结算资金账户。随后，汪某19451资金账户转账100万元存至李某某22391资金账户。该款存入后，李某某22391资金账户被112操作员取限取消、平仓转账取款111万余元。取款后恢复取限开通。此时，李某某22391资金账户余额为0.27元。

本次协议签订前，李某某于2001年12月7日向A证券南坪营业部出具《委托书》，将账户代理人李某某变更为何某，并与何某签订《代理授权委托书》，代理权限为：有价证券的买卖、转托管、抵押、资金存取以及对各项有关交易的所有业务和事项作出承诺或确认。

2001年7月4日，程某532资金账户存款77.7万元，彭某533资金账户被112操作员设定账户取限开通后，两账户内无资金取出。

2002年10月21日，某机械公司向人民法院提起诉讼，请求判令：何某对1000万元借款本息直接承担清偿责任；A证券南坪营业部对强制平仓部分直接承担清偿责任，对其余部分承担补充赔偿责任；程某、彭某以担保财产承担清偿责任；凌某承担返还财产的民事责任。

一审人民法院经审理，判决何某在本判决生效后10日内，偿还某机械公司借款1000万元以及利息、罚息，利随本清。何某已付利息24万余元，从应付利息中扣除；何某不能清偿上述债务时，南坪营业部承担364万元的补充赔偿责任；某证券公司在南坪营业部承担的赔偿责任范围内承担连带清偿责任；驳回某机械公司的其他诉讼请求。某机械公司不服一审判决，提起上诉。

二审人民法院经审理判决：撤销一审判决；何某偿还某机械公司人民币1000万元并支付部分资金占用损失（计付时扣除何某已支付的24万余元）；某证券南坪营业部对何某应偿还金额中422万余元承担连带赔偿责任并支付资金占用损失并对参与监管的700万元承担补充赔偿责任；某证券重庆分公司对某证券南坪营业部上述支付责任范围承担连带清偿责任；凌某对何某应偿还金额中283万余元承担连带返还责任并支付部分资金占用损失；程某对何某应偿还金额中200万元承担连带赔偿责任；彭某对何某应偿还金额中200万元承担连带责任。程某、彭某不服二审判决，向人民法院申请再审。

再审人民法院认为，原判认定事实清楚，但判决部分不当，应予纠正。申请再审人申请理由成立部分，予以采纳。经审判委员会讨论决定，判决维持二审判决第1项、第2项、第5项；变更二审民事判决第3项、第4项为：某证券清算组对原某证券南坪营业部平仓取款的422万余元及其相应资金占用损失承担赔偿责任，对原某证券南坪营业部监管期间流失的资金122万余元承担补充赔偿责任；变更二审判决第6项为：程某以其532账户对应的证券和资金价值为限对某机械公司承担赔偿责任（以200万元为限）；变更二审判决第7项为：彭某以其533账户对应的证券和资金价值为限对某机械公司承担赔偿责任（以200万元为限）。

程某、彭某不服再审民事判决，向最高人民法院申请再审。最高人民法院经审理认为，高院再审判决认定事实清楚，责任划分并无不当，判决驳回程某、彭某的再审诉讼请求，维持高院的再审判决。

【专家评析】

本案的关键问题是委托理财中抵押融资是否设立。程某的《授权书》载明：兹全权委托何某代理以下账户的存取、运作、抵押融资：A130044629、深24089181。彭某的《授权书》载明：兹全权委托何某代理以下账户的存取、运作、抵押融资：深31232948、上海A229403439。该两份授权书的内容完全相同：一是将上海和深圳交易所的证券账户授权给何某；二是将账户的（资金）存取、运作全权委托给何某；三是全权委托何某可以以账户抵押融资。根据证券账户与资金账户不可分割性，授权证券账户资金存取和运作，即是授权他人使用证券账户在证券公司设立资金账户并进行证券交易。在此前提下，授权证券账户抵押融资，即是授权证券账户对应的资金账户抵押融资。程某、彭某书面授权何某使用其证券账户资金存取、交易并可以抵押融资，那么何某以程某、彭某证券账户对应的资金账户向某机械公司抵押融资，即是以资金账户中所有的资金和证券抵押担保。何某以程某532账户、彭某533账户抵押担保行为，没有超出程某、彭某的授权范围和违背2人的真实意思表示，也没有违反担保法的禁止性规定，故本案抵押民事法律关系成立。程某关于授权证券账户不能等同授权资金账户、以证券账户中的证券或资金作质押担保须有其书面授权并办理登记才有效的理由，与其授权何某时的真实意思表示不符的主张不能成立。

基于以上分析，本案的责任划分如下：某机械公司与何某签订《借款合同》及《协议书》，约定某机械公司将资金交付给何某，由何某将资金投资于证券交易市场进行管理，到期由何某支付某机械公司固定本息，对第1笔600万元款项还约定对超出部分收益，双方按约定比例分成，故本案所涉的1000万元款项名为借款实为委托理财款，双方当事人之间成立委托理财合同关系。某机械公司、何某、A证券南坪营业部三方签订的委托书系委托理财法律关系中第三方监管合同行为。前述协议涉及的利息给付实为利润分配，相关条款属于保底条款，除该部分约定违反相关法律规定无效外，其余部分合法有效。对于某机械公司交付给何某的700万元委托理财款，A证券南坪营业部承诺对其进行监管，故其应对监管期间流失的资金承担监管责任。在监管期间，A证券南坪营业部未认真履行监管职责，致使530账户内资金被转出77万余元（除28万余元用于向某机械公司支付利息等外，其余款项被挪用）、25713账户内资金被转出73万元，共计导致监管账户内资金实际流失122万余元，南坪营业部应对此承担补充赔偿责任。此外，A证券南坪营业部知道或者应当知道530账户和22391账户内资金实为某机械公司的委托理财款项，但却擅自对账户内的证券进行平仓转出款项计422万余元，致使某机械公司的财产受损，A证券南坪营业部应对其承担赔偿责任。现A证券股份有限公司已进入破产清算阶段，其法律责任应由A证券股份有限公司清算组承担。程某、彭某授权何某对账户进行存取、运作、抵押融资的行为同样属于委托理财行为，由于资金账户系证券账户进行证券交易的基础，仅有证券账户是不可能进行买卖证券的，故程某、彭某在授权何某进行证券交易时，也对证券账户相对应的资金账户进行了授权。该授权与何某在相关协议中关于将程某532账户作为保证金账户和用作“借款的质押担保”、用彭某533账户上的证券和资金作抵押的约定，具有密切联系。以该2人账户内的证券和资金进行担保，虽然未经登记程序，质权尚未设立，但基于程某、彭某的相关行为，某机械公司才将资金交由何某进行运营的客观事实，故对某机械公司因此受到的损失，程某、彭某应在其账户对应的证券和资金价值为限分别向某机械公司承担赔偿责任（均以200万元为限）。

综上，委托人授权他人代理证券账户的抵押融资，账户抵押融资成立，何某依法承担对某机械公司的违约责任，赔偿部分资金占用导致的损失及利息。A证券清算组对原A证券南坪营业部平仓取款的422万余元及其相应资金占用损失（自2003年9月23日起按中国人民银行同期定期存款利率计付）承担赔偿责任，对原A证券南坪营业部监管期间流失的资金122万余元承担补充赔偿责任；程某以其532账户对应的证券和资金价值为限对某机械公司承担赔偿责任（以200万元为限）；彭某以其533账户对应的证券和资金价值为限对某机械公司承担赔偿责任（以200万元为限）。凌某对何某应偿还金额中283万余元承担连带返还责任并支付部分资金占用损失（该损失金额以133万元为本金，从2002年9月25日起至付清时止，按人民银行同期流动资金贷款利率计付）。

【法条指引】

中华人民共和国证券法

第一百四十二条 证券公司为客户买卖证券提供融资融券服务，应当按照国务院的规定并经国务院证券监督管理机构批准。

第一百六十六条 投资者委托证券公司进行证券交易，应当申请开立证券账户。证券登记结算机构应当按照规定以投资者本人的名义为投资者开立证券账户。

投资者申请开立账户，必须持有证明中国公民身份或者中国法人资格的合法证件。国家另有规定的除外。

中华人民共和国担保法

第二十一条第二款 当事人对保证担保的范围没有约定或者约定不明确的，保证人应当对全部债务承担责任。

第六十四条 出质人和质权人应当以书面形式订立质押合同。

质押合同自质物移交于质权人占有时生效。

第七十六条 以汇票、支票、本票、债券、存款单、仓单、提单出质的，应当在合同约定的期限内将权利凭证交付质权人。质押合同自权利凭证交付之日起生效。

证券公司监督管理条例

第二十八条 证券公司受证券登记结算机构委托，为客户开立证券账户，应当按照证券账户管理规则，对客户申报的姓名或者名称、身份的真实性进行审查。同一客户开立的资金账户和证券账户的姓名或者名称应当一致。

……

中国证券登记结算有限责任公司证券账户管理规则

第三章第六条　一个自然人、法人可以开立不同类别和用途的证券账户。但是，对于同一类别和用途的证券账户，一个自然人、法人只能开立一个。

国家法律、法规和行政规章等另有规定的除外。

最高人民法院关于适用《中华人民共和国担保法》若干问题的解释

第二十六条　第三人向债权人保证监督支付专款专用的，在履行了监督支付专款专用的义务后，不再承担责任。未尽监督义务造成资金流失的，应当对流失的资金承担补充赔偿责任。

▶ 31. 证券投资者是否有权依照消费者权益保护法要求券商承担惩罚性赔偿责任?

【宣讲要点】

法律以一定的社会关系为调整对象，不同的法律所调整的社会关系的性质和范围是各不相同的。我国消费者权益保护法规定，消费者，是指为生活消费需要而购买、使用商品或者接受服务的人。因此，消费者应当是为满足个人或家庭生活需要而购买、使用商品或接受服务的自然人。随着我国资本市场的不断发展和完善，金融消费者的概念逐渐进入人们的视线，金融消费者是指，与金融机构建立金融服务合同关系，接受金融服务的自然人。从广义上而言，消费者当然应当涵盖金融消费者，但金融消费者是否属于消费者权益保护法中的消费者，应视个案情况而定。与一般的消费者不同，金融消费者消费的动机多为一种营利性的需求，具有投资属性，而非基于生活需要，不应受消费者权益保护法的调整。金融消费者与金融机构发生纠纷的，可以适用合同法或商业银行法、保险法、证券法等特别法进行调整。

消费者权益保护法第55条第1款规定："经营者提供商品或者服务有欺诈行为的，应当按照消费者的要求增加赔偿其受到的损失，增加赔偿的金额为消费者购买商品的价款或者接受服务的费用的三倍；增加赔偿的金额不足五百元的，为五百元。法律另有规定的，依照其规定。"这一条款是惩罚性赔偿责任在消费者权益保护法中的体现，目的是惩罚经营者的不诚信行为，维护消费者的合法利益。但如前所述，金融消费者由于其特殊性而不能适用消费者权益保护法，证券投资者与证券公司约定以交易佣金折扣方式返还购买证券交易设备费用的行为是基于在证券市场上获取投资收益的目的，并非是为生活消费所需要，投资者不能基于消费者权益保护法的规定，要求证券公司承担惩罚性的赔偿责任。

【典型案例】

2006年，某证券公司上海张杨路证券营业部（以下简称某证券营业部）与某电子公司在其印刷的"三宝大礼包"广告中宣传："立即获得基于英特尔迅驰双核移动计算技术的惠普商用笔记本电脑、联通无线上网……低廉的网上交易手续费。"而后吴某通过某证券营业部制作的活动说明和宣传资料得知了2名被告举行的"e本万利"活动，其内容为：(1)客户先垫付全额货款，获得惠普笔记本电脑，通过累计交易量佣金折扣返还笔记本及掌中宽带的金额；(2)客户享受网上交易的低廉的佣金费率(0.8‰)。"佣金费率"备注写明：客户需签订相关协议并承诺交易3年；只有通过网上交易委托方式才能享受佣金逐笔返还。2006年11月7日，吴某与某证券营业部、某电子公司签订"e本万利"活动协议书，按约购买了价值为1.9万元的电脑及价值2500元的无线上网套餐，合计2万余元。活动协议书第2.1条规定："甲（某证券营业部）丙（原告）双方约定，自签署本协议后次日起，执行甲方制订的网上交易佣金率基准为1.6‰，由于丙方在活动优惠期内参加本次'e本万利'活动，所以甲方给予丙方一次性特别佣金折扣，即丙方享受0.8‰的网上交易佣金率。此佣金和先前的基准佣金之间的折扣差额，作为抵扣丙方先前从乙方（某电子公司）处购买设备的金额，抵扣总金额为人民币2万余元整，按照做事的佣金率折算出的总的交易量为2690万元。丙方进行交易，当网上交易的累计交易量超过甲方给予的优惠总交易量时，即丙方已经从甲方处取得的折扣佣金累计数大于等于前面约定的折扣总金额，从第二交易日起，丙方的网上交易佣金率恢复到营业部统一标准，活动组织方不再给予优惠。”第4.1条规定：“乙方（某电子公司）是本次‘e本万利’活动惠普产品的供应商及上海联通的指定代理商，若发生因联通通信费用、选定的笔记本和无线网卡设备质量、网络质量等问题而产生的纠纷，由丙方直接与乙方协商解决。”2009年10月，吴某在某证券营业部处的网上总交易量达到2690万元，前往该营业部要求返还购买电脑的费用遭拒。协商未果，遂诉至人民法院。

在庭审中原告吴某认为其轻信了被告的活动说明，认为如果参与被告举办的该优惠活动即可免费获得笔记本电脑及上网套餐服务，才决定参与该优惠活动。被告以所谓的优惠政策诱使原告与其签约，条件达成后又推翻其承诺的优惠，其行为已经构成虚假宣传。根据消费者权益保护法第55条（原第49条）的规定，被告故意告知虚假情形，诱使原告消费的行为构成欺诈，应当双倍赔偿原告经济损失，要求人民法院判令2名被告共同向原告双倍赔偿经济损失4万余元。

被告某证券营业部辩称，“e本万利”活动的内容是通过佣金让利抵扣购买电脑的费用，没有双重优惠活动，原告认为被告对双重优惠做了宣传，系对该活动内容的误解，我方不存在欺诈和虚假宣传。另外，原告是证券投资者，不适用消费者权益保护法，不能得到双倍赔偿。

被告某电子公司辩称，在“e本万利”活动中，我方是设备和服务的提供商，如果使用过程中出现质量问题由我方负责。而原告的诉请不在我方的服务范围内，不同意原告的诉讼请求。

人民法院经审理认为，原告以被告虚假宣传和欺诈为由起诉要求被告承担赔偿责任，系侵权之诉，诉讼行为符合法律规定。但被告在进行活动宣传并且与原告订立合同的行为中均不存在欺诈的故意，本案也不适用消费者权益保护法的相关规定，对于原告要求被告双倍赔偿经济损失的诉讼请求，人民法院亦不予支持。综上，人民法院判决驳回原告吴某的全部诉讼请求。一审判决后，当事人未提起上诉，判决已发生法律效力。

【专家评析】

本案争议焦点是：原告起诉的请求权基础是否成立；2名被告在其推出“e本万利”活动过程中是否存在虚假宣传与欺诈行为；原告是否有权依据消费者权益保护法的规定要求被告承担惩罚性赔偿责任。

(1) 本案原告起诉的请求权基础是否成立。双方当事人对于在履行合同过程发生的争议，可以以合同相对方的侵权行为或者违约行为为由提起诉讼，但两者只能择其一主张，不得同时主张。本案原、被告之间曾订立协议书，约定原告向被告购买笔记本电脑，并向某证券营业部支付佣金，接受其提供的证券交易服务。现原告以被告虚假宣传和欺诈为由起诉要求被告承担赔偿责任，系侵权之诉，其诉讼行为符合法律规定。

(2) 2名被告在其推出“e本万利”活动过程中是否存在虚假宣传与欺诈行为的问题。本案中，协议书条款(1)说明，被告将“通过累计交易量佣金折扣返还笔记本及掌中宽带的金额”；条款(2)下表格及备注写明佣金折扣返还的条件是网上交易委托方式，返还率是50%，返还佣金率是0.8‰。上述条款的表述清晰明确，其核心意思在于以佣金折扣形式返还购买笔记本电脑的费用，并不致产生歧义。且根据“三宝大礼包”宣传广告表述，亦无法推知原告可以同时享受佣金折扣及返还购买笔记本电脑钱款的优惠。该“e本万利”活动协议书约定，活动通过佣金让利抵扣购买电脑的费用，其表述清晰，意思表达准确，具有通常认知能力的订约方均能正确理解，不应作出原告可以同时享受佣金优惠和返还购买电脑费用的解释，被告在进行活动宣传并且与原告订立合同的行为中均不存在欺诈的故意。

(3) 原告可否依据消费者权益保护法请求赔偿。就这一问题，应从原告的消费目的入手对原告是否符合消费者权益保护法规定的消费者身份加以分析。根据该法第2条的规定，消费者为生活消费需要购买、使用商品或者接受服务，其权益受本法保护。本案原告依约向被告某电子公司购买笔记本电脑，并向被告某证券营业部支付佣金，接受其提供的证券交易服务的行为，与消费者购买服务产品行为存在一定近似，但从其消费目的上看与消费者权益保护法规定的消费者定义存在显著区别。原告参加“e本万利”活动是一种投资行为，其接受被告的相关服务是为了在证券市场上获取利益，显然不是为生活消费需要，因而，原告身份不符合消费者权益保护法对消费者的定义，故本案并不适用消费者权益保护法的相关规定，原告要求被告双倍赔偿经济损失的诉讼请求于法无据。

【法条指引】

中华人民共和国证券法

第四条 证券发行、交易活动的当事人具有平等的法律地位，应当遵守自愿、有偿、诚实信用的原则。

第五条 证券的发行、交易活动，必须遵守法律、行政法规；禁止欺诈、内幕交易和操纵证券市场的行为。

第七十九条 禁止证券公司及其从业人员从事下列损害客户利益的欺诈行为：

（一）违背客户的委托为其买卖证券；

（二）不在规定时间内向客户提供交易的书面确认文件；

（三）挪用客户所委托买卖的证券或者客户账户上的资金；

（四）未经客户的委托，擅自为客户买卖证券，或者假借客户的名义买卖证券；

（五）为牟取佣金收入，诱使客户进行不必要的证券买卖；

（六）利用传播媒介或者通过其他方式提供、传播虚假或者误导投资者的信息；

（七）其他违背客户真实意思表示，损害客户利益的行为。

欺诈客户行为给客户造成损失的，行为人应当依法承担赔偿责任。

中华人民共和国消费者权益保护法

第二条 消费者为生活消费需要购买、使用商品或者接受服务，其权益受本法保护；本法未作规定的，受其他有关法律、法规保护。

第五十五条第一款 经营者提供商品或者服务有欺诈行为的，应当按照消费者的要求增加赔偿其受到的损失，增加赔偿的金额为消费者购买商品的价款或者接受服务的费用的三倍；增加赔偿的金额不足五百元的，为五百元。法律另有规定的，依照其规定。

▶ 32. PE 对赌协议的法律效力如何？

【宣讲要点】

对赌协议又名估值调整机制，是在国际 PE 投资实践中普遍运用的一种投资安排，是指投、融资双方对未来不确定情况进行的一种约定，如果约定的情况出现，投资方可以行使对自身有利的权利，用以补偿高估企业价值的损失；否则融资方就可以行使对其有利的权利，以补偿企业价值被低估的损失。对赌条款的约定多因信息不对称所致，即投资人因对被投资公司了解不充分而较难准确预见未来经营成果，会与被投资公司及其原股东商定一个目标，并基于该目标给被投公司估值，若被投资公司达成目标，投资人会相应调高估值；若未达目标，投资人有权获得一定补偿。在实践中，这种补偿通常以现金给付或者股权转让的形式来实现，同时可能通过增加或减弱投资人对企业的控制权来实现。因此，对赌双方赌的是企业未来一定时期能否达成一定目标，对赌的筹码是双方的股权、现金或公司的控制权等权益。

PE 在投资时之所以签订对赌协议，一方面是为了激励被投资公司管理层实现盈利或上市目标；另一方面也是为了避免由于信息不对称，导致投资利益受损。PE 的尽职调查做得再细致，也无法事无巨细地掌握被投资公司的情况。有些被投资公司在跟 PE 接触时由于需要资金，而把公司的问题掩饰得很好，为了规避投资风险，对赌协议的签订非常普遍，以从更多的机构或个人那里得到投资保障。

目前，对赌协议作为一种投资工具，在美国、中国香港等国家和地区广泛适用并受到当地法律的认可和保护。我国法律条文中并没有明确规定对赌协议是否合法有效，而证监会在新股发行中对于对赌协议持“零容忍”的态度，要求上市前清理对赌协议。即便是这样，对赌协议在我国PE界还是普遍存在。

【典型案例】

2007年11月1日前，某资源公司作为甲方、某投资公司作为乙方、香港某公司作为丙方、陆某作为丁方，共同签订一份《增资协议书》，其中约定：甲方注册资本为384万美元，丙方占投资的100%，各方同意乙方以现金2000万元人民币对甲方进行增资，增资后甲方占总注册资本的3.85%，丙方占96.15%。依据本协议内容，丙方与乙方签订合营企业合同及修订公司章程，并于合营企业合同及修订后的章程批准之日起10日内一次性将认缴的增资款汇入甲方指定的账户。合营企业合同及修订后的章程，报经政府主管部门批准后生效。乙方在履行出资义务时，丁方承诺于2007年12月31日之前将四川省某铅锌矿过户至甲方名下。第7条特别约定第1项：本协议签订后，甲方应尽快成立“公司改制上市工作小组”，着手筹备安排公司改制上市的前期准备工作，工作小组成员由股东代表和主要经营管理人员组成。本协议各方应在条件具备时将公司改组成规范的股份有限公司，并争取在境内证券交易所发行上市。第2项业绩目标约定：甲方2008年净利润不低于3000万元人民币。如果甲方2008年实际净利润完不成3000万元，乙方有权要求甲方予以补偿，如果甲方未能履行补偿义务，乙方有权要求丙方履行补偿义务。第4项股权回购约定：如果至2010年10月20日，由于甲方的原因造成无法完成上市，则乙方有权在任一时刻要求丙方回购届时乙方持有之甲方的全部股权，丙方应自收到乙方书面通知之日起180日内按以下约定回购金额向乙方一次性支付全部价款。若自2008年1月1日起，甲方的净资产年化收益率超过10%，则丙方回购金额为乙方所持甲方股份对应的所有者权益账面价值；若自2008年1月1日起，甲方的净资产年化收益率低于10%，则丙方回购金额为（乙方的原始投资金额－补偿金额）×（1+10%×投资天数/360）。此外，规定了信息披露约定、违约责任等，还约定该协议自各方授权代表签字并加盖公章，与协议文首注明之签署日期生效。协议未作规定或约定不详之事宜，应参照经修改后的甲方章程及股东间的投资合同（若有）办理。

2007年11月1日，某投资公司作为甲方、香港某公司作为乙方签订《合资经营合同》，有关约定为：某资源公司增资扩股将注册资本增加至399.38万美元，甲方决定受让部分股权，将某资源公司由外资企业变更为中外合资经营企业。在合资公司的设立部分约定，合资各方以其各自认缴的合资公司注册资本出资额或者提供的合资条件为限对合资公司承担责任。甲方出资15.38万美元，占注册资本的3.85%；乙方出资384万美元，占注册资本的96.15%。甲方应于本合同生效后10日内一次性向合资公司缴付人民币2000万元，超过其认缴的合资公司注册资本的部分，计入合资公司资本公积金。在第68条、第69条关于合资公司利润分配部分约定：合资公司依法缴纳所得税和提取各项基金后的利润，按合资方各持股比例进行分配。合资公司上一个会计年度亏损未弥补前不得分配利润。上一个会计年度未分配的利润，可并入本会计年度利润分配。还规定了合资公司合资期限、解散和清算事宜。并特别约定：合资公司完成变更后，应尽快成立“公司改制上市工作小组”，着手筹备安排公司改制上市的前期准备工作，工作小组成员由股东代表和主要经营管理人员组成。合资公司应在条件具备时改组设立为股份有限公司，并争取在境内证券交易所发行上市。如果至2010年10月20日，由于合资公司自身的原因造成无法完成上市，则甲方有权在任一时刻要求乙方回购届时甲方持有的合资公司的全部股权。合同于审批机关批准之日起生效。《公司章程》第62条、63条与《合资经营合同》第68条、第69条内容相同。之后，某投资公司依约于2007年11月2日缴存某资源公司银行账户人民币2000万元，其中新增注册资本114万余元，资本公积金1885万余元。2008年2月20日，甘肃省商务厅批复同意增资及股权变更，并批准“投资双方于2007年11月1日签订的增资协议、合资企业合营合同和章程从即日起生效”。另据工商年检报告登记记载，某资源公司2008年年度生产经营利润总额2万余元，净利润2万余元。

2009年12月，某投资公司向人民法院提起诉讼，请求判令：某资源公司、香港某公司、陆某向其支付协议补偿款1998万余元并承担本案诉讼费及其他费用。

一审人民法院经审理认为，某投资公司的诉请依法不能支持，某资源公司、香港某公司、陆某不承担补偿责任的抗辩理由成立。判决驳回某投资公司的全部诉讼请求。某投资公司不服一审判决，提起上诉。

二审人民法院经审理认为，一审判决认定部分事实不清，导致部分适用法律不当，应予纠正。判决撤销一审判决；某资源公司、香港某公司于判决生效后30日内共同返还某投资公司1885万余元及利息。某资源公司、香港某公司不服二审判决，向人民法院申请再审。

再审人民法院根据某投资公司的诉讼请求及本案《增资协议书》中部分条款无效的事实，判决撤销二审判决；本判决生效后30日内，香港某公司向某投资公司支付协议补偿款1998万余元。如未按本判决指定的期间履行给付义务，则加倍支付延迟履行期间的债务利息；驳回某投资公司的其他诉讼请求。

【专家评析】

本案的争议焦点为：《增资协议书》中的“对赌条款”是否具有法律效力；系争条款若有效，某资源公司、香港某公司、陆某应否承担补偿责任。

本案历经一审、二审和再审，是国内目前涉及对赌协议效力问题的第一案，下面将结合三个阶段人民法院的不同意见综合分析对赌协议的效力。

一审人民法院经审理认为，双方当事人为达到融资、投资目的而签订《增资协议书》，本案是因履行该协议条款引起的诉争，涉及对《增资协议书》条款法律效力的认定，因此，该协议条款内容不得违反合同法的相关规定。同时，《增资协议书》条款内容涉及合资经营企业某资源公司，也要符合公司法及中外合资经营企业法等相关法律、行政法规的规定。经审查，《增资协议书》系双方真实意思表示，但第7条第2项内容即某资源公司2008年实际净利润完不成3000万元，某投资公司有权要求某资源公司补偿的约定，不符合中外合资经营企业法中关于企业净利润根据合营各方注册资本的比例进行分配的规定，同时，该条规定与《公司章程》的有关条款不一致，会损害公司利益及公司债权人的利益，不符合公司法的相关规定。因此，依据合同法，该条由某资源公司对某投资公司承担补偿责任的约定因违反法律、行政法规的强制性规定而归于无效，故某投资公司依据该条款要求某资源公司承担补偿责任的诉请，依法不能支持。由于某投资公司要求某资源公司承担补偿责任的约定无效，因此，某投资公司要求某资源公司承担补偿责任失去了前提依据。同时，《增资协议书》第7条第2项内容与《合资经营合同》中相关约定内容不一致，依据《中外合资经营企业法实施条例》的规定，应以《合资经营合同》内容为准，故某投资公司要求香港某公司承担补偿责任的依据不足，依法不予支持。陆某虽是某资源公司的法定代表人，但其在某资源公司的行为代表的是公司行为及利益，并且《增资协议书》第7条第2项内容中，并没有关于由陆某个人承担补偿义务的约定，故某投资公司要求陆某个人承担补偿责任的诉请无合同及法律依据，依法应予驳回。至于陆某未按照承诺在2007年12月31日之前将四川省某铅锌矿过户至某资源公司名下，涉及对某资源公司及其股东的违约问题，不能成为本案陆某承担补偿责任的理由。

综上，一审人民法院认定对赌协议因违反法律、法规的强制性规定而归于无效，某投资公司的诉请依法不能支持，某资源公司、香港某公司、陆某不承担补偿责任的抗辩理由成立。

二审人民法院经审理认为，本案中，某投资公司与某资源公司、香港某公司、陆某4方签订的协议书虽名为《增资协议书》，但纵观该协议书全部内容，某投资公司支付2000万元的目的并非仅享有某资源公司3.85%的股权（计15.38万美元，折合人民币114万余元），期望某资源公司经股份制改造并成功上市后，获取增值的股权价值才是其缔结协议书并出资的核心目的。基于上述投资目的，某投资公司等4方当事人在《增资协议书》第7条第2项就业绩目标进行了约定，即“某资源公司2008年净利润不低于3000万元人民币。如果某资源公司2008年实际净利润完不成3000万元，某投资公司有权要求某资源公司予以补偿，如果某资源公司未能履行补偿义务，某投资公司有权要求香港某公司履行补偿义务。补偿金额 =（1 - 2008 年实际净利润/3000 万元）× 本次投资金额。对于 4 方当事人就某资源公司 2008 年净利润不低于 3000 万元人民币的约定，因该约定仅是对目标企业盈利能力提出要求，并未涉及具体分配事宜；且约定利润如实现，某资源公司及其股东均能依据公司法、《合资经营合同》《公司章程》等相关规定获得各自相应的收益，也有助于债权人利益的实现，故并不违反法律规定。而 4 方当事人就某资源公司 2008 年实际净利润完不成 3000 万元，某投资公司有权要求某资源公司及香港某公司以一定方式予以补偿的约定，则违反了投资领域风险共担的原则，使得某投资公司作为投资者不论某资源公司经营业绩如何，均能取得约定收益而不承担任何风险。参照《最高人民法院关于审理联营合同纠纷案件若干问题的解答》关于"企业法人、事业法人作为联营一方向联营体投资，但不参加共同经营，也不承担联营的风险责任，不论盈亏均按期收回本息，或者按期收取固定利润的，是明为联营，实为借贷，违反了有关金融法规，应当确认合同无效"之规定，《增资协议书》第 7 条第 2 项该部分约定内容，因违反合同法第 52 条之规定应认定无效。某投资公司除已计入某资源公司注册资本的 114 万余元外，其余 1885 万余元资金性质应属名为投资，实为借贷。虽然某资源公司与香港某公司的补偿承诺亦归于无效，但某投资公司基于对其承诺的合理信赖而缔约，故某资源公司、香港某公司对无效的法律后果应负主要过错责任。根据合同法第 58 条之规定，某资源公司与香港某公司应共同返还某投资公司 1885 万余元及占用期间的利息，因某投资公司对于无效的法律后果亦有一定过错，如按同期银行贷款利率支付利息则不能体现其应承担的过错责任，故某资源公司与香港某公司应按同期银行定期存款利率计付利息。因陆某个人并未就《增资协议书》第 7 条第 2 项所涉补偿问题向某投资公司作出过承诺，且其是否于 2007 年 12 月 31 日之前将四川省某铅锌矿过户至某资源公司名下与本案不属同一法律关系，故某投资公司要求陆某承担补偿责任的诉请无事实及法律依据，不予支持。关于某资源公司、香港某公司、陆某在答辩中称《增资协议书》已被之后由某投资公司与香港某公司签订的《合资经营合同》取代，《增资协议书》

第7条第2项对各方已不具有法律约束力的主张。因《增资协议书》与《合资经营合同》缔约主体不同，各自约定的权利义务也不一致，且2008年2月29日，在甘肃省商务厅的批复中第2条明确载明“投资双方2001年11月1日签订的增资协议、合资企业合营合同和章程从即日起生效”。故其抗辩主张不能成立。

综上，二审人民法院认为，对赌协议中的无效部分仅限于4方当事人就某资源公司2008年实际净利润完不成3000万元，某投资公司有权要求某资源公司及香港某公司以一定方式予以补偿的约定。

再审人民法院认为，2009年12月，某投资公司向一审人民法院提起诉讼时的诉讼请求是请求判令某资源公司、香港某公司、陆某向其支付协议补偿款1998万余元无并承担本案诉讼费用及其他费用，没有请求返还投资款。因此二审判决判令某资源公司、香港某公司共同返还投资款及利息超出了某投资公司的诉讼请求，是错误的。某投资公司作为企业法人，向某资源公司投资后与香港某公司合资经营，故某资源公司为合资企业。某资源公司、某投资公司、香港某公司、陆某在《增资协议书》中约定，如果某资源公司实际净利润低于3000万元，则某投资公司有权从某资源公司处获得补偿，并约定了计算公式。这一约定使得某投资公司的投资可以取得相对固定的收益，该收益脱离了某资源公司的经营业绩，损害了公司利益和公司债权人利益，一审人民法院、二审人民法院根据公司法和中外合资经营企业法的规定认定《增资协议书》中的这部分条款无效是正确的。但二审人民法院认定某投资公司1885万余元的投资名为联营实为借贷，并判决某资源公司和香港某公司向某投资公司返还该笔投资款，没有法律依据。《增资协议书》中并无由陆某对某投资公司进行补偿的约定，某投资公司请求陆某进行补偿，没有合同依据。但是，在《增资协议书》中，香港某公司对于某投资公司的补偿承诺并不损害公司及公司债权人的利益，不违反法律法规的禁止性规定，是当事人的真实意思表示，是有效的。香港某公司对某投资公司承诺了某资源公司2008年的净利润目标并约定了补偿金额的计算方法。在某资源公司2008年的利润未达到约定目标的情况下，香港某公司应当依约应某投资公司的请求对其进行补偿。

综上，再审人民法院认定《增资协议书》中系争条款部分无效、部分有效，原则上认可了对赌协议的相对有效性。

最高人民法院的判决，实际上是否认了投资方与被投资公司之间损害公司及公司债权人利益的对赌条款的法律效力，但认可了投资方与被投资公司股东之间对赌条款的合法有效性。认定是否有效的标准即是条款是否会侵害公司及股东的合法利益，对于投资方与被投资公司股东之间的对赌条款，在自愿、平等的基础上订立即为有效，股东具有这种处分的权利。某投资公司与某资源公司之间的赔偿约定，使得某投资公司的投资可以获取相对固定的收益，该收益脱离了某资源公司的经营业绩，损害了某资源公司利益和公司债权人利益，这部分条款是无效的。但某投资公司与香港某公司的赔偿约定，并不损害某资源公司及公司债权人的利益，不违反法律法规的禁止性规定，是当事人的真实意思表示，因而是有效的。

在本案中，最高人民法院虽认定了对赌协议的相对有效性，但对赌协议是否合法有效，在每一个投资案例中，由于对赌协议的具体条款并不同，应区别对待，具体分析。本案中的判决，并不一定适用于整个 PE 行业。根据 PE 投资的目的及被投资公司的具体情况，对赌协议的类型也不同：由于对赌协议是“舶来品”，很多 PE 都会效仿国外，基于业绩考虑进行对赌，即要求被投资公司在某一时间点之内实现一定业绩；还有的对赌协议是赌上市的时间点，即要求被投资公司在某一时间点内上市；如果被投资公司是技术性很强的公司，有些 PE 还会对技术人员的离职率进行对赌，要求被投资公司的技术人员离职率不能高于某一水平。在国外，对赌协议的出现是为了规避投资风险。但在国内对赌协议出现了一定的异化，比如有些公司在需要钱的情况下，对 PE 提出的任何条件都答应；而有些 PE 为了获得更多的利益，一味地对被投资公司提高要求，这些要求甚至超出了后者的承受能力，但 PE 却不去做完善的尽职调查，从而导致被投资公司无法满足 PE 提出的业绩或上市要求。因此，PE 在投资时一定要做好尽职调查，提出符合被投资公司实际情况的、不损害第三方利益的条件。被投资公司也要坚守契约精神，和 PE 签订了相应的对赌协议，就应当履行协议要求。这样才能使这一“舶来品”更好地在市场经济中发挥其应有的价值。

特别值得注意的是，就在本书的编写过程当中，中国国际经济贸易仲裁委员会（以下简称贸仲）作出了承认对赌协议效力的裁决书，认定投资人与目标公司及目标公司大股东之间的“对赌协议”合法有效，当目标公司未完成承诺的业绩时，目标公司及目标公司的大股东应向投资人进行业绩补偿并回购投资人持有的股权。贸仲的裁决着重体现了商业投资活动中当事人的意思自治和契约精神，对稳定股权投资信心、维护市场交易秩序无疑是起到了积极作用的。

对于业绩补偿条款的效力，仲裁庭认为，投资人对企业的估值依赖于被投资人对预期经营状况的承诺，所以其高溢价出资的对价是该业绩承诺得以实现，为了降低风险，投资人要求签订业绩承诺条款。被投资人为了获得高溢价的出资，自愿签订此条款，其中并不存在欺诈与非法目的。同时，被投资人的经营活动始终由大股东控制，在这种情况下，业绩承诺条款是帮助投资人在投资之前预防风险、在投资之后化解风险的契约性保护手段，也是鼓励与约束被投资人尤其是控股股东履约践诺的利益激励与责任约束机制，因而符合平等自愿、权义对等、公平合理、诚实信用的契约精神，应认定为合法有效。被投资人应按照业绩承诺条款的具体约定，向投资人支付现金补偿。

对于股权回购条款的效力，仲裁庭认为，股权回购条款与业绩承诺条款具有相同的性质，其功能和作用是一致的，是对被投资人履行业绩承诺补偿义务实现方式的具体约定，同时构成投资人以高价增资扩股形式投资于目标公司的前提与基础，是大股东取信于投资人的明确意思表示，也同样是一种契约性保护手段和利益激励与责任约束机制，符合平等自愿、权义对等、公平合理、诚实信用的契约精神，亦应认定为合法有效。被投资人应按照股权回购条款的具体约定回购投资人所持有的股权。

因此，不同于最高人民法院，无论是对股东与股东之间，还是股东与公司之间，仲裁庭都全面认可了业绩补偿条款和股权回购条款的效力，裁决所反映的核心价值追求即对契约精神的推崇与尊重。对赌协议仲裁、诉讼结果的大不同，将会影响到未来当事人对于争端解决方式的选择。

【法条指引】

中华人民共和国公司法

第六条　设立公司，应当依法向公司登记机关申请设立登记。符合本法规定的设立条件的，由公司登记机关分别登记为有限责任公司或者股份有限公司；不符合本法规定的设立条件的，不得登记为有限责任公司或者股份有限公司。

法律、行政法规规定设立公司必须报经批准的，应当在公司登记前依法办理批准手续。

公众可以向公司登记机关申请查询公司登记事项，公司登记机关应当提供查询服务。

第二十条第一款　公司股东应当遵守法律、行政法规和公司章程，依法行使股东权利，不得滥用股东权利损害公司或者其他股东的利益；不得滥用公司法人独立地位和股东有限责任损害公司债权人的利益。

中华人民共和国中外合资经营企业法

第二条第一款、第二款　中国政府依法保护外国合营者按照经中国政府批准的协议、合同、章程在合营企业的投资、应分得的利润和其他合法权益。

合营企业的一切活动应遵守中华人民共和国法律、法规的规定。

第三条　合营各方签订的合营协议、合同、章程，应报国家对外经济贸易主管部门（以下称审查批准机关）审查批准。审查批准机关应在三个月内决定批准或不批准。合营企业经批准后，向国家工商行政管理主管部门登记，领取营业执照，开始营业。

第八条第一款　合营企业获得的毛利润，按中华人民共和国税法规定缴纳合营企业所得税后，扣除合营企业章程规定的储备基金、职工奖励及福利基金、企业发展基金，净利润根据合营各方注册资本的比例进行分配。

中华人民共和国合同法

第五十二条第五项　有下列情形之一的，合同无效：

（五）违反法律、行政法规的强制性规定。

第五十八条　合同无效或者被撤销后，因该合同取得的财产，应当予以返还；不能返还或者没有必要返还的，应当折价补偿。有过错的一方应当赔偿对方因此所受到的损失，双方都有过错的，应当各自承担相应的责任。

第六十条　当事人应当按照约定全面履行自己的义务。

当事人应当遵循诚实信用原则，根据合同的性质、目的和交易习惯履行通知、协助、保密等义务。

中华人民共和国中外合资经营企业法实施条例

第十条　本条例所称合营企业协议，是指合营各方对设立合营企业的某些要点和原则达成一致意见而订立的文件；所称合营企业合同，是指合营各方为设立合营企业就相互权利、义务关系达成一致意见而订立的文件；所称合营企业章程，是指按照合营企业合同规定的原则，经合营各方一致同意，规定合营企业的宗旨、组织原则和经营管理方法等事项的文件。

合营企业协议与合营企业合同有抵触时，以合营企业合同为准。

经合营各方同意，也可以不订立合营企业协议而只订立合营企业合同、章程。

最高人民法院关于审理联营合同纠纷案件若干问题的解答

四、关于联营合同中的保底条款问题

（一）联营合同中的保底条款，通常是指联营一方虽向联营体投资，并参与共同经营，分享联营的盈利，但不承担联营的亏损责任，在联营体亏损时，仍要收回其出资和收取固定利润的条款。保底条款违背了联营活动中应当遵循的共负盈亏、共担风险的原则，损害了其他联营方和联营体的债权人的合法权益，因此，应当确认无效。联营企业发生亏损的，联营一方依保底条款收取的固定利润，应当如数退出，用于补偿联营的亏损，如无亏损，或补偿后仍有剩余的，剩余部分可作为联营的盈余，由双方重新商定合理分配或按联营各方的投资比例重新分配。

（二）企业法人、事业法人作为联营一方向联营体投资，但不参加共同经营，也不承担联营的风险责任，不论盈亏均按期收回本息，或者按期收取固定利润的，是明为联营，实为借贷，违反了有关金融法规，应当确认合同无效。除本金可以返还外，对出资方已经取得或者约定取得的利息应予收缴，对另一方则应处以相当于银行利息的罚款。

……

▶ 33. 登记结算机构是否有义务核实国债回购登记是否是真实的意思表示？

【宣讲要点】

与银行间国债市场实行的“账户结算制”不同的是，登记公司对各券商的回购交易资金组织清算，以最终产生的一个轧差净额，直接在券商结算备付金账户上进行交收，各券商与其客户间的资金清算，则由券商自行负责，即登记公司与客户是“一对多”的模式。这样，每个交易日收市后，只要券商席位上的标准券托管总额没有因回购融资出现“欠库”，就算合法合规。此外，交易所债券交易实行的是“中央担保交收”制度。该项制度是指，券商以法人名义通过登记结算公司实行集中结算，登记结算公司为券商的全部回购交易提供结算担保，如果券商交收违约，登记结算公司先行代其向交易对手方履行交收义务。

中央交收实质上是由登记结算公司充当融资和融券双方的交易对手，保证在融资方违约时，代其承担履约责任。而对于违约方，虽然对其债券欠库与到期违约有相应处罚程序和措施，但在原来的操作中，更多的还是仅凭一纸通知这样的软约束，最终除了拍卖质押债券、动用结算备付金之外，严重时还要通过央行再贷款来解决，无形中增加了登记公司自身风险。因此，必须明确责任，登记结算公司与券商完成一级清算，券商与客户完成二级清算，券商对投资者的行为负全部责任，并对投资者予以管理及风险控制。同时，投资者应慎重选择受托券商。只有这样，才能降低国债回购的风险。因此，登记结算机构并不应负有核实国债回购登记意思表示的义务。

【典型案例】

2003年6月16日，某实业公司持其机构法人证券账户“B880708262”（下称262）在某证券公司铜仁路营业部申请开立资金账户“10015017”（下称017），并与某证券公司铜仁路营业部订立了《全权授权委托书》《开户登记表》《指定交易及委托代理协议书》等开户文件。当日，某实业公司还与某证券公司铜仁路营业部订立《国债认购和托管协议书》及《补充协议书》各1份，约定原告将资金人民币500万元委托某证券公司铜仁路营业部购买国债“010203”（下称203），并全部予以托管，原告承诺1年内不出售、转让购入的国债，某证券公司铜仁路营业部保证原告的年收益率为8%，委托期限至2004年5月14日。同日，原告存入人民币500万元至该资金账户，并买入“203国债”人民币499万余元，成交清算金额合计人民币499万余元。同年9月25日，原告提取了由某证券公司铜仁路营业部转存其资金账户的人民币10万元。至2006年8月4日，原告资金账户余额为人民币642.61元。

依据某证券登记结算公司出具的记录显示，2003年6月16日，某实业公司262证券账户登记为回购账户。2003年12月10日，该账户内的“203国债”人民币499万余元被非交易过户，现该证券账户内无证券余额。某实业公司与某证券登记结算公司、某证券公司起争执，遂诉至人民法院。

在庭审中原告某实业公司诉称，2001年6月22日，原告持证券账户262在某证券营业部开立资金账户017。同日，原告将保证金人民币500万元存入该资金账户，并买入“203国债”499万余元。2004年2月11日，原告向被告某证券登记结算公司查询，发现其证券账户内国债已经被非交易过户。原告认为，被告某证券登记结算公司构成侵权，故诉请判令被告某证券登记结算公司赔偿原告投资损失人民币456万余元、利息损失人民币45万余元；诉讼费用由被告某证券登记结算公司负担。

被告某证券登记结算公司辩称，原告与某证券铜仁路营业部之间系委托理财法律关系，登记结算公司不应对此承担民事责任；系争国债由某证券铜仁路营业部向登记结算公司申报并进行了质押回购，该质押回购行为合法有效；证券登记结算公司依照业务规则没有义务审查该回购申报是否系原告的真实意思表示；登记结算公司依照业务规则有权在某证券铜仁路营业部违约时处置其回购登记的国债。综上，请求驳回原告的全部诉讼请求。

被告某证券公司辩称，原告与被告某证券公司间名为委托理财实属无效借贷，因系争国债已经灭失，故原告对被告仅享有普通债权；原告已经收取的保底收益人民币10万元属无效，应予抵销。

人民法院经审理认为，被告某证券公司擅自将原告证券账户进行回购登记致使其购买的国债灭失，其行为已构成欺诈。被告登记结算公司在整个交易流程中依法履行其法定职能，不存在过错，故不应承担任何法律责任。原告选择侵权之诉，意在规避无效之融资拆借关系，为避免讼累，本院确定以合同关系进行裁决。判决被告某证券公司清算组应于本判决生效之日起10日内偿还原告某实业公司人民币490万元（含其资金账户余额人民币642.61元）；原告某实业公司的其余诉讼请求不予支持。

【专家评析】

由于本案涉及的国债质押回购业务属于证券市场的衍生交易品种，当事人乃至社会公众对此均存在不同层面的理解，对此应当予以阐明。根据证券法以及现行的交易规则和登记结算制度，某证券交易所国债交易实行二级托管和二次结算制，即客户购买的国债托管在证券公司，证券公司负有妥善保管责任，而证券公司所托管的客户国债，则统一托管登记在被告某证券登记结算公司；被告某证券登记结算公司仅与作为结算参与人的证券公司进行结算，证券公司再与指定交易的客户进行结算。国债质押回购交易则是一种将一定时间的资金使用作为交易标的、将融资证券公司结算席位登记回购的国债折合成标准券作为担保品的可融资行为，在交易制度和流程上同样实行二级托管和二次结算。被告某证券登记结算公司系整个证券市场集中统一的服务机构，依法履行登记、存管、结算以及中央担保交收等法定职能。

本案中，原告在某证券公司铜仁路营业部开户、存入保证金并购买国债，依据双方订立的协议条款，原告将国债托管于某证券公司铜仁路营业部并以此获取保底收益，其法律关系名为国债托管实为变相融资拆借，应属无效。鉴于原告交付的国债已经灭失，被告某证券公司（现某证券公司）应偿付原告投资本金人民币500万元，同时原告已收取的保底收益人民币10万元应予抵销。

被告某证券登记结算公司对原告持有的证券实施非交易过户是否构成侵权是本案的关键问题。本案原告证券账户被某证券公司铜仁路营业部擅自申报登记为回购账户时，其证券账户内的国债即被自动折合成标准券记到某证券公司国债结算席位上，成为某证券公司的可融资额度。由于交易市场实行二级托管和二次结算制度，被告某证券登记结算公司对回购账户的申报登记是否为客户的真实意思表示以及融资额度是否为客户享有均不负有核实义务。某证券公司违规经营被依法撤销时，其结算席位上的标准券已不足以担保其已发生的融资额度，导致欠库。被告某证券登记结算公司为履行中央担保交收清算职能，有权将某证券公司结算席位的全部标准券包括原告购买的国债实施非交易过户。原告证券账户被申报登记为回购账户直至最终该账户内国债被实施非交易过户，某证券公司铜仁路营业部是直接责任人。因此，被告某证券登记结算公司应偿还给原告相应的投资本金并支付利息。

【法条指引】

中华人民共和国证券法

第七十九条　禁止证券公司及其从业人员从事下列损害客户利益的欺诈行为：

（一）违背客户的委托为其买卖证券；

（二）不在规定时间内向客户提供交易的书面确认文件；

（三）挪用客户所委托买卖的证券或者客户账户上的资金；

（四）未经客户的委托，擅自为客户买卖证券，或者假借客户的名义买卖证券；

（五）为牟取佣金收入，诱使客户进行不必要的证券买卖；

（六）利用传播媒介或者通过其他方式提供、传播虚假或者误导投资者的信息；

（七）其他违背客户真实意思表示，损害客户利益的行为。

欺诈客户行为给客户造成损失的，行为人应当依法承担赔偿责任。

第一百四十四条　证券公司不得以任何方式对客户证券买卖的收益或者赔偿证券买卖的损失作出承诺。

第一百五十五条　证券登记结算机构是为证券交易提供集中登记、存管与结算服务，不以营利为目的的法人。

设立证券登记结算机构必须经国务院证券监督管理机构批准。

第一百六十七条　证券登记结算机构为证券交易提供净额结算服务时，应当要求结算参与人按照货银对付的原则，足额交付证券和资金，并提供交收担保。

在交收完成之前，任何人不得动用用于交收的证券、资金和担保物。

结算参与人未按时履行交收义务的，证券登记结算机构有权按照业务规则处理前款所述财产。

中华人民共和国合同法

第五十二条 有下列情形之一的，合同无效：

（一）一方以欺诈、胁迫的手段订立合同，损害国家利益；

（二）恶意串通，损害国家、集体或者第三人利益；

（三）以合法形式掩盖非法目的；

（四）损害社会公共利益；

（五）违反法律、行政法规的强制性规定。

▶ 34. 客户交易结算资金专用存款账户项下资金的法律性质是什么？银行在证券公司欠款不还的情况下是否有权直接扣划？

【宣讲要点】

客户证券交易结算资金，是指证券经纪业务客户为保证与证券交易对方足额交收，而在证券公司或者存管银行存入的资金以及出售或者持有证券所得到的利润，由此，该资金负担有其他优先权利，必须保证其完整性。证券公司对客户交易结算资金拥有管理权，同时负有保证客户交易结算资金完整的责任。任何针对该资金的侵害行为，证券公司都有权并且有责任主张救济。证券公司被责令关闭、进行行政清理的，应由证券监督管理机构指定成立的行政清算组相应取得原证券公司对保证客户交易资金完整的权利和责任。存管银行对资金账户负有安全保障义务，需按证券公司的指令划款，不得挪作他用。由于此资金不是证券公司的财产，而是属于所有证券客户共有，当证券公司对其管理的客户交易结算资金专用账户所在的银行负有债务时，银行不能直接从该账户中扣划客户交易结算资金以实现自己的债权，否则会违反证券法关于严禁挪用客户交易结算资金的规定，侵犯其他证券客户的利益。存管银行确实对证券公司享有债权的，可以通过其他途径实现。

【典型案例】

2003年6月27日，某物业公司与某证券公司签订《受托投资管理合同》，约定甲方（某物业公司）委托乙方（某证券公司）进行投资管理的资产为国债，金额为市值1亿元，期限为1年。并约定乙方必须保证甲方全部委托资金的安全。该协议为2001年6月27日、2002年6月27日所签订的《受托投资管理合同》的续期合同，某物业公司委托管理的1亿元资金，系某银行（原烟台住房银行）的借款，2001年6月28日，某物业公司指令某银行将该笔1亿元借款直接汇入某物业公司在某证券公司上海吉安路证券营业部开立的证券交易账户。

某证券公司济南经七路证券营业部与某银行济南分行、某证券公司烟台开发区长江路证券营业部与青年路支行、某证券公司烟台环山路证券营业部与某银行营业3部分别签订了《客户证券结算资金存管协议》，协议均约定签约的某银行下属机构为某证券公司的存管银行，某证券公司在某银行开立客户交易结算资金专用账户，用于存放客户交易结算资金，还约定了存款账户户名及账号。协议约定的权利与义务中规定：乙方（存管银行）承诺在正常营业时间内按甲方（某证券公司）的划款指令随时划款，随时支付；不得将甲方客户交易结算资金专用账户的资金挪作他用。任何将客户交易结算资金银行专用账户内的资金转入银行方账户的行为均视为相关存管银行直接挪用客户交易结算资金。

某物业公司与某证券公司委托理财合同期满后，某证券公司没有依约归还受托管理资金，某物业公司欠某银行的1亿元借款亦未归还。2005年1月18日，某银行（甲方）与某物业公司（乙方）签订债权转让协议，约定：（1）乙方将其在某证券公司的1亿元国债保证金转让给甲方，以此抵偿乙方所欠甲方借款本金1亿元；（2）由乙方书面通知某证券公司，自该协议签订之日起该债权归甲方享有，由甲方向某证券公司主张权利。同年2月5日，某物业公司将1亿元债权转让的事实书面通知了某证券公司。同年2月7日，某银行济南分行从某证券公司济南经七路证券营业部在该行开立的客户交易结算资金专用账户内扣划资金8000万元；青年路支行从某证券公司烟台长江路营业部在该行开立的客户交易结算资金专用账户内扣划资金1000万元。同年5月22日，青年路支行从某证券公司烟台长江路营业部在该行开立的客户交易结算资金专用账户内扣划资金1200万元。同日，某银行济南分行返还200万元资金到某证券公司经七路营业部客户交易结算资金专用账户。至此，某银行两下属机构从某证券公司两营业部开立的客户交易结算资金专用账户内实际扣划1亿元资金。后来，证券监督管理委员会出具《行政处罚与责令改正事先告知书》，对某银行的扣划行为认定违法并予以处罚。某证券公司清算组向人民法院提起诉讼，要求某银行、某银行济南分行、青年路支行返还客户交易结算资金1亿元及占用期间的利息。

一审人民法院经审理，支持了某证券公司清算组的诉讼请求。某银行不服一审判决，提起上诉。二审人民法院经审理认为原审判决认定事实清楚，适用法律正确，判决驳回上诉，维持原判。

【专家评析】

本案的争议焦点是：

（1）某物业公司委托某证券公司管理的1亿元资金的性质。客户交易结算资金，指经纪业务的客户为保证足额交收而在证券公司存入的资金，出售有价证券所得到的所有款项（减去经纪佣金和其他正当费用），持有证券所获得的股息、现金股利、债券利息，上述资金获得的利息。本案所涉1亿元资金是作为某证券公司客户的某物业公司为保证足额交收而在某证券公司存入的资金，这笔资金源自于某物业公司向某银行的借贷，只是恰好又被某证券公司存管于某银行，这笔资金的性质应为客户交易结算资金。

某证券公司管理的客户交易结算资金不属于该公司所有，但是，该公司对客户交易结算资金拥有管理权，同时负有保证客户交易结算资金完整的责任。某证券公司与某银行签订的《客户证券结算资金存管协议》约定："任何将客户交易结算资金银行专用存款账户内的资金转入银行方账户的行为均视为相关存款银行直接挪用客户交易结算资金。"对于任何针对客户交易结算资金的侵害行为，证券公司都有权并且有责任主张救济。

当证券公司被责令关闭、进行行政清理后，由证券监督管理机构指定成立的行政清算组相应取得证券公司对保证客户交易结算资金完整的权利和责任。

(2) 某银行是否有权从某证券公司管理的客户证券交易结算资金账户中扣划资金以实现债权。某银行在与某物业公司签订债权转让协议并通知债务人以后，就受让了某物业公司对某证券公司委托投资管理1亿元的债权，替代某物业公司成为委托投资管理关系中某证券公司所欠1亿元受托管理资金的债权人，同时，其下属分支机构与某证券公司下属营业部签有客户交易结算资金存管合同，成为某证券公司客户交易结算资金存管关系的存管银行。这时，某银行与某证券公司之间存在两种法律关系，一是债权债务关系；二是证券公司与银行之间的客户交易资金存管关系。作为债权人，某银行有权要求某证券公司返还其受托管理的1亿元资金；但其下属的分支机构作为证券客户交易结算资金的存管银行，则必须履行保证存管的证券客户交易结算资金安全的义务，两种法律关系不能混淆，更不能简单抵销。由于某证券公司违规经营，将受托理财的1亿元资金挪作他用，导致其不能如期返还某银行受让的1亿元资金，某银行有权对某证券公司依法主张权利，某证券公司负有返还的义务。但某银行利用其下属分支机构作为存管银行的特殊便利条件，强行扣划某证券公司客户交易结算资金专用存款账户内的1亿元资金，用以偿还某证券公司所欠的债务，因该客户交易结算资金上负有其他优先的权利，这一行为会侵犯其他证券客户的利益。某银行扣划资金的账户是客户证券交易结算资金账户，账户内的证券客户交易结算资金并不是某证券公司的财产，而是属于所有证券业务客户共有，即客户投资于证券市场的结算资金，并且，除这一属性之外，客户证券交易结算资金还有保证与证券交易对方足额交收的作用，也就是说该资金上负担有其他优先权利，这便是要保持客户证券交易结算资金完整性的重要原因。依照证券市场客户资金管理的有关规定，对于属于证券客户共同所有的客户交易结算资金专用存款账户内的资金，某证券公司不享有所有权，即使在某证券公司破产清算时，该专用账户的资金也不属于某证券公司的破产财产。某银行享有的1亿元债权虽然属于国债保证金性质，在某证券公司进入行政关闭清算程序后，其享有的权利亦应按照相应规定行使，不能据此认为存管银行有权擅自扣划代为存管的证券客户交易结算资金。故某证券公司清算组有权要求某银行返还其扣划的1亿元资金。某银行各分支机构违规扣划的1亿元客户资金，是用于偿还某证券公司欠某银行的1亿元债务，其责任应由某银行承担。某银行与其分支机构应共同承担返还某证券公司清算组1亿元的连带责任。

本案中，某银行从某物业公司取得的权利，在两者之间的《债权转让协议》中既称转让1亿元国债保证金，又称某物业公司对某证券公司的债权归甲方所有，表明对该权利性质双方当事人并不清晰。基于目前某证券公司已经进入行政处置的情况，经甄别确认程序，如果该权利属客户证券交易结算资金，则可以纳入国家收购范围，无须通过诉讼程序寻求救济；如果不属于客户证券交易结算资金，则该部分权利将成为针对某证券公司的债权，其债权的实现只能以某证券公司的自有资产偿付，不能用属于相关客户的客户交易结算资金偿付。从某证券公司与某银行签订的《客户证券结算资金存管协议》内容看，某银行负有不能挪用该资金的责任，该协议并无其他例外情形的约定，某银行应当依照约定维护客户证券交易结算资金的完整。此外，与某银行相同地位的权利人因并不掌握某证券公司的客户证券交易结算资金账户这一便利条件，无法像某银行一样获得清偿，某银行因其作为客户证券交易结算资金存管银行的地位自主从客户证券交易结算资金账户上扣划款项，对经纪业务客户及某证券公司的其他债权人均是不公平的，也违反了其与某证券公司的约定。基于上述理由，某银行是否行使以及是否能够行使向某证券公司的偿还请求权不能成为某银行可以扣划客户证券交易结算资金的理由，其无权从某证券公司客户证券交易结算资金账户中取回属于其所有的国债保证金，必须承担相应的返还责任。

【法条指引】

中华人民共和国证券法

第一百三十九条 证券公司客户的交易结算资金应当存放在商业

银行，以每个客户的名义单独立户管理。具体办法和实施步骤由国务院规定。

证券公司不得将客户的交易结算资金和证券归入其自有财产。禁止任何单位或者个人以任何形式挪用客户的交易结算资金和证券。证券公司破产或者清算时，客户的交易结算资金和证券不属于其破产财产或者清算财产。非因客户本身的债务或者法律规定的其他情形，不得查封、冻结、扣划或者强制执行客户的交易结算资金和证券。

第一百六十七条　证券登记结算机构为证券交易提供净额结算服务时，应当要求结算参与人按照货银对付的原则，足额交付证券和资金，并提供交收担保。

在交收完成之前，任何人不得动用用于交收的证券、资金和担保物。

结算参与人未按时履行交收义务的，证券登记结算机构有权按照业务规则处理前款所述财产。

中华人民共和国民法通则

第一百一十七条第一款　侵占国家的、集体的财产或者他人财产的，应当返还财产，不能返还财产的，应当折价赔偿。

客户交易结算资金管理办法

第二十一条　证券公司、结算公司、存管银行、结算银行根据证监会要求或遇到客户交易结算资金专用存款账户、清算备付金专用存款账户、验资专户出现重大异常情况时，应当及时向证监会报告。

第二十二条　证券公司应当对客户交易结算资金集中统一管理。

证券公司下属证券营业部收到的客户交易结算资金，除留足日常备付的部分外，应当交由证券公司管理。

中国人民银行、财政部、中国银行业监督管理委员会、中国证券监督管理委员会个人债权及客户证券交易结算资金收购意见

第二条第一项　客户证券交易结算资金指经纪业务的客户为保证

足额交收而在证券公司存入的资金，出售有价证券所得到的所有款项（减去经纪佣金和其他正当费用），持有证券所获得的股息、现金股利、债券利息，上述资金获得的利息……

▶ 35. 银行代销金融产品是否应履行风险提示义务?

【宣讲要点】

银行具有网点众多的优势，银行代销成为基金、保险等金融产品销售的重要渠道。但由于银行代销过程中存在风险提示不足、误导性销售等行为，导致相关纠纷频发。中国银行监督管理委员会发布的《关于商业银行开展代理销售基金和保险产品相关业务风险提示的通知》中对于商业银行在代销过程中的风险评估义务等作出了明确要求。

银行代销基金公司金融产品时，如果怠于履行产品风险提示义务，侵害金融消费者的知情权，致使金融消费者基于错误认识购买该金融产品并产生损失的，金融消费者可要求银行承担相应赔偿责任。具体赔偿金额应根据银行与金融消费者各自的过错确定。金融消费者在购买基金产品过程中有过错的，可适当减轻银行的责任。在证明责任分配上，银行应当对其履行了风险提示义务承担举证责任。

【典型案例】

2011 年 6 月 17 日，吴某至甲银行处办理存款业务，甲银行理财顾问沈某向其推荐理财产品。吴某表示同意购买后，沈某即使用甲银行的计算机代吴某操作购买了人民币 9 万元（以下币种相同）的某 ETF 基金，吴某输入了其银行卡密码。整个购买操作过程中，甲银行均未与吴某办理书面手续，亦无证据证明对吴某进行了购买基金的风险提示。2011 年 10 月，吴某至甲银行处办理上述基金的相关手续，得知该基金发生亏损，双方遂起纠纷。2012 年 7 月 26 日，吴某在调解无果的情况下，将该基金全部抛售，共计亏损 2 万余元。吴某向人民法院提起诉讼，要求甲银行赔偿其资金损失。

人民法院经审理认为，吴某至甲银行办理存款业务，甲银行向其推介基金理财产品，应当事先了解吴某的投资能力并评估吴某的财务状况，再向吴某推介合适的产品，并应进行相关的风险提示，但甲银行并未尽到合理的告知义务，应承担相应的责任。吴某作为完全行为能力人，在申购前未阅读风险提示并接受风险评估，自身亦存在过错。结合吴某和甲银行各自的过错程度，人民法院认为甲银行应对吴某的损失承担30%的赔偿责任。据此判决：甲银行赔偿吴某损失7297.22元。

【专家评析】

根据相关的法律法规规定，银行利用理财顾问服务向客户推介投资产品时，应了解客户的风险偏好、风险认知能力和承受能力，评估客户的财务状况，提供合适的投资产品由客户自主选择，并向客户解释相关投资工具的运作市场及方式，揭示相关风险。吴某至甲银行办理存款业务，甲银行向其推介基金理财产品，应当先按照规定了解吴某的投资能力并评估吴某的财务状况，再向吴某推介合适的产品，并应进行相关的风险提示，但甲银行并未按照上述规定进行操作。尽管甲银行抗辩其已经在网上对吴某进行风险提示和风险评估，但因整个基金购买过程基本由甲银行经办人沈某操作，吴某仅输入了账户登录密码，因此甲银行无法证明其已尽到合理的告知义务，故应承担相应责任。吴某作为完全行为能力人，理应对自己的行为有完全的认知能力，吴某让甲银行工作人员代其申购涉案基金，在申购前，未根据网络系统提示阅读风险提示并接受风险评估，自身亦存在过错。结合吴某和甲银行各自的过错程度，甲银行对吴某的损失承担约30%的赔偿责任。

本案在处理时应考虑到客户相对于银行而言对信息掌握的弱势性，以及在交易选择上对银行这一推介机构的依赖性等因素，立足于更好地保护金融消费者知情权的立场，认定银行作为第三方发行理财产品的代销方，应当负有与该理财产品发行方同等的风险告知和提示义务，并且银行方应当对其履行上述义务承担证明责任。而金融消费者作为具有完全认知能力的民事主体，应对其投资行为风险具有合理注意义务。本案对于今后银行进一步规范金融产品代销行为具有积极意义。

【法条指引】

中国银监会办公厅关于商业银行开展代理销售基金和保险产品相关业务风险提示的通知

各银监局，各国有商业银行、股份制商业银行，邮政储蓄银行：

为进一步规范商业银行代理销售基金和保险产品业务，加强对相关风险的管理，保护投资者的合法权益，现就相关业务风险提示并要求如下：

一、商业银行应对已签订和拟签订合作协议的基金管理公司和保险公司进行严格的尽职调查，审慎选择合作伙伴，停止或拒绝与存在违规行为的机构合作。

二、商业银行代理销售的基金和保险产品名称应恰当反映产品属性，避免使用带有诱惑性、误导性和承诺性的称谓，禁止违规销售承诺保本产品。

三、商业银行应禁止将基金和保险产品当作一般储蓄产品，进行大众化推销；禁止银行营销人员误导客户购买与其风险认知和承受能力不相符合的基金和保险产品，禁止非银行工作人员违规在银行网点营销基金和保险产品。

四、严格进行客户评估，妥善保管代理销售业务相关记录。商业银行应按照“了解你的客户”原则对客户的财务状况、风险认知和承受能力等进行充分了解和评估，明确告知客户代销业务中商业银行与基金管理公司或保险公司法律责任的界定，要求客户书面确认所购买的产品出现问题时应与产品设计机构进行沟通或投诉。

五、商业银行在向客户销售相关产品时，应明确约定与客户联络和信息传递的方式。当客户需要与产品发行者联系时，商业银行应协助客户与相关机构进行联系。

六、商业银行应设置并向客户告知相关业务的投诉电话，指定专门的人员或部门及时处理客户投诉。对于客户投诉较多的基金或保险产品，商业银行应及时、主动与设计产品的基金管理公司或保险公司沟通协商，共同制定切实有效的解决措施，避免损害客户利益。

七、其他银行业金融机构开展代理销售基金和保险产品相关业务，亦应遵照本通知中的各项要求执行。请各银监局将本通知转发至辖内有关银行业金融机构，并提出必要的监管要求。

▶ 36. 证券公司对交易软件功能特性是否负有提示告知义务？

【宣讲要点】

证券公司在与客户缔约时，应当将可能影响客户权益的重要事项予以告知，对客户负有相应的告知义务。证券公司作为网上交易软件系统的提供者，对客户负有该系统不支持的功能特性（如午间撤单功能）履行告知说明的义务。如果因交易软件本身的设计原因，可能影响客户下单或撤单，而证券公司并未事先告知，致使客户因此在买卖证券的过程中遭受损失的，证券公司应承担相应的责任。

目前，证券投资业已普及，普通金融消费者一般通过与证券公司建立委托代理关系的方式参与其中，而现代技术背景下，证券公司提供的软件成为了客户下达委托指令的重要媒介。考虑到证券公司与投资者双方信息不对称，经济地位、专业技术实力等方面的巨大差异，且交易软件均由证券公司研发或委托他人研发提供，客户对使用何种软件并无选择权利等各项因素，证券公司对于其所提供交易软件的使用方式、重要属性、可能存在何种风险、使用过程中应当注意的问题，等等，尤其是可能影响客户下达委托指令成败的软件特性，应负有对客户进行提示告知义务，未履行时，应承担相应的责任。

【典型案例】

2012年3月21日，周某与甲证券公司签订《证券交易委托代理协议》。2012年3月26日11时33分，周某通过交易软件委托以每股13.51元买入L股票100股。因值午间休市，当时并未成交，周某又于该日11时36分通过交易软件撤销前项委托，随后并通过电话再次告知甲证券公司撤销该项委托。但因甲证券营业部的网上交易软件系统午间不能撤单，故下午开市后，甲证券公司仍代理周某以每股13.51元买入了L股票100股。之后该股票一路下跌，再未回到每股13.51元的价位。2012年3月27日，周某通过EMS快递书面告知甲证券公司：（1）不承认甲证券公司的3230号合同的买入行为，要求甲证券公司返还1356元保证金；（2）甲证券公司有权处置该100股股票，周某保证予以配合；（3）周某决定在股票打开后，立即将1356元以市价买入股票。甲证券公司对于周某的要求未予接受。2012年4月4日，周某又以电子邮件通知甲证券公司，如果2012年4月5日股票股价跌停被打开，那么周某立即以市价买入股票。2012年4月5日股票以当日跌停价10.45元开盘，并在10.45元和10.46元共成交了几百万股。2012年4月6日，股票以当日跌停价10.49元收盘。甲证券公司对周某的上述要求又未进行处理。周某最后于2013年1月28日，以每股11.73元将该100股L股票卖出。周某为此起诉，要求甲证券公司按13.51元与10.46元之间的价差，赔偿损失。

人民法院经审理认为，证券公司负有将其提供的网上交易软件系统不支持午间撤单功能的特性向周某告知说明的义务，但其实际并未将该交易特性在合同文本中以确切的文字予以描述并告知客户，应承担相应的责任。至于损失的计算，应当依据周某实际操作中已经形成的损失加以确定。据此判决：甲证券公司向周某赔偿178元；驳回周某的其余诉讼请求。判决后，双方分别提起上诉。二审人民法院经审理认为，一审判决并无不当，判决驳回上诉，维持原判。

【专家评析】

周某与甲证券公司签订的《证券交易委托代理协议》《风险揭示书》《客户须知》等合同与文件，均系签约双方当事人的真实意思表示，当属合法有效的委托代理合同，双方当事人均应恪守履行。在合同履行的过程中，发生了周某在股票交易日的午间休市时间段内向甲证券公司先行委托买入涉案股票、随后又委托撤单的委托交易事件，最终因甲证券公司的网上交易软件系统在午间不能撤单等因素，造成周某委托的该笔交易撤单不能而以较高价格买入的事实。甲证券公司负有将其提供的网上交易软件系统不支持午间撤单功能的特性向周某告知说明的义务，但其实际并未将该交易特性在合同文本中以确切的文字予以描述并告知客户。虽然甲证券公司在风险提示书第4条中说明，由于通讯技术、电脑技术和相关软件具有存在缺陷的可能，这些风险可能给投资者带来损失或银行转账资金不能即时到账，但此处所指风险应当是不确定是否会发生的已知或未知的事件。但本案中，午间不能撤单的情况属于已知的固定存在的交易软件设置问题，故甲证券公司不能援引此条款予以免责。对于损失的认定问题，周某认为应以其于2012年3月27日、4月4日发送给甲证券公司函件及电子邮件中所提及的价格成交并计算损失，但该两次股票买卖的意思表示并不符合涉案委托代理合同约定的委托交易方式，函件中的条件和买卖价格均处于不确定状态，故对于损失的计算应当依据周某实际操作中已经形成的损失确定。

本案的判决结果明确了证券公司应负有的告知义务以及损失的认定方式，这会促使证券公司严格履行告知提示义务，积极完善软件设计瑕疵，有利于证券投资市场的良性发展。

【法条指引】

证券公司监督管理条例

第二条 证券公司应当遵守法律、行政法规和国务院证券监督管理机构的规定，审慎经营，履行对客户的诚信义务。

第二章
期货纠纷

▶ 1. 期货公司强行平仓应具备何种条件？承担何种后果？强行平仓的损失如何认定？

【宣讲要点】

期货市场是个高风险的市场，期货市场风险对社会、经济的冲击力、破坏力比较大，影响着社会经济的发展和社会秩序的稳定。我国对资本市场的监管可以讲从未放松过，但是，每一个历史发展阶段都形成了不同的监管尺度和风格。

风险率也称风险度，是期货交易客户账户中合约占用保证金金额与客户权益金额之比得出的风险控制参数。风险率越低，客户可用资金越多，合约占用保证金就越少，保证金风险就越小。格式期货经纪合同一般约定风险率大于100%，即客户账户可用资金小于0时，期货公司在交易期间或者结算时向客户发出限制开仓、追加保证金或者自行平仓的通知，客户应当及时追加或者在交易期间及时平仓，使风险率低于100%，即账户可用资金大于0；否则，期货公司有权对客户的部分或全部持仓合约强行平仓，直至客户可用资金大于0，也即风险率小于100%。根据《中国金融期货交易所结算细则》的相关规定，期货交易所可以根据市场风险状况，在交易过程中向风险较大的结算会员发出追加保证金的通知，并可以通过期货保证金存管银行从结算会员专用资金账户中扣划。若未能全额扣款成功，结算会员应当按照期货交易所的要求在规定时间内补足保证金。结算会员未能按时补足的，期货交易所有权对其采取限制开仓、强行平仓等风险控制措施。这一规定即是实务中所称的“盘中追保与盘中强平”。由于期货交易所规定的保证金水平并不能覆盖市场的最大振幅，盘中追保和盘中强平对于金融期货市场风险控制是至关重要的。金融期货交易所的业务规则规定了盘中追保与盘中强平制度，期货公司与其客户的期货经纪合同中大多也约定了盘中追保与盘中强平的内容，目的就是为了控制市场风险，避免造成客户更大的损失。

期货公司在进行强行平仓时，应满足一定的条件，否则会侵害客户的合法权益。《期货交易管理条例》规定，客户保证金不足时，应当及时追加保证金或者自行平仓。客户未在期货公司规定的时间内及时追加保证金或者自行平仓的，期货公司应当将该客户的合约强行平仓，强行平仓的有关费用和发生的损失由该客户承担。《最高人民法院关于审理期货纠纷案件若干问题的规定》亦规定，客户的交易保证金不足，又未能按期货经纪合同约定的时间追加保证金的，按期货经纪合同的约定处理；约定不明确的，期货公司有权就其未平仓的期货合约强行平仓，强行平仓造成的损失，由客户承担。由该两条规定可知，期货公司强行平仓时应符合以下条件：一是客户保证金不足；二是客户没有按照要求及时追加保证金；三是客户没有及时自行平仓。只有满足了上述3个法定条件，期货公司才有权强行平仓。期货公司违反上述规定和合同约定强行平仓，导致客户遭受损害的，应依法承担赔偿责任。

【典型案例】

2007年3月5日，范某与T营业部签订期货经纪合同及其补充1、2配套协议，委托T营业部按照交易指令为范某进行期货交易。该合同第6条约定：“T营业部有权根据期货交易所的规定或者按照市场情况随时自行通知保证金比例。T营业部调整保证金、以T营业部发出的调整保证金公告或者调整为准。”第7条约定：“T营业部有权根据自己的判断，随时对范某单独提高保证金比例。在此种情形下，提高保证金通知单独对范某发出。”第 8 条约定：“范某在下达新的交易指令前或者在其持仓过程中，应随时关注自己的持仓保证金和权益变化。”第 10 条约定：“范某因交易亏损或者其他原因，其风险率小于 100% 时，T 营业部停止接受范某下达的开仓指令，并按照本合同约定的方式向范某发出追加保证金的通知，范某应当在下一交易日开市前及时追加保证金或者立即采取减仓措施。否则，T 营业部有权在事先不通知范某的情况下，对范某的部分或者全部未平仓合约强行平仓，最高可至范某的风险率大于 100%。范某应承担强行平仓的手续费及由此发生的损失。”第 11 条约定：“范某在不能及时追加保证金情况下应自行采取减仓措施以符合 T 营业部的保证金要求，尽量避免由 T 营业部执行强行平仓措施。范某不得以 T 营业部强行平仓的时机、价位和数量不佳为由向 T 营业部主张权益。”第 14 条约定：“T 营业部在每一交易日闭市后向范某发出每日交易结算单、调整保证金通知、追加保证金通知等通知事项……”

合同签订后，2007 年 12 月 24 日前，范某持有 Cu0802 合约 33 手、Cu0803 合约 369 手、Cu0804 合约 10 手。2007 年 12 月 24 日，范某根据 T 营业部的通知，自行平仓大豆 270 手，达到 T 营业部要求的保证金水平。T 营业部在 15 时收市后，于 18 时 50 分通知范某追加保证金。范某于 2007 年 12 月 25 日 13 时 48 分存入保证金 150 万元。2007 年 12 月 25 日 8 时 59 分，T 营业部在集合竞价时对范某所持空仓合约 412 手强行平仓，其平仓价位分别为 Cu0802 合约 33 手 6.239 万元/吨，Cu0803 合约 369 手 6.125 万元/吨、Cu0804 合约 10 手 6.084 万元/吨。当日，收盘价格分别为 Cu0802 合约 5.885 万元/吨、Cu0803 合约 5.797 万元/吨、Cu0804 合约 5.805 万元/吨。按照强行平仓价格与当日收盘价格的差价计算，范某持有 Cu0802 合约 33 手的差价损失为 47.19 万元、Cu0803 合约 369 手的差价损失为 605.16 万元、Cu0804 合约 10 手的差价损失为 13.95 万元，共计损失为 666.3 万元。

2008 年 6 月，范某向人民法院提起诉讼，认为 T 营业部在集合竞价时违约强行平仓，按照 12 月 29 日收盘价计算，要求期货公司赔偿损失 900

万余元。T营业部则认为，由于市场原因，期货公司强行平仓，且已履行通知义务，不应承担责任。

人民法院经审理认为，本案客户在持仓过程中，应随时关注自己的持仓保证金及权益的变化，遇见风险加大有可能造成强行平仓的后果时，应主动追加保证金或主动减仓，以避免损失的发生。因此原告有相应的责任。被告在遇到市场风险时，应对客户进行提示并应在合理的时间内通知客户追加保证金。本案中，被告发送了追加保证金的通知，但因其未能提供给原告追加保证金的合理时间，造成强行平仓的损失，也应承担相应赔偿责任。人民法院认定损失按12月25日收盘价计算，共计666.3万元，期货公司赔偿60%，计399万元。

双方均不服一审判决，提起上诉。

二审人民法院经审理认为，期货公司在头天18时50分通知范某追加保证金1300万元，第二天8时59分，集合竞价时即强行平仓412手，使持仓虚亏变为实亏，而该期间其根本无法将追加的保证金交到公司账户上。特别是24日范某已平仓大豆合约，达到公司要求的保证金水平，其已尽到注意义务，收盘后的18时50分，期货公司又大幅度提高了保证金比例达到16.5%，对此突变情形，公司也未向范某特别告知，从而使范某失去对追加保证金数额的合理预期。对此，范某并无过错，公司的强平行为与范某损失具有直接的因果关系。对于强行平仓损失的计算标准，我国法律及其行政法规并无相应的规定。根据公司向范某出具的25日结算单显示，平仓盈亏为-1300万余元，范某诉讼中主张的900万余元确属强平损失，应予支持，最终改判期货公司赔偿范某经济损失900万余元。

【专家评析】

本案是近年来少有的最高人民法院直接审理的涉及期货公司交易行为的案例，对今后各级人民法院期货案件审理将产生深远影响。

本案当事人之间签订的期货经纪合同第6条、第7条、第10条、第11条和第14条约定了保证金比例及追加、强行平仓实施条件等风险控制内容。同时，《期货交易管理条例》第29条、第35条，《最高人民法院关于审理期货纠纷案件若干问题的规定》第36条、第40条对维持保证金标准以及合法依约强行平仓均作出了明确规定。故范某依据双方签订的合同和相关法律规定认为T营业部强行平仓行为不当、侵犯其合法权益提起的民事赔偿之诉，是合同责任与侵权责任竞合之诉。双方当事人于本案争议的焦点为T营业部强行平仓是否存在过错及应否承担民事责任、范某的损失构成及责任承担。

(1) T营业部强行平仓是否存在过错及应否承担民事责任。强行平仓是法律规定与合同约定的，当客户账户保证金不足且未按要求追加，客户也未自行平仓的前提下，则期货公司为控制风险有权对客户现有持仓采取方向相反的持仓从而结清客户某金融资产持仓的行为。对客户而言，强行平仓是其期货交易亏损到一定程度后由他人实施的最严厉的风险控制措施。所以，《期货交易管理条例》等法规、司法解释为期货公司采取强行平仓措施之前，设定了以下3个条件：一是客户保证金不足；二是客户没有按照要求及时追加保证金；三是客户没有及时自行平仓。只有满足了上述3个法定条件，期货公司才有权强行平仓。如果期货公司不严格按照法律规定和合同约定执行强行平仓，这将使得客户不仅要承担市场交易风险可能造成的损害，而且还要承担市场运行机制中人为风险对其造成的损害。

T营业部强行平仓是否存在过错，是否损害了范某的权益，应当结合上述3个条件进行分析。第一，范某保证金是否不足。2007年12月24日（星期一）收市后，上海期货交易所将下一交易日的Cu0803、Cu0804保证金比例调整为9%，Cu0802保证金比例调整为7%。T营业部则相应大幅度调高下一交易日Cu0803、Cu0804保证金比例为16.5%、Cu0802保证金比例为14.5%。因为上海期货交易所和T营业部是在24日收市后调高25日的保证金比例，所以24日当日结算仍应执行21日（星期五）的保证金比例。而21日上海期货交易所Cu0802、Cu0803、Cu0804合约的保证金比例均为7%；T营业部该三张合约保证金比例均为9.5%。T营业部诉讼提交的24日范某交易结算单，执行的却是25日大幅度提高后的16.5%和14.5%保证金比例。如果该交易结算单的数据是真实的，T营业部就不该在25日才采取强行平仓措施，24日交易期间就应强行平仓。因为根据该交易结算单上数据，保证金占用/客户权益计算得出的风险率，不会是该交易结算单上的36.29%，而是275.54%。风险率为275.54%，意味着范某保证金不仅全部被持仓合约占用，而且令T营业部还为其支付了合约占用资金的175.54%。所以，T营业部提交的按照25日保证金比例计算的交易结算单，不能证明范某24日结算保证金不足。这种以下一交易日保证金比例作为当日结算依据的结算方式与上海期货交易所的交易规则相悖。保证金比例如按照9.5%计算，24日收市后的范某账户客户权益为1639万余元，保证金占用为1218万余元，风险率约为74.34%，可用资金为正值。范某24日根据T营业部的通知，自行平仓270手大豆合约，使账户达到了T营业部当日保证金比例要求。如果范某继续持仓而不追加保证金，即使不提高保证金比例，随着合约价格的波动，其账户以后也可能要发生穿仓的事实。尽管如此，也不能以尚未发生的事实而认定范某账户保证金24日已经不足。第二，范某是否按照要求及时追加保证金。首先，格式期货经纪合同一般约定风险率大于100%，即客户账户可用资金小于0时，期货公司在交易期间或者结算时向客户发出限制开仓、追加保证金或者自行平仓的通知，客户应当及时追加或者在交易期间及时平仓，使风险率低于100%，即账户可用资金大于0；否则，期货公司有权对客户的部分或全部持仓合约强行平仓，直至客户可用资金大于0，也即风险率小于100%。本案双方期货经纪合同第10条约定的却是风险率小于100%时，T营业部就可以向范某发出限制开仓、追加保证金或者自行平仓的通知，范某则需及时追加保证金或者立即采取减仓措施，不然T营业部有权在事先不通知范某的情况下，对范某的部分或者全部未平仓合约强行平仓。显然，该条约定内容与风险率参数设置内涵、保证金风险控制目的和方法相左。将“大于100%”条件更换为“小于100%”，这意味着T营业部任何时候都可以采取限制开仓、通知追加保证金和自行平仓、如不满足要求直至强行平仓等措施。其次，法律规定和合同约定客户保证金不足时应当及时追加，但及时是建立在有追加的可能前提下。本案中，24日收市后，根据大幅度提高后的保证金比例，范某账户25日面临保证金不足需要追加，T营业部却迟至晚18时50分才通知范某提高保证金比例并要求在25日开盘前追加保证金1336万元，否则强行平仓。而当晚18时50分至次日9时，银行等金融机构处于休息状态并不营业，这期间范某没有追加保证金的可能。25日9时以前，期货市场集合竞价期间，T营业部即对范某412手空头合约以第3个和第2个涨停价实施强行平仓且全部以非涨停价格成交。所以，范某没有追加保证金的事实，是因为T营业部没有给范某追加保证金的机会，而非范某没有按照要求或者没有能力追加保证金。第三，T营业部25日保证金比例是否合理。保证金比例高低直接关系到期货交易和结算占用资金的多少，关系到客户期货交易结算风险的高低。法律规定期货公司向客户收取的保证金，不得低于期货交易所规定的标准，但高于多少却没有确定。12月21日，T营业部的保证金比例相对上海期货交易所的没有高过3%。但24日收市后，T营业部大幅度提高标准，三张合约保证金比例均超过上海期货交易所标准7.5%。25日收市，上海期货交易所没有调整保证金比例，而T营业部自行将三张合约的保证金比例又分别回调到9.5%和9%，故T营业部25日保证金比例变动具有随意性和突发性。尽管本案合同没有明确约定保证金比例高于上海期货交易所标准多少，根据双方约定的“随时自行通知保证金比例，随时对范某单独提高保证金比例”内容，T营业部随意单日对范某大幅度提高保证金比例似乎并不违约。但是，在风险很高的期货市场，这种随意单日远超过期货交易所标准的对客户大幅度提高保证金比例的行为，客观上使得客户在承受期货市场交易风险的同时还承受了来自市场交易风险之外的运行机制中人为导致的风险。“随时自行通知保证金比例，随时对范某单独提高保证金比例”的约定，属于概括性约定且以格式合同为表现。当格式合同履行中出现不同理解或履行中发生不公平现实时，应当适用合同法第41条的规定，向有利于非格式合同提供方（客户）作合同解释和认定。所以，仅就25日一个交易日单独对范某实施远超过上海期货交易所标准的提高保证金比例行为，是不公平和不合理的。第四，范某是否有及时自行平仓的机会。法律没有规定强行平仓前多长期间内自行平仓属于及时平仓，但现实要求自行平仓必须发生在期货交易时间之内，如果当日没有开市，即要求客户平仓或者挂出平仓单，是对法律规定的及时自行平仓操作的曲意理解，是对客户的苛刻要求。25日尚未开市的集合竞价期间，范某的412手合约即被强行平仓，T营业部不仅没有给予范某追加保证金的机会，甚至连自行平仓的机会也没有给予。

根据本案强行平仓的时间、报价和数量，结合大幅度单日提高保证金比例，可以认定T营业部不是出于善意的目的，其没有满足法律规定和合同约定条件实施的强行平仓行为存在过错。根据双方合同第28条“如期货公司强行平仓不符合约定条件，T营业部应当恢复被强行平仓的头寸，并赔偿由此造成的直接损失”的约定，以及相关法律法规的规定，T营业部应对其强行平仓给范某造成的损失承担民事责任。

（2）范某的损失构成及责任承担。期货市场的风险包括市场交易风险和市场运行风险两大部分，市场交易风险法定由期货交易人自行承担，而市场运行风险并不法定由期货交易人承担。如果市场运行机制人为错误导致期货交易人发生风险损失，则应由责任人承担。期货交易风险主要是因期货交易人对合约走势判断错误和合约价格波动而产生，加之保证金交易制度放大风险所导致。具体到本案，范某对Cu0802、Cu0803和Cu0804三张合约自开空仓至被强行平仓，共计亏损1306万余元，其中就包括了范某自己期货交易判断错误导致的亏损和T营业部强行平仓过错而加大的亏损，即期货交易损失和强行平仓损失两部分，应分别计算，各自承担。

【法条指引】

中华人民共和国合同法

第四十一条 对格式条款的理解发生争议的，应当按照通常理解予以解释。对格式条款有两种以上解释的，应当作出不利于提供格式条款一方的解释。格式条款和非格式条款不一致的，应当采用非格式条款。

期货交易管理条例

第二十九条第一款 期货交易应当严格执行保证金制度。期货交易所向会员、期货公司向客户收取的保证金，不得低于国务院期货监督管理机构、期货交易所规定的标准，并应当与自有资金分开，专户存放。

第三十八条第二款 客户保证金不足时，应当及时追加保证金或者自行平仓。客户未在期货公司规定的时间内及时追加保证金或者自行平仓的，期货公司应当将该客户的合约强行平仓，强行平仓的有关费用和发生的损失由该客户承担。

最高人民法院关于审理期货纠纷案件若干问题的规定

第三十六条第二款 客户的交易保证金不足，又未能按期货经纪合同约定的时间追加保证金的，按期货经纪合同的约定处理；约定不明确的，期货公司有权就其未平仓的期货合约强行平仓，强行平仓造成的损失，由客户承担。

第四十条 期货交易所对期货公司、期货公司对客户未按期货交易所交易规则规定或者期货经纪合同约定的强行平仓条件、时间、方式进行强行平仓，造成期货公司或者客户损失的，期货交易所或者期货公司应当承担赔偿责任。

最高人民法院关于审理期货纠纷案件座谈会纪要

五、（六）期货交易中经纪公司或者客户应当按照规定追加保证金。经纪公司或客户接到追加保证金的通知后，未能在规定的时间内追加保证金，交易所或者经纪公司可以就其未平仓的期货合约强行平仓，因强行平仓而造成的损失由经纪公司或客户承担。交易所或经纪公司未履行通知义务而强行平仓，给经纪公司或客户造成损失的，应承担赔偿责任。

中国金融期货交易所结算细则

第四十八条 交易所可以根据市场风险状况，在交易过程中向风险较大的结算会员发出追加保证金的通知，并可以通过期货保证金存管银行从结算会员专用资金账户中扣划。若未能全额扣款成功，结算会员应当按照交易所的要求在规定时间内补足保证金。结算会员未能按时补足的，交易所有权对其采取限制开仓、强行平仓等风险控制措施。

▶ 2. 期货经纪公司以客户名义自主进行交易的，是否应当对客户的损失承担赔偿责任？

【宣讲要点】

网上交易委托，是指客户通过因特网与期货公司联网进行交易的一种交易委托方式。期货经纪公司与客户之间实质上发生委托代理法律关系，订立的是委托合同。

委托合同，又称为委任合同，是指一方委托他方处理事务，他方允诺处理事务的合同。委托他方处理事务的，为委托人。允诺为他方处理事务的，为受托人。委托合同具有以下特点：一是委托合同是以为他人处理或管理事务为目的的合同。委托合同是一种典型的提供劳务的合同，合同订立后，受托人在委托的权限内所实施的行为，其法律效力等同于委托人自己的行为。受委托人办理委托事务的费用由委托人承担。二是委托合同订立以委托人和受托人之间的相互信任为前提。委托人之所以选定某人作为受托人为其处理事务，是以他对受托人的办事能力和信誉的了解、相信受托人能够处理好委托的事宜为基本出发点的。在委托合同中，受托人负有以下义务：一是依委托人的指示处理委托事务的义务。二是亲自处理委托事务的义务。三是受托人应当按照委托人的要求，随时或者定期报告受托事务的处理情况。受托事务终了或者委托合同终止时，受托人应当将处理委托事务的始末经过和处理结果报告给委托人，并提交必要的证明文件，如各种账目、收支计算情况等。四是财产转交义务。受托人因处理委托事务所取得的财产，应当转交给委托人，这些财产包括金钱、物品及其孳息、权利等。在委托合同中，委托人负有以下义务：一是支付费用的义务。不论委托合同是否有偿，委托人都有支付费用的义务。委托人履行支付费用的义务有两种方式，一种是预付费用；另一种是偿还费用。二是支付报酬的义务。委托合同如果是无偿的，委托人自然无支付报酬的义务；如果当事人之间约定报酬，则委托人应支付报酬，受托人享有给付报酬请求权。三是赔偿受托人损失的义务。委托人对于受托人在处理委托事务中非因自己过错所造成的损失应负赔偿损失的义务。

由上可知，期货公司与客户之间订立委托合同并依据合同进行期货交易的，交易的结果由客户自己承担。期货经纪公司未按照客户的委托，自行以客户的名义进行期货交易，构成违约的，应承担相应违约责任。期货经纪公司未按照客户的指令，擅自以客户的名义进行期货交易的，亦违反法定的义务，构成侵权，这就产生了违约责任和侵权责任的竞合，客户可选择向人民法院提起违约之诉或侵权之诉，要求期货经纪公司赔偿其损失。

【典型案例】

2006年4月18日，王某同A期货公司签订了1份期货经纪合同，该合同由8个部分组成，其中《电子化期货交易风险提示书》载明，“本公司提供包括自助交易、远程终端交易和网上交易（特指通过因特网与本公司联网进行交易）三种电子化交易方式供客户选择……”等。《期货交易委托合同》约定，甲方为A期货公司，乙方为王某；甲方接受乙方委托，并按照乙方交易指令为乙方进行期货交易（第1条）；甲方有义务将交易结果转移给乙方，乙方有义务对交易结果承担全部责任（第2条）；甲方在每一交易日闭市后以书面或双方约定方式向乙方发出每日交易的结算单。客户应在每日收盘后主动领取每日交易结算单并签字确认。甲方以书面方式提供上月交易结算月报表，乙方应至少每月一次前往甲方指定场所主动领取交易结算月报表并签字确认（第18条）；乙方将“厦门富城花园16××”及电话“586838×”作为与甲方业务往来的唯一有效地址和电话号码。乙方必须保证该电话号码等通信方式的畅通（第23条）；乙方交易指令可以通过书面、电话、计算机、网上委托等方式下达……（第25条）；甲方对乙方的期货交易实行每日无负债结算制度。只要乙方在该交易日进行过交易或者有出入金，甲方应在每个交易日闭市后按约定的时间和方式向乙方发出显示其账户权益状况或者成交结果的交易结算单……(第29条)。2006年4月18日，王某还同A期货公司签订《网上交易委托协议》《出入金网上转账业务协议书》，其中《网上交易委托协议》约定，甲方为A期货公司，乙方为王某。合同部分内容如下："本协议所指网上交易委托是指客户通过因特网与甲方（A期货公司）联网进行交易的一种交易委托方式。""乙方进行网上交易应具备网上交易所必需的设备，包括计算机、电话线、调制解调器等，乙方还应具备登录因特网的能力。乙方进行网上期货所必需的软件必须是甲方提供的或从甲方指定的站点下载的，乙方使用其他途径获得的软件，所产生的损失由乙方自行承担（第2条第3款）；乙方通过因特网获得的交易数据并不作为乙方最终的交易结果，乙方应以每日收到的交易结算单作为最终的交易结果（第3条第1款）。"上述协议、合同签订后，原告王某即向A期货公司交纳开户资金5万元。

2006年8月3日，王某在A期货公司提供的《交易结算单（逐笔）》及《清户确认书》上签字后，从厦门某公司领取款项3583.29元。交易结算单上体现王某在2006年6月1日至8月3日的资金状况为：成交量526、成交额2408.976万、手续费7156.71元、平仓盈亏3.926万。成交记录上仅载明交易日、合约、成交序号、成交价、手数、成交额、手续费、平仓盈亏等内容。对该结算单涉及的期货交易情况，厦门国贸期货经纪有限公司提出的意见为：(1) 成交记录中无买卖方向、无开仓记录，可要求提供全部成交记录及开仓明细；(2) 成交价超过当天的最高或最低价；成交价有小数（在期货报价中均无小数点）。

王某在A期货公司的内部资金账户为1050382，该账户的交易和网上出入金的初始密码系由A期货公司预先设定，并由厦门某公司的职员直接向王某告知。A期货公司向客户提供的告知密码的格式回执为："本人已收到贵公司的交易和网上出入金的初始密码，并已在金仕达交易系统中修改。本人保证对密码予以保密，并不时更换。本人自愿承担因本人泄密而产生的一切经济和法律后果。"王某于2006年4月18日在填写账户1050382的内容后，在回执上签名。后王某认为其未进行期货交易而要求返还保证金未果，向人民法院提起诉讼，请求判令：两被告赔偿其损失4

万余元；确认2006年8月3日原告出具的《清户确认书》无效；两被告赔偿损失2万元。

在庭审中厦门某公司答辩称，原告的诉讼请求没有依据，应予驳回，理由是：原、被告双方或单方签订的期货经纪合同等文件是双方真实意思表示，内容合法有效，原告通过被告方提供的交易软件所发生的期货交易行为真实有效；没有证据证明被告方有违规和违反合同约定的情形，被告方履行义务没有任何过错；原告期货交易过程中发生的损失4万余元属于正常的期货交易风险，其后果应由原告自行承担。至于原告主张赔偿2万元，因被告方没有过错，原告也未举证，不能成立。被告A期货公司未提交书面答辩意见，亦未到庭参加诉讼，应视为其放弃相关诉讼权利。

人民法院经审理认为，厦门某公司系A期货公司下设的营业部，其在本案中系接受A期货公司的委托，代理A期货公司同王某签订经纪合同，由此所产生的法律后果应由A期货公司负担。厦门某公司不是本案合同的当事人，王某要求厦门某公司连带赔偿其损失4万余元，没有法律依据，不予支持。同时，王某要求两被告赔偿其损失2万元，证据不足，应予驳回。据此判决：确认王某于2006年8月3日所出具的《清户确认书》所涉及的关于1050382账户的资金变动情况及余款金额为3583.29元的部分无效；被告A期货公司应于本判决生效之日起5日内返还原告王某款项4万余元；驳回原告王某的其他诉讼请求。一审判决后，A期货公司不服，提起上诉。

二审人民法院认为，原审认定事实清楚，适用法律正确，A期货公司的上诉理由缺乏事实与法律依据，不予支持，判决驳回A期货公司的上诉请求，维持原判。

【专家评析】

本案的争议焦点是：客户要求期货经纪公司赔偿损失的请求是否具有事实和法律依据。根据期货经纪合同的特性，举证责任的分配问题是处理本案的关键。

客户王某与A期货公司签订了《期货经纪合同》，根据《期货交易管理条例》第18条的规定，期货公司从事经纪业务，接受客户委托，以自己的名义为客户进行期货交易，交易结果由客户承担。双方在《期货经纪合同》对委托事项进行了特别约定，即甲方（A期货公司）接受乙方（王某）委托，并按照乙方交易指令为乙方进行期货交易，甲方有义务将交易结果转移给乙方，乙方有义务对交易结果承担全部责任。这样，在客户保证金账户因交易情况出现变动时，期货公司应对该交易系由客户下发指令而引起的事实承担举证责任。

根据合同约定，交易指令可以通过书面、电话、计算机、网上委托等方式下达。现在网络高度发达，客户交易指令一般是通过网上交易进行，期货公司在签订经纪合同时，要求客户进行网上交易应具备网上交易所必需的设备，包括计算机、电话线、调制解调器等，还应具备登录因特网的能力，而且进行网上期货所必需的软件必须是期货公司提供的或从指定的站点下载的。本案中，A期货公司未为客户提供“网上交易所必需的软件”或“指定站点供客户下载交易软件”，从这点意义上说，客户尚未具备网上期货交易的条件，没有证据证明客户的交易系其发出交易指令而引起的，客户保证金账户因交易而出现变动，由此产生的法律后果应由A期货公司负责，客户有权要求A期货公司承担赔偿责任。

【法条指引】

期货交易管理条例

第十八条　期货公司从事经纪业务，接受客户委托，以自己的名义为客户进行期货交易，交易结果由客户承担。

第二十五条第一款　期货公司接受客户委托为其进行期货交易，应当事先向客户出示风险说明书，经客户签字确认后，与客户签订书面合同。期货公司不得未经客户委托或者不按照客户委托内容，擅自进行期货交易。

最高人民法院关于审理期货纠纷案件若干问题的规定

第三条　人民法院审理期货侵权纠纷和无效的期货交易合同纠纷案件，应当根据各方当事人是否有过错，以及过错的性质、大小，过错和损失之间的因果关系，确定过错方承担的民事责任。

最高人民法院关于审理期货纠纷案件座谈会纪要

九、关于期货纠纷案件中的举证责任问题。会议认为，人民法院审理期货纠纷案件，一般应当贯彻民事诉讼法第六十四条规定的“谁主张、谁举证”的原则，但是如果客户主张经纪公司未入市交易，经纪公司否认的，应由经纪公司负举证责任。如果经纪公司提供不出相应的证据，就应当推定没有入市交易。

▶ 3. 金融衍生产品交易法律关系如何认定？

【宣讲要点】

根据中国银行业监督管理委员会发布的《银行业金融机构衍生产品交易业务管理暂行办法》第3条的规定，本办法所称衍生产品是一种金融合约，其价值取决于一种或多种基础资产或指数，合约的基本种类包括远期、期货、掉期（互换）和期权。衍生产品还包括具有远期、期货、掉期（互换）和期权中一种或多种特征的混合金融工具。该办法第4条还规定，金融机构衍生产品交易业务可分为两大类，即金融机构为规避自有资产、负债的风险或为获利进行的衍生产品交易和金融机构向客户（包括金融机构）提供的衍生产品交易服务。根据《期货交易管理条例》第2条第4款的规定，期权合约，是指由期货交易场所统一制定的、规定买方有权在将来某一时间以特定价格买入或者卖出约定标的物（包括期货合约）的标准化合约。因此，黄金期权并非是由期货交易所统一制定的标准化合约，而是属于一种金融衍生产品。

根据银行业监督管理法的相关规定，银监会负责全国银行业金融机构及其业务活动的监管工作。国务院银行业监督管理机构依照法律、行政法规规定的条件和程序，审查批准银行业金融机构的设立、变更、终止以及业务范围。商业银行法第3条第1款第14项规定，商业银行可以经营经国务院银行业监督管理机构批准的其他业务。《银行业金融机构衍生产品交易业务管理暂行办法》第 7 条规定，银行业金融机构从事与外汇、商品、能源和股权有关的衍生产品交易以及场内衍生产品交易，应当具有中国银监会批准的衍生产品交易业务资格，并遵守国家外汇管理及其他相关规定。根据上述规定，银行等金融机构开办衍生产品交易业务，须经银监会审批并接受其监管。

金融机构衍生产品交易与标准化合约的期货交易是两类相互关联但却具有不同法律关系的交易，两者在交易场所、交易业务经营主体、监管机构以及调整的法律法规等方面并不相同。最高人民法院发布实施的《民事案件案由规定》，其在第 8 部分“与公司、证券、保险、票据等有关的民事纠纷”之“二十四、证券纠纷”单独规定了“288. 金融衍生品种交易纠纷”。与此同时，《民事案件案由规定》第 8 部分之“二十五、期货交易纠纷”明确规定，期货交易纠纷包含的种类为：期货经纪合同纠纷、期货透支交易纠纷、期货强行平仓纠纷、期货实物交割纠纷、期货保证合约纠纷、期货交易代理合同纠纷、侵占期货交易保证金纠纷、期货欺诈责任纠纷、操纵期货交易市场责任纠纷、期货内幕交易责任纠纷、期货虚假信息责任纠纷。以上规定说明金融衍生品种交易纠纷是不同于期货交易纠纷的一类案由。两类交易纠纷引发的诉讼应使用不同的案由，具有不同的诉讼管辖权，适用不同的法律。因此，准确区分两类交易纠纷的不同法律关系性质，是准确适用法律、正确进行裁判的关键之所在。

【典型案例】

2010 年 2 月 4 日，李某在某银行 X 支行（以下简称 X 支行）的营业所购买了黄金期权产品（80 盎司的一周 A 黄金看涨期权，期权费为 970.40 美元；80 盎司的一周 C 黄金看涨期权，期权费为 869.60 美元）。当日，李某向 X 支行支付了全部 1840 美元期权费。其后，李某上述两笔期权交易业务全部亏损。

根据 X 支行官方网站对黄金期权的定义，X 支行所提供的黄金期权业务，是客户根据自己对国际黄金价格未来变动的判断，向银行支付一定金额的期权费后买入相应面值、期限和协定黄金价格的期权（看涨期权或看跌期权)，在期权到期日，如果汇率变动对客户有利，则客户通过执行期权可获得较高收益；如果汇率变动对客户不利，则客户可选择不执行期权。

李某认为X支行不是期货交易所，没有权利制定黄金期权合约，其提供的黄金期权合约根本不是期权合约，其出售黄金期权合约给客户的行为是一种以非期权合约冒充期权合约的欺诈行为。遂将某银行X支行诉至人民法院。

在庭审中，原告李某认为其于2010年2月4日在X支行购买黄金期权产品的合同因X支行的欺诈行为而无效，X支行应当赔偿自己因此所受到的损失。

被告X支行答辩称，根据《中国银行业监督管理委员会关于中国银行开办衍生产品交易业务有关问题的批复》，中国银行业监督管理委员会(以下简称银监会)已批准X支行开办金融衍生产品交易业务。X支行作为商业银行，已经取得银监会关于办理期权业务的资格，有权开办黄金期权交易业务，其与李某之间的黄金期权交易业务合法有效。请求人民法院驳回李某的全部诉讼请求，维护X支行的利益，保障金融市场的交易秩序。

人民法院经审理认为，作为国务院银行业监督管理机构，银监会于2004年7月15日作出了《关于中国银行开办衍生产品交易业务有关问题的批复》，X支行作为中国银行的分支结构，已经获得银监会关于办理期权业务的资格，有权开办黄金期权交易业务，其与李某之间的黄金期权交易业务合法有效。李某主张X支行提供的黄金期权合约根本不是期权合约，X支行出售黄金期权合约给客户的行为是一种以非期权合约冒充期权合约的欺诈行为，双方的期权交易关系无效，并要求X支行赔偿其损失1万余元，缺乏法律依据，不予支持。据此判决：驳回李某全部诉讼请求。李某不服一审判决，提出上诉。

二审人民法院经审理认为，原审判决认定事实清楚，适用法律正确，论理不当之处予以调整，但处理结果并无不当，应予维持，判决驳回上诉，维持原判。

【专家评析】

本案中，原告和被告双方的争议主要体现在以下几个方面：

(1) 金融衍生产品交易法律关系的性质认定。李某与X支行进行的黄金期权业务法律关系的性质是什么，是本案的关键所在，其与X支行是否有权开展黄金期权业务以及本案是否存在欺诈问题紧密相关，简单地说，本案争议焦点涉及金融衍生产品交易法律关系的性质认定。

本案原告李某诉称，根据《期货交易管理条例》第2条关于期权合约的规定，X支行并非期货交易所，没有权利制定黄金期权合约。他认为只有经过批准从事黄金期货交易业务的上海期货交易所才有权利制定黄金期权合约，进而他认为X支行提供的黄金期权合约根本不是期权合约，其出售黄金期权合约给客户的行为是一种以非期权合约冒充期权合约的欺诈行为。对此，被告X支行答辩称：X支行作为某银行的分支机构，已经取得银监会关于办理期权业务的批准，有权开办黄金期权交易业务，其与李某之间的黄金期权交易业务合法有效。

要解决这个争议焦点，必须弄清楚两个问题：一是原告和被告双方黄金期权交易法律关系的性质；二是被告X支行是否有权开展黄金期权交易业务。

首先，关于原、被告双方黄金期权交易法律关系的性质。根据《期货交易管理条例》第2条第4款，期权合约，是指由期货交易场所统一制定的、规定买方有权在将来某一时间以特定价格买入或者卖出约定标的物（包括期货合约）的标准化合约。由此可见，本案涉及的黄金期权并非是由期货交易所统一制定的标准化合约。再根据《期货交易管理条例》第86条，不属于期货交易的商品或者金融产品的其他交易活动，由国家有关部门监督管理，不适用本条例。既然本案所涉黄金期权交易并非属于由期货交易所统一制定的标准化合约的期货交易，因而，本案所涉黄金期权交易不受《期货交易管理条例》调整。而根据《金融机构衍生产品交易业务管理暂行办法》第3条、第4条的规定，本案所涉黄金期权交易属于受《金融机构衍生产品交易业务管理暂行办法》调整的金融衍生产品交易。再根据该办法第7条，银行业金融机构从事与外汇、商品、能源和股权有关的衍生产品交易以及场内衍生产品交易，应当具有中国银监会批准的衍生产品交易业务资格，并遵守国家外汇管理及其他相关规定。由此可见，本案所涉黄金期权交易应受《金融机构衍生产品交易业务管理暂行办法》调整，受银监会的监管。

其次，X支行是否有权开展黄金期权交易业务。根据我国相关法律规定，银行等金融机构开办衍生产品交易业务，须经银监会审批并接受其监管。本案中，银监会作为国务院银行业监督管理机构，于2004年7月15日作出批复，要求某银行开办金融衍生产品交易业务应严格遵守《金融机构衍生产品交易业务管理暂行办法》的规定，未经银监会批准，不得开办自营商品类衍生产品交易业务（贵金属除外）；同意某银行开办代理商品类衍生产品交易业务。又根据《金融机构衍生产品交易业务管理暂行办法》的相关规定，X支行作为某银行的分支结构，有权开办黄金期权交易业务，既然如此，原告李某诉称X支行出售黄金期权合约给客户的行为是一种以非期权合约冒充期权合约的欺诈行为、双方的黄金期权交易无效的主张不能得到支持。

（2）本案交易的公开性和公平性。本案中，李某上诉称：X支行提供的黄金期权业务明显缺乏公开性和公平性，损害客户利益。在其进行交易前，X支行未按照《金融机构衍生产品交易业务管理暂行办法》相关规定对其进行风险评估，揭示交易风险，也没有要求他提供声明和确认函。李某作为具有完全民事行为的主体应当对其从事黄金期权业务所面临的风险具有清醒认识。而且人民法院在审理中查明，李某一共做过4笔（X支行3笔、月坛支行1笔）黄金期权业务，除了本案涉及的在X支行开展的2笔黄金期权业务之外，之前，李某在X支行的另外一笔黄金期权业务盈利1100多元。这说明，李某进行黄金期权投资并非是第一次，他应该了解黄金期权投资的盈利性与风险性。李某在第一次与X支行进行黄金期权交易时，并未对X支行黄金期权业务的公平性和公开性提出质疑，这可以视为李某对X支行黄金期权业务的公平性和公开性予以了认可，也符合风险和利益相一致的原则。而且，根据民事诉讼法的相关规定，当事人对自己提出的主张，有责任提供证据。简言之，即“谁主张、谁举证”。如果李某认为X支行提供的黄金期权业务缺乏公开性和公平性，他就应当对此提供证据予以证明，但本案中李某对此举证不能，不能认定X支行提供的黄金期权业务缺乏公开性和公平性。

综上，李某的主张不能得到支持，其应自行承担交易带来的损失。

【法条指引】

中华人民共和国银行业监督管理法

第十六条　国务院银行业监督管理机构依照法律、行政法规规定的条件和程序，审查批准银行业金融机构的设立、变更、终止以及业务范围。

中华人民共和国商业银行法

第三条第一款第十四项　商业银行可以经营下列部分或者全部业务：

（十四）经国务院银行业监督管理机构批准的其他业务。

期货交易管理条例

第二条　任何单位和个人从事期货交易及其相关活动，应当遵守本条例。

本条例所称期货交易，是指采用公开的集中交易方式或者国务院期货监督管理机构批准的其他方式进行的以期货合约或者期权合约为交易标的的交易活动。

本条例所称期货合约，是指期货交易场所统一制定的、规定在将来某一特定的时间和地点交割一定数量标的物的标准化合约。期货合约包括商品期货合约和金融期货合约及其他期货合约。

本条例所称期权合约，是指期货交易场所统一制定的、规定买方有权在将来某一时间以特定价格买入或者卖出约定标的物（包括期货合约）的标准化合约。

第八十六条　不属于期货交易的商品或者金融产品的其他交易活动，由国家有关部门监督管理，不适用本条例。

金融机构衍生产品交易业务管理暂行办法

第三条 本办法所称衍生产品是一种金融合约，其价值取决于一种或多种基础资产或指数，合约的基本种类包括远期、期货、掉期（互换）和期权。衍生产品还包括具有远期、期货、掉期（互换）和期权中一种或多种特征的混合金融工具。

第四条 本办法所称银行业金融机构衍生产品交易业务按照交易目的分为两类：

（一）套期保值类衍生产品交易。即银行业金融机构主动发起，为规避自有资产、负债的信用风险、市场风险或流动性风险而进行的衍生产品交易。此类交易需符合套期会计规定，并划入银行账户管理。

（二）非套期保值类衍生产品交易。即除套期保值类以外的衍生产品交易。包括由客户发起，银行业金融机构为满足客户需求提供的代客交易和银行业金融机构为对冲前述交易相关风险而进行的交易；银行业金融机构为承担做市义务持续提供市场买、卖双边价格，并按其报价与其他市场参与者进行的做市交易；以及银行业金融机构主动发起，运用自有资金，根据对市场走势的判断，以获利为目的进行的自营交易。此类交易划入交易账户管理。

第七条 银行业金融机构从事与外汇、商品、能源和股权有关的衍生产品交易以及场内衍生产品交易，应当具有中国银监会批准的衍生产品交易业务资格，并遵守国家外汇管理及其他相关规定。

▶ 4. 类期货型贵金属交易中强行平仓是否可参照期货法律规则?

【宣讲要点】

强行平仓制度是与持仓限制制度和涨跌停板制度等相互配合的风险管理制度。当交易所客户的交易保证金不足且未在规定时间内补足，或当客户的持仓量超出规定的限额，或当客户违规时，交易所为了防止风险进一步扩大，将对其持有的未平仓合约进行强制性平仓处理。依据《中国金融期货交易所风险控制管理办法》的相关规定，下面五种情况下会出现强行平仓：（1）会员结算准备金余额小于零，并未能在规定时限内补足的；（2）持仓超出持仓限额标准，并未能在规定时限内平仓的；（3）因违规受到中金所强行平仓处罚的；（4）根据中金所的紧急措施应予强行平仓的；（5）其他应予强行平仓的。当市场行情仍朝着持仓不利的方向发展时，为避免扩大损失而强制平仓的，不应认定为违规违法。

类期货型贵金属交易属于新类型金融衍生品种，在其风险控制方面的法律适用上可以参照规范期货交易的相关法律法规。在类期货型贵金属交易中，根据法律规定和合同约定，金融机构有权采取强制平仓的措施防范风险，但应满足相应的条件：客户账户保证金不足、客户未在合理时间内补仓且金融机构已通过适当方式完成强平通知。

【典型案例】

2007 年 6 月，李某与甲银行签订《代理个人实物黄金、白银买卖业务协议书》，由该银行代理李某通过上海黄金交易所进行黄金、白银买卖交易。协议中约定，当个人的交易保证金比例低于金交所和甲银行规定的比例时，个人须最迟在当日 14:30 前补足交易保证金的不足部分，否则银行除暂停个人相应交易外，有权在不进行事先通知的情况下对个人持有头寸进行强行平仓处理。2011 年 9 月下旬，国内外贵金属市场发生剧烈波动，黄金、白银价格猛跌。交易日 9 月 23 日日终清算后，李某账户持有权益 49 万余元。交易日 9 月 26 日，上海黄金交易所白银延期合约下跌至跌停板价格，李某账户权益扣除浮动亏损后不但低于甲银行要求的保证金水平，也低于上海黄金交易所要求的保证金水平。甲银行于当日日终结算（自然日 9 月 26 日 15 时）时在系统内向李某发出强平通知单。交易日 9 月 27 日开市（自然日 26 日晚 21 时）后，21 时 12 分，李某自行平仓了 50 手白银合约；21 时 41 分，甲银行将李某账户持有的剩余 250 手合约全部进行了强制平仓，实时客户权益为 –3 万余元。李某认为，在 2011 年 9 月 26 日其账户保证金出现不足的情况下，银行应当在 9 月 26 日日终结算时通知其在合理的期限内追加保证金，只有账户保证金在下一交易日内（即2011年9月27日14:30以前）仍不足时，银行才有权平仓。李某起诉要求判令银行赔偿损失14万余元及相应利息，并将账户清零（即李某不必支付账户内所欠款项）。

人民法院经审理认为，强制平仓机制旨在交易中及时控制双方的风险，补仓时间的长短也应符合该交易迅捷性的特点，本案中，从银行2011年9月26日15:30发出强平通知单到当晚21:41作出强平行为，留给李某追加保证金的时间已属合理。按照交易规则和合同约定，交易者有义务关注自身账户的保证金和持仓状况，及时补充保证金。据此，人民法院判决驳回李某的诉讼请求。李某未上诉，一审判决发生法律效力。

【专家评析】

因贵金属现货及现货延期交收合约交易发生纠纷，案由应定为金融衍生品种交易纠纷。银行接受客户委托，采用保证金制度，以自己的名义为客户李某进行贵金属交易，交易结果由李某承担。该合约业务的操作模式类似于传统的期货交易，因此在操作流程的规范上可以参考期货交易的相关规则。《期货交易管理条例》第35条第2款规定："客户保证金不足时，应当及时追加保证金或者自行平仓。客户未在期货公司规定的时间内及时追加保证金或者自行平仓的，期货公司应当将该客户的合约强行平仓，强行平仓的有关费用和发生的损失由该客户承担。"本案中，双方《协议书》中亦有相关约定。由于强制平仓机制是为了在瞬息万变的类期货交易中及时控制双方的风险，补仓时间的长短也应符合该交易迅捷性的特点，本案中，从银行2011年9月26日15:30发出强平通知单到当晚21:41作出强平行为，留给李某追加保证金的时间已属合理。按照交易规则和合同约定，交易者有义务关注自身账户的保证金和持仓状况，及时补充保证金，银行在系统内发出强平通知单可认为已完成通知义务，李某在账户被平仓前还自行进行过50手的交易，可见其对账户保证金不足的事实应为明知，李某应对自己未及时追加保证金的行为承担后果。

贵金属现货及现货延期交收合约业务是近年来活跃在金融市场上的新

型金融产品，相关法律规范尚存在空白。本案判决通过对该金融产品与期货交易的比较，认定该类型纠纷属于金融衍生品种交易纠纷，在风险控制领域的法律适用上可以参照规范期货交易的相关法律法规。本案判决时充分考虑了强制平仓机制在高风险型交易中的重要功能，并尝试探索认定金融机构强制平仓行为合法合理的具体标准，包括程序的和实体的：账户保证金不足、客户未能在合理时间内补仓以及金融机构通知义务的完成。其中补仓时间和通知义务的合理性判断也应当充分考虑类期货交易迅捷性、高风险性的特点。

【法条指引】

期货交易管理条例

第三十五条第二款 客户保证金不足时，应当及时追加保证金或者自行平仓。客户未在期货公司规定的时间内及时追加保证金或者自行平仓的，期货公司应当将该客户的合约强行平仓，强行平仓的有关费用和发生的损失由该客户承担。

▶ 5. 期货交易所会员单位租借席位，交易所为其垫付违约金后是否享有追偿权？

【宣讲要点】

期货交易中的席位是指会员参与交易所期货交易，享有及行使相关交易权利，并接受交易所监管、服务及相关业务管理的基本单位。会员可以根据业务需要向交易所申请一个或者一个以上的席位。一般而言，它是期货交易所向期货商等会员和特别会员提供的在交易大厅设置的用于报盘交易的终端或用于交易的电脑远程通信端口。前者称为有形席位，后者称为无形席位。有形席位是指在交易所大厅内的固定席位，每个席位上均配有场内交易员，会员进行委托时，通过席位上的交易员将委托输入交易所的撮合系统中；无形席位是在交易所交易大厅内不设定有形的席位，也不派驻交易员，会员直接将委托通过计算机输入交易所的撮合系统之中。

根据交易规则和交易所章程规定，期货交易所的会员要取得交易席位，必须向期货交易所缴足席位费，席位费的数额由期货交易所决定。会员资格可以转让，但交易席位则不能转让，会员有私下转包、转租或者转让席位的，席位将被撤销，且不会产生交易席位转包、转租或者转让的法律后果，原单位仍然要对租借席位发生的交易后果承担法律责任。

会员在期货交易中违约的，应当承担违约责任。期货交易所先以违约会员的保证金承担该会员的违约责任，保证金不足的，实行全员结算制度的期货交易所应当以违约会员的自有资金、期货交易所风险准备金和期货交易所自有资金承担；实行会员分级结算制度的期货交易所应当以违约会员的自有资金、结算担保金、期货交易所风险准备金和期货交易所自有资金承担。期货交易所履行相应的职责和义务，以结算担保金、期货交易所风险准备金和期货交易所自有资金代为承担责任后，由此取得对违约会员的相应追偿权。这里提到的风险准备金是指由交易所设立，用于为维护期货市场正常运转提供财务担保和弥补因交易所不可预见风险带来亏损的资金，其来源包括：交易所向会员收取交易手续费收入（含向会员优惠减收部分）的20%，从管理费用中提取；符合国家财政政策规定的其他收入。

【典型案例】

P实业发展有限总公司（以下简称P公司）与H期货经纪有限公司（以下简称H公司）均系Z期货交易所（以下简称Z交易所）的会员单位，会员编号分别为165号、107号，两公司均在Z交易所从事期货交易。

1997年4月5日，P公司与H公司签订《席位转让协议》，约定P公司将在Z交易所的165号席位转让给H公司，H公司在1997年4月10日前向P公司支付转让费30万元人民币，自此，该席位所发生的权益由H公司承担，概与P公司无关。同年7月3日、14日、31日，H公司向165号席位分别划付人民币350万元、900万元和25万元。同年7月25日，Z交易所向各会员单位发出特别提示称：本所规定天然橡胶合约每一会员交割月单边持仓限制为200手。套期保值需要实物交割的头寸经本所批准后可以不受该限制。单边持仓限制即R708合约进入交割月份后（8月1日闭市后），每一会员的买卖持仓均不得超过200手。如某会员R708合约要求实物交割的头寸超过上述限制，其超过部分的头寸必须于交割月前一个月倒数第五个交易日之前（即7月25日之前），向交易所结算中心申请，并按要求提供相关证明材料，经交易所批准后，方可不受单边持仓限额的限制，并连同单边持仓限制内的200手持仓，只能用于实物交割，不能平仓。此时，165号席位R708合约持仓3600手，7月28日开新仓1000手，总计达4600手持仓，当日可清退资金余额为127万余元。7月29日，该席位上R708合约平仓3500手，开新仓3150手，持仓量为4250手，当日可清退资金余额为926万余元。7月30日，Z交易所向165号席位出具的“资金结算表”提请注意：贵单位保证金不足，请在下一交易日开市前补足，否则下一交易日将不能开新仓；保证金不足部分将强行平仓。从8月1日起至13日止，165号席位平仓917手，仍持仓3333手。8月18日，Z交易所通知P公司：由于你公司在票据交换日之前未向交易所交存足额货款，其中3333手构成违约，根据交易所《交割制度》，现决定从你公司账户划收相当于货款总值20%的违约金，计3719万余元（实际扣划769万余元），不足部分2950万余元，限你公司在7日内补足。因P公司未在限期内交足违约金，Z交易所已于8月29日至9月5日向P公司的交易对方先期支付违约金3719万余元，其中垫付2950万余元。

1998年5月25日，Z交易所向P公司发出《关于催收欠款的函》。同年6月19日，H公司向Z交易所出具说明称，陈某某在我公司以自然人蒋某某名义开户，在R708交易过程中，我公司在陈某某委托下与P公司签订了天然橡胶期货合约代理协议，P公司席位所有成交的R708交易均为我公司代理客户陈某某的交易结果，上述交易实际由陈某某自己直接操作，与P公司无关。6月22日，P公司向Z交易所出具说明称：在R708事件中，我公司席位已租借给H公司，该席位上R708合约交易实为H公司客户陈某某所为，其违约行为也是陈某某的交易结果，与本公司无关。

P公司与H公司之间的席位转让，未按Z交易所《会员管理条例》的有关规定，报经该所审查同意。1998年4月20日，中国证监会作出处罚决定，认定上述单位和个人在R708合约交易中，违反了有关规定，构成操纵市场行为。P公司将席位租给他人使用，违反了有关规定，故决定宣布陈某某等为期货市场禁止进入者；责令Z交易所开除P公司等单位的会员资格；对H公司处以警告。Z交易所因向P公司催收违约金未果，遂起诉至人民法院。

人民法院经审理认为，本案中，由于中国证监会认定R708合约交易是由“自然人陈某某在H公司以自然人蒋某某的名义开户，并租用P公司的席位进行操作，实际由陈某某自己直接操作”，故对P公司所承担的责任，应由H公司与陈某某负连带赔偿责任。判决R708合约3333手的违约金3719万余元，由Z交易所和P公司各承担1859万余元；P公司所承担的1859万余元，扣除Z交易所已扣划的769万余元，尚欠1090万余元及其从1997年9月6日起至本判决确定的给付之日止按中国人民银行最高期限流动资金贷款利率计付的资金利息，限本判决生效后10日内向Z交易所偿付；H公司和陈某某对P公司的上述债务承担连带赔偿责任。Z交易所、P公司均不服一审判决，提起上诉。

二审人民法院经审理认为，原审判决认定部分事实不清，判处不当，应予纠正。判决撤销一审判决；P公司于本判决生效之日起10日内偿还Z发展中心（原Z交易所）2950万余元，及该款从1997年9月6日起至本判决确定的给付之日止的银行贷款利息；H公司和陈某某对上述应付款项承担连带赔偿责任。

【专家评析】

本案争议的问题是Z交易所是否有权索回其垫付的违约金；P公司与H公司之间的交易席位转让行为是否有效以及陈某某利用165号席位进行R708合约交易过程中是否存在持仓透支。

从法律关系看，本案关注的是追偿垫付的违约金问题，并非P公司165号席位交易过程中的行为责任。根据法律法规及有关交易规则，只要Z交易所代P公司垫付违约金的事实存在，P公司就应依法偿还。Z交易所在整个R708交易过程中，始终按照交易所的《交易规则》《交割制度》

及有关规定进行操作，没有发生“透支”“清退资金不足”等问题，Z交易所也履行了应尽的职责和义务，Z交易所已依据有关交易规则向P公司的交易对方先期支付违约金，其中垫付的2950万余元，P公司理应返还。

从1998年6月19日H公司给Z交易所、同年6月22日P公司给Z交易所的函件可以看出，对于1997年7月28日、29日的交易情况，P公司与H公司是清楚的，而且在事件发生后到Z交易所起诉前一年多的时间，均未对165号席位R708交易过程、Z交易所垫付违约金的事实提出过任何异议。Z交易所是否违反国务院、证监会、交易所有关规定，与造成P公司大量持仓、构成违约没有必然联系和因果关系。发生R708合约事件，乃至P公司穿仓、违约的直接原因，是包括P公司在内的多家公司和个人操纵期货市场的违法行为所带来的期货交易风险所致。P公司165号席位大量持仓进入交割月，是其主观故意行为，与交易所的交易习惯和结算方式无关。所以，P公司应对其行为所导致的后果负全部责任。Z交易所未制止165号席位当日使用当日释放的保证金，即允许进行T+0交易，并不意味着165号席位存在持仓透支交易，也与当事人的亏损之间没有因果关系；该行为虽违反中国证监会证监发〔1995〕163号文件规定，但其承担的是行政责任，不应与P公司共同承担民事上的违约责任。

虽然P公司出具了其与H公司于1997年4月5日签订的《席位转让协议》，但Z交易所提交的几份时间在1997年7月间H公司“银行转账票据”上均注明“165号P公司”的字样，而且附有划款说明：“因P公司(165号席位)与我公司有其他业务往来，故委托我公司代付保证金”，可见P公司与H公司并没有向Z交易所明示“转让”的行为，一直隐瞒他们私下租借165号席位的事实，而本案R708合约违约的发生正是在当时划款期间。根据交易规则和交易所章程规定，只有会员资格可以转让，交易席位不能转让，私自租借席位者，并不产生转让的法律后果，应承担交易产生的法律责任。本案中，P公司与H公司之间既不是会员资格转让，也不是席位转让，实质上是租借席位。因此，P公司应对其165号席位的交易后果承担法律责任。H公司在Z交易所有107号席位，其租借P公司165号席位的目的是借仓、分仓，扩大交易持仓量，操纵市场价格。中国证监会“证监查字〔1998〕30号”处罚决定已经对P公司、H公司之间租借席位等违法行为进行了认定与处罚。综上，P公司辩称其已将165号席位“转让”给H公司的理由不能成立，P公司对165号席位的交易明知，应对165号席位上发生的交易后果承担全部责任。H公司借用P公司165号席位供陈某某使用，其行为均已被中国证监会上述处罚决定所处罚，且对造成本案违约金损失均负有责任，故应由H公司、陈某某承担连带赔偿责任。Z交易所有权向P公司、H公司、陈某某索回其垫付的违约金。

【法条指引】

期货交易管理条例

第三十七条 会员在期货交易中违约的，期货交易所先以该会员的保证金承担违约责任；保证金不足的，期货交易所应当以风险准备金和自有资金代为承担违约责任，并由此取得对该会员的相应追偿权。

客户在期货交易中违约的，期货公司先以该客户的保证金承担违约责任；保证金不足的，期货公司应当以风险准备金和自有资金代为承担违约责任，并由此取得对该客户的相应追偿权。

最高人民法院关于审理期货纠纷案件座谈会纪要

第五条第一项 在期货交易过程中，期货交易所应承担保证期货合约履行的责任。任何一方不能如期全面履行期货合约规定的义务时，交易所均应代为履行，未代为履行的，应承担赔偿责任。交易所在代为履行后，享有向不履行义务一方追偿的权利。

期货交易所管理办法

第八十四条 会员在期货交易中违约的，应当承担违约责任。

期货交易所先以违约会员的保证金承担该会员的违约责任，保证金不足的，实行全员结算制度的期货交易所应当以违约会员的自有资金、期货交易所风险准备金和期货交易所自有资金承担；实行会员分级结算制度的期货交易所应当以违约会员的自有资金、结算担保金、期货交易所风险准备金和期货交易所自有资金承担。

期货交易所以结算担保金、期货交易所风险准备金和期货交易所自有资金代为承担责任后，由此取得对违约会员的相应追偿权。

金融期货交易所交易细则

第六条　席位是指会员参与交易所期货交易，享有及行使相关交易权利，并接受交易所监管、服务及相关业务管理的基本单位。会员可以根据业务需要向交易所申请一个或者一个以上的席位。

第十四条　会员有下列情形之一的，席位予以撤销：

（一）申请撤销席位并经交易所核准；

（二）私下转包、转租或者转让席位；

（三）管理混乱、存在严重违规行为或者经查实已不符合开通条件；

（四）利用席位窃密或者破坏交易所系统；

（五）会员资格终止；

（六）交易所认为其不适宜拥有席位。

▶ 6. 经纪人超越授权范围进行期货交易产生的法律后果是否由期货公司承担？

【宣讲要点】

期货公司接受客户委托进行期货交易活动，双方形成的是一种委托合同关系。委托合同，又称为委任合同，是指一方委托他方处理事务，他方允诺处理事务的合同。委托他方处理事务的，为委托人。允诺为他方处理事务的，为受托人。委托合同具有以下特点：一是委托合同是以为他人处理或管理事务为目的的合同，委托合同是一种典型的提供劳务的合同，合同订立后，受托人在委托的权限内所实施的行为，其法律效力等同于委托人自己的行为。受委托人办理委托事务的费用由委托人承担。二是委托合同订立以委托人和受托人之间的相互信任为前提；委托人之所以选定某人作为受托人为其处理事务，是以他对受托人的办事能力和信誉的了解、相信受托人能够处理好委托的事宜为基本出发点的。在这样一种法律关系中，存在两个重要的问题，一是行为发生的法律后果原则上应由委托人承担；二是受托人应当严格按照委托人授权的范围实施相应的行为，超出这个范围即是越权行为，应当对由此给委托人带来的损失负责。

期货公司代理客户从事期货交易的行为必须符合相关期货交易的规则，必须遵守法律和遵循“自愿、公平、等价有偿、诚实信用”的原则。期货公司雇员接受委托代理客户进行期货交易，不得超越代理权限。其未征得委托人的同意擅自进行的交易，属于超越客户授权范围的行为。作为期货公司的雇员，其超越客户授权范围的行为所产生的后果，应由期货公司承担，期货公司应对其行为给客户造成的损失承担赔偿责任。

【典型案例】

1992 年 12 月 22 日，赵某与 J 期货公司（以下简称 J 公司）签订《顾客契约》，由赵某在 J 公司开户从事美盘咖啡交易，缴纳期货交易保证金 2 万美元。同日，赵某与 J 公司的经纪人王某签订《客户授权委托书》，由赵某授权王某代办填写、递送交易单据，签收账单，签收保证金催缴通知书等手续。1993 年 1 月 5 日，赵某账上结存保证金为 2.428 万美元，仓内有咖啡买单 6 口。1 月 6 日凌晨，J 公司盘房工作人员钱某以赵某账上保证金不足必需保证金的 100%，不能过夜为由，电话通知赵某的经纪人王某采取措施。王某在既未计算账上保证金数额，也未征得赵某同意的情况下，于 2 时 5 分下了 2 口平仓单。之后，钱某认为赵某账上实存保证金仍不足必需保证金的 100%，再次电话通知王某采取补救措施。王某又于 2 时 37 分下了 2 口平仓单。2 时 39 分，王某又下了 2 口新单（卖单）。赵某得知这一情况后，当即表示异议。当天下午，赵某与 J 公司交涉，认为凌晨王某下平仓单时，账上实存保证金虽低于 100%，但高于必需保证金的 50%，根据美盘交易规则可以维持过夜，由客户在 1 月 6 日晚开盘前 20 分钟内补足差额。J 公司及经纪人采取平仓措施违反了交易规则。为此，要求J公司将王某凌晨所下的4口平仓单予以改正。J公司盘房经理赵某某答复称，经与J公司的外资方联系，同意将赵某的4口平仓单改为新单，保留了已平仓的4口买单。赵某遂于当日16时14分，补缴了保证金5820美元，22时42分又缴了保证金9180美元，合计1.5万美元。截至1月6日开盘前，赵某账上为“6口买单，6口卖单”。嗣后，赵某的账上以此12口单进行运作并承担此12口单的交易保证金和浮动亏损。赵某于1993年3月12美盘最后交易日时，被J公司强行砍仓出场，其账上结存保证金全部亏损。

根据J公司公布的美盘交易规则规定，客户账上实存保证金低于100%，但高于必需保证金的50%时，符合过夜要求，但公司应向客户发出书面保证金催缴通知书，客户可在第二日开盘前20分钟补足差额，否则公司可以开盘价代为平仓。1月6日凌晨，J公司盘房通知经纪人王某账上保证金不足时，赵某仓内有6口买单，以每口2000美元单边计算保证金，100%必需保证金应为1.2万美元，赵某账上当时实存保证金为7442.5美元，超过必需保证金的50%，可以过夜。J公司未按规定发出书面保证金催缴通知书。

赵某认为，J公司强行平仓的行为违反了美盘交易规则，且1月6日改单的做法不符合期货交易的国际惯例，诉至人民法院，要求判令被告J公司赔偿经济损失3.5万美元。

在庭审中被告J公司辩称，在1993年1月6日凌晨的交易中，被告盘房工作人员根据原告赵某账上实存保证金不足100%必需保证金的情况，在收盘前提醒原告的经纪人王某采取相应措施并无不当。平仓4口是王某独立操作的行为，不是被告强行平仓。王某在委托人赵某授权范围内操作的风险后果，不应由期货公司承担。1月6日被告将平仓单改为新单，是根据客户要求而采取的一种账务上暂时不结算的习惯做法，原告在以后的交易中所造成的损失应由其自行承担，要求人民法院驳回原告的诉讼请求。

一审人民法院经审理，判决被告J公司赔偿赵某经济损失2.3万余美元，于本判决生效之日起10日内付清。一审判决后，被告J公司不服，提起上诉。二审人民法院认为原审判决并无不当，判决驳回上诉人的上诉，维持原判。

【专家评析】

本案的争议焦点是：期货公司雇员超越委托人授权范围的交易行为，给委托人带来损害的，期货公司是否应当承担责任。主要涉及以下3个法律问题。

(1) 期货交易公司在何种情况下承担民事赔偿责任。本案首先涉及的是J公司、经纪人王某和客户赵某三者间的法律关系问题，弄清这些法律关系是确定民事赔偿责任的前提。根据J公司的性质和“顾客契约”的内容可以看出，J公司与赵某在进行期货交易的过程中，属于法律上的代理与被代理的关系。J公司与经纪人王某订有聘用合同，王某属于J公司的雇员，其所从事的经纪行为应属于职务行为。赵某聘请王某为期货交易的经纪人，并订有《客户授权委托书》，仅授权经纪人代办下列手续：填写交易单据，递送交易单据，签收账单，签收保证金催缴通知书。这种经纪人的角色，在法律上亦属于代理关系。但王某与赵某的代理关系是基于J公司与赵某的代理关系而产生的。由于我国目前尚不存在像西方国家那样经过注册登记并缴纳一定风险保证金的独立经纪人，因其过错导致客户受损而能够独立承担民事赔偿责任，因此，J公司属下的经纪人，根据授权委托书代理客户进行具体的期货交易操作，既是民事上的一种代理行为，又是一种职务行为。如果经纪人在法律规定的范围内，根据交易规则和授权委托书所为经纪行为，其后果即风险责任应由客户自己承担；相反，经纪人违反交易规则和超越代理权限，以“炒口数”的方式从中牟取私利，致使客户受损，这种经纪人单方面的过错与公司无关，其后果应由经纪人自己承担。如果是由于公司指令，或是公司内部管理混乱，使经纪人违反交易规则致使客户受损，公司对此有明显过错，且从中盈利的，应由公司承担赔偿责任。从本案的情况看，经纪人王某代理客户赵某在J公司开户从事美盘咖啡交易，根据《顾客契约》规定，双方应遵循美盘交易规则，该规则明确规定：“客户账上实存保证金虽低于100%，但高于50%时，符合过夜要求，但公司应向客户发出书面保证金催缴通知书，客户可在第二日开盘前20分钟补足差额，否则公司可以开盘价代为平仓。”从1月6日凌晨的具体交易中我们可以看出，J公司明显违反了美盘的交易规则，在客户赵某账上实存保证金高于50%的情况下，盘房工作人员以电话形式给经纪人发出错误的指令，经纪人王某又在未征得赵某同意的情况下擅自平仓，超越了授权范围，对于赵某的经济损失，J公司与经纪人王某均有过错。由于王某属J公司的雇员，其所从事的经纪行为属于职务行为，且其过错是在接受公司的指令下产生的，其法律后果理应由J公司承担。

(2) 期货交易纠纷案件中的举证责任问题。目前，人民法院受理的期货交易案件，很大一部分涉及境外的期货交易所，因此，买卖单成交的记录难以查实。如J公司自己提供的运作程序是：该公司接受了客户的保证金及委托后，把信息传递给香港某公司，然后再由某公司传给美国或日本1个或2个具有期货代理性质的经纪公司，最终再传入某个具有交易所会员资格的公司进入交易所。入市交易发生在境外，给人民法院调查取证带来了困难。人民法院虽然可以根据民事诉讼法的举证责任规定要求原告举证，但且不说客观上原告个人难以满足这一要求，即使原告通过各种手段收集，如委托境外的亲属朋友弄到了有关证据材料，人民法院也很难加以审查判断。而准确了解入市交易记录，乃是判明经纪公司是否私下对冲等其他欺诈行为，乃至诈骗犯罪的必经途径。根据《期货经纪公司登记管理暂行办法》和国际惯例，入市交易记录、会计凭证及其他一整套重要资料凭证必须保存5年以上，客户若有异议，可提供客户查阅。因此，从保护客户利益的角度出发，根据期货交易的特殊性，应将举证责任倒置，由经纪公司负责举证。从本案的实际情况看，在1月6日凌晨的交易中，J公司违反交易规则和王某擅自下了4口平仓单，赵某提出异议后，J公司声称与香港方面联系将平仓单不作平仓处理，而作新单（卖单），避免了浮动亏损变成实际亏损。人民法院根据举证责任倒置原理，曾两次书面通知J公司对1月6日买单进入国际交易市场成交及改单的情况进行举证，J公司未能提供证明案件事实和符合法律规定的证据，即J公司至今未向人民法院提供入市交易记录、会计凭证及其他整套重要资料凭证。据此，人民法院判决J公司承担败诉的赔偿责任。

（3）期货交易纠纷案件中损失赔偿的计算。当前诉讼到人民法院的期货纠纷案件，按诉讼请求划分主要涉及三类：一是要求返还保证金；二是要求返还保证金并赔偿经济损失；三是返还保证金并支付盈利款。从本案的赔偿性质看，J公司承担的是一种违反合同的赔偿责任。根据我国民法通则第112条第1款的规定："当事人一方违反合同的赔偿责任，应当相当于另一方因此所受到的损失。"据此规定，结合期货交易的特点，我们可以看出，过错前的损失不能计算在内，按照风险责任原则，应由客户自己承担；浮动盈亏也不能计算在内，因为浮动盈亏只反映在账面上，并未转化为实际的盈利和亏损；过错后的既得利益也不能计算在内。违反期货交易合同的赔偿责任应界定在违约当时的保证金及银行利息上。从本案看，由于J公司违反交易规则，又不能有效地证明其改单的真实性和合法性，致使赵某在不平等、不真实的前提下从事期货交易，从而造成保证金的全部亏损，最终被强行砍仓出场。计算受损的时间应从1月6日凌晨的交易开始起算，当时仓内实存保证金7442.50美元。加上后来补足的1.5万美元保证金，共计2.24万余美元，再加上该款银行同期利息，总计2.3万美元左右。受诉人民法院准确界定该案赔偿范围的判例，对今后审案中如何正确认定损失赔偿数额有着一定的积极意义。

【法条指引】

期货交易管理条例

第三条 从事期货交易活动，应当遵循公开、公平、公正和诚实信用的原则。禁止欺诈、内幕交易和操纵期货交易价格等违法行为。

第二十五条第一款 期货公司接受客户委托为其进行期货交易，应当事先向客户出示风险说明书，经客户签字确认后，与客户签订书面合同。期货公司不得未经客户委托或者不按照客户委托内容，擅自进行期货交易。

中国证券监督管理委员会期货公司管理办法

第四十九条 期货公司应当遵循诚实信用原则，以专业的技能，勤勉尽责地执行客户的委托，维护客户的合法权益。

期货公司应当避免与客户的利益冲突，当无法避免时，应当确保客户利益优先。

最高人民法院关于审理期货纠纷案件座谈会纪要

四、关于经纪人的法律地位及民事责任的承担问题。会议认为，期货经纪公司的从业人员，不能独立地对外承担民事责任，其受委托所从事的行为产生的责任应由其所在的期货经纪公司承担。但因经纪人的非职务行为所产生的民事责任，应由经纪人自己承担。

▶ 7. 期货公司在强行平仓前，通知客户追加保证金，但仍造成客户经济损失的，期货公司是否承担赔偿责任？

【宣讲要点】

期货交易中的强行平仓，是指期货公司在特定情况下对客户的交易头寸予以强制性对冲，了结部分或全部持仓的行为。强行平仓一般发生于客户交易保证金不足而未能追加或自行减仓的情况下，以防止客户的过度投机。司法实践中，因期货公司强行平仓而引起的纠纷占很大比例。期货公司与客户约定，期货公司有权在行情大幅波动、导致客户风险率超标的情况下，随时对客户持仓进行部分或全部平仓，客户自行承担由此产生的后果，这便是盘中强行平仓的约定。

（1）现行法律并未禁止盘中强平。目前，涉及强行平仓的法律法规主要有《最高人民法院关于审理期货纠纷案件若干问题的规定》及国务院《期货交易管理条例》，且主要是针对期货公司实施强行平仓的条件及因平仓所造成的损失承担问题作出规定，并未将强平的时间节点限定在“盘后”，故可以认为，目前法律并未禁止发生于盘中的强平行为。根据相关条款，客户未能追加保证金时，应当首先根据期货经纪合同的约定进行处理，故只要当事人的约定不存在法定无效的情形，均应当作为认定履约行为效力的依据。

（2）盘中强平属于动态风险控制手段。盘中强行平仓是期货公司动态控制风险的手段之一，期货公司必须对客户进行风险控制，一方面是由于期货交易保证金制度的要求，即客户保证金账户余额不得低于持仓占用保证金；另一方面是如果在保证金不足的情况下继续交易，会发生法律法规所禁止的透支交易，导致期货公司或其他客户权益受损。为控制风险，期货公司与客户往往在期货经纪合同中约定客户保证金不足时的处置措施，强行平仓作为最普遍的处置措施，是期货公司控制风险的重要手段，涉及强行平仓的条款也被称为风险控制条款。

（3）盘中强平与当日无负债结算并不抵触。盘中强平的目的在于动态控制风险，尤其是针对行情出现剧烈波动的情况进行风险控制，故只要约定明确、处理适当，其积极效果要远大于消极或负面效果。而当日无负债制度的主要目的，并不单纯为确定保证金的追加与否，主要是为了通过结算确定当日的盈亏情况，以及之后的资金划转。结算价除计算风险率外，还用于对交易双方的交易盈亏状况进行资金清算，故在合同未特别约定的情况下，保证金的追加与否虽然确实可以通过结算价予以确定，但在行情发生急剧变化的情况下，以结算价作为是否追加保证金的唯一和必然前提显然无法控制风险的发生。

因此，从强行平仓制度与当日无负债结算制度的设计来看，二者的适用不存在矛盾。况且，《期货交易管理条例》在修订时，将修订前的“每日无负债制度”变更为“当日无负债制度”，从这一表述的变化可以看出，立法为交易所今后每日可能进行多次结算解除了限制，即对于盘中强平的出现在法律依据上解除了限制。

综上，强平不存在违反法律禁止性规定的情形，亦没有与期货交易当日无负债结算制度相矛盾，应为有效。但根据《最高人民法院关于审理期货纠纷案件座谈会纪要》的规定，期货公司未履行通知客户追加保证金的义务而强行平仓，由此给客户造成损失的，应承担赔偿责任。期货公司与客户事先约定解除该通知义务的，依合同法的规定，该相关条款因期货公司免除自身责任、加重客户责任、排除客户主要权利而归于无效。因此，期货公司在实施盘中强行平仓前，应履行通知义务，给予客户追加保证金或自行减仓的机会，若期货公司与客户约定可不经通知直接平仓，则该约定因违反法律强制性规定而归于无效。期货公司在强行平仓前已经履行通知客户追加保证金义务的，即便其与客户约定的免除该通知义务的条款是无效的，仍不能影响期货公司强行平仓行为的有效性，由此给客户造成损失的，期货公司不承担赔偿责任。

【典型案例】

2009年2月23日，严某与S期货有限公司（以下简称S公司）签订了《期货经纪合同》，约定严某委托S公司按照原告交易指令在某交易所进行期货交易，S公司根据期货交易所规则执行交易指令，严某应当对交易结果承担全部责任；S公司有权根据期货交易所、结算机构的规定、市场情况或者S公司认为有必要时，自行调整保证金比例，严某可以通过中国期货保证金监管中心网站查询S公司的期货保证金账户。关于风险控制，双方约定，S公司以“风险率”来计算严某期货交易资金账户的风险，风险率分为客户风险率和交易所风险率，当严某客户风险率≥100%时，严某不得开新仓和提取保证金，S公司将及时按照合同约定方式向严某发出追加保证金通知，严某应当在下一交易日开市前追加保证金或自行减仓直至客户风险率<100%。否则，S公司有权在事先未通知的情况下，在下一交易日开市后对原告持仓进行部分或全部平仓处理。合同第50条约定：由于市场行情急剧变化，导致严某资金账户的交易所风险率≥100%时，S公司有权在不通知严某的情况下，随时对严某资金账户内的持仓进行部分或者全部强行平仓，严某承担由此产生的后果。并约定当S公司依法或者依约定强行平仓时，严某应承担强行平仓的手续费及由此产生的后果。合同第6节“通知与确认”约定：S公司对严某的期货交易实行当日无负债结算，只要严某在该交易日有交易、有持仓或者有出入金的，S公司均应在当日结算后，按照合同约定的方式向原告发出显示其账户权益状况和成交结果的交易结算报告。签订合同当日，严某在期货交易风险说明书上签字，确认已经阅读说明书全部内容并完全理解。

合同签订后，严某在被告C营业部开户进行期货交易。严某2009年11月26日的交易结算日报显示，当日严某持仓Y1009合约多单7手，买均价为7867.71元，Y1009合约当日结算价为7894元。

2009年11月27日下午1时55分至2时52分，因Y1009合约行情发生急剧变化，导致严某持仓的客户风险率及交易所风险率均超过100%，C营业部风控人员先后5次致电严某。第1次致电中，风控人员告知严某豆油合约下跌较凶，严某风险率马上要超过强行平仓控制线，要求严某自己注意处理，严某表示知道了。第2次致电时，风控人员称严某风险率已经过强行平仓线，若跌停前严某未打入保证金，C营业部将按照规定予以减仓。严某表示知道，但严某之后仍然未打入保证金。风控人员再次致电严某，告知严某马上要到7580元跌停价，当时价格为7582元，称先给严某平仓2手，剩余严某自己尽快处理。严某妻子黄某电话里表示在3点钟之前自己平仓，风控人员称若2时50分严某仍然未平仓，C营业部将进行强行平仓，否则S公司也会进行强行平仓。黄某通话中表示，合同中并无约定可以盘中强行平仓，风控人员答复称，根据合同约定，只要风险率超过强平线，公司有权强行平仓。之后，S公司风控人员致电严某，称严某持仓的交易所风险率已经超过100%，离闭市还有3分钟时间，询问严某是否平仓，否则S公司将强行平仓。电话联系结束后，C营业部将严某3手Y1009合约多单强行平仓，于14时57分55秒成交，成交价位为7594元，形成亏损8280元。严某与S公司商议未果，遂将C营业部和S公司诉至人民法院。

在庭审中原告严某诉称，被告C营业部的盘中强行平仓行为违反了期货交易当日无负债制度，故提起本案诉讼，请求两被告连带赔偿原告因强行平仓形成的经济损失及交易手续费等；认定讼争《期货经纪合同》第50条无效。

被告C营业部及被告S公司共同答辩称，原告的诉讼请求于法无据，不能成立。首先，被告C营业部的强行平仓行为是依据相关法律规定及合同约定执行，并履行了告知义务，该行为无过错，故不应赔偿原告经济损失等。

人民法院最终判决，原告严某与被告S公司于2009年2月23日签订的《期货经纪合同》中第50条约定无效；驳回原告严某的其余诉讼请求。一审判决后，双方当事人均未提起上诉。

【专家评析】

本案主要涉及以下几个问题：

(1) 关于保证金计算的比例。严某认为其持仓手数小于50万手，按照某交易所规定应当以5%计算保证金，某交易所风险管理办法第6条规定中的持仓总量，并非是单一客户的持仓总量，而是指合约月份的双边持仓总量，所以严某对于某交易所的规定在理解上有误。依据《期货经纪合同》的约定，S公司有权根据期货交易所规定的保证金比例计算客户保证金，而某交易所风险管理办法明确规定，新开仓交易保证金按前一交易日结算时交易保证金收取，而新开仓与原持仓在计算保证金时不可能采取不同比例，故可以理解为客户的持仓保证金也按照前一交易日结算时交易保证金收取。2009年11月26日豆油Y1009合约的保证金比例为8%，该比例即合同中约定的“交易所保证金比例标准”。此外，根据某交易所风险管理办法中关于豆油合约月份双边持仓总量大于50万手小于等于60万手时，交易保证金为合约价值8%的规定，严某2009年11月27日持仓的“交易所保证金比例”也应当为8%。故S公司对于严某2009年11月27日当天的交易进行风险控制时，以8%计算严某资金账户风险率，是符合合同约定的。

(2) S期货有限公司（以下简称S公司）C营业部是否有权在盘中对原告持仓进行风险率计算及强行平仓。严某认为C营业部无权在盘中计算风险率及强行平仓，该行为违反了合同约定和法律规定的期货交易当日无负债制度。然而，无论是盘中风险率的计算还是盘中强平，均与严某所称的应当按照当日结算价计算风险率不存在矛盾。结算价对于当日无负债结算制度的意义，除计算风险率外，还用于对交易双方的交易盈亏状况进行资金清算和划转，因此，在合同没有特别约定的情况下，保证金的追加与否虽然确实可以通过结算价予以确定，但在行情发生急剧变化的情况下，以结算价作为是否追加保证金的唯一和必然前提显然无法控制风险的发生。此外，本案中的《期货经纪合同》对于风险率的约定，充分体现了期货公司在盘中控制风险的意思表示，否则风险率区分为客户风险率及交易所风险率两种计算方式，无任何意义。至于盘中强行平仓的合法合规性，强制平仓实施的目的，在于将客户的亏损控制在一定范围之内，与盘中风险率计算一样，均属于期货公司的动态风险控制手段，也是化解风险的主动措施。C营业部的盘中强行平仓行为从合同约定来看，虽然风险控制部分约定原告客户风险率≥100%时，应当在下一交易日开市前追加保证金或自行减仓，但该约定系针对原告客户风险率超过控制线的处理方式，本案争议的强行平仓发生于在严某交易所风险率超过控制线的情况下，C营业部及时履行了通知义务，其行为不存在过错。关于合同约定的当日无负债结算，并未限定当日结算是追加保证金与否以及是否可以实施强行平仓的前提，因此盘中强平措施也是不违反该项约定的。C营业部、S公司均无须承担客户交易的损失。

（3）盘中强平不违背期货交易当日无负债制度。无论《最高人民法院关于审理期货纠纷案件若干问题的规定》还是国务院《期货交易管理条例》，涉及期货公司强行平仓的规定均未禁止盘中的强行平仓，故可以认为，盘中强平并不存在违反禁止性法律规定的情形。因此，被告C营业部在盘中对原告持仓的风险进行监控，并在行情发生急剧变化，原告又未追加保证金或自行减仓的情况下对原告持仓进行部分平仓，以使原告持仓的交易所风险率低于100%，未违反《期货经纪合同》的约定及相关禁止性法律规定，原告关于被告C营业部及被告S公司应当就强行平仓行为连带赔偿原告各项损失的诉讼请求，无事实及法律依据，不能得到支持。

（4）讼争《期货经纪合同》第50条约定的效力。该约定准许被告S公司在客户交易保证金不足、需要追加保证金的情况下，可以不履行通知义务而直接对客户持仓予以强行平仓。根据《最高人民法院关于审理期货纠纷案件座谈会纪要》的阐述，期货公司实施强行平仓应尽通知义务。《最高人民法院关于审理期货纠纷案件若干问题的规定》中也规定，对于期货公司未履行通知义务，当行情向持仓不利的方向变化导致客户透支发生的扩大损失，规定期货公司应当承担主要赔偿责任。因此，强行平仓前的通知义务应为期货公司的法定义务，为保障客户权益，规范期货公司强行平仓行为，甚而保障期货市场顺利发展所必需，期货公司无权通过约定予以排除。该条款系格式条款，实质上剥夺了客户对其持仓及保证金情况应当享有的知情权以及客户自行平仓或追加保证金的权利，根据我国合同法的相关规定，应为无效条款。但是，本案中人民法院注意到，被告C营业部在强行平仓之前，多次电话联系原告，告知原告风险率超标，并要求原告自行减仓或追加保证金，故被告C营业部实质上并没有按照第50条约定中的“在不通知客户的情况下”履行强行平仓行为，该条约定无效对被告C营业部强行平仓行为的合法有效不构成影响。

【法条指引】

中华人民共和国合同法

第四十条　格式条款具有本法第五十二条和第五十三条规定情形的，或者提供格式条款一方免除其责任、加重对方责任、排除对方主要权利的，该条款无效。

期货交易管理条例

第二十二条　期货公司应当建立、健全并严格执行业务管理规则、风险管理制度，遵守信息披露制度，保障客户保证金的存管安全，按照期货交易所的规定，向期货交易所报告大户名单、交易情况。

第三十四条　期货交易的结算，由期货交易所统一组织进行。

期货交易所实行当日无负债结算制度。期货交易所应当在当日及时将结算结果通知会员。

期货公司根据期货交易所的结算结果对客户进行结算，并应当将结算结果按照与客户约定的方式及时通知客户。客户应当及时查询并妥善处理自己的交易持仓。

第三十五条第二款　客户保证金不足时，应当及时追加保证金或者自行平仓。客户未在期货公司规定的时间内及时追加保证金或者自行平仓的，期货公司应当将该客户的合约强行平仓，强行平仓的有关费用和发生的损失由该客户承担。

最高人民法院关于审理期货纠纷案件若干问题的规定

第三十六条第二款 客户的交易保证金不足，又未能按期货经纪合同约定的时间追加保证金的，按期货经纪合同的约定处理；约定不明确的，期货公司有权就其未平仓的期货合约强行平仓，强行平仓造成的损失，由客户承担。

最高人民法院关于审理期货纠纷案件座谈会纪要

第五条第六项 期货交易中经纪公司或者客户应当按照规定追加保证金。经纪公司或客户接到追加保证金的通知后，未能在规定的时间内追加保证金，交易所或者经纪公司可以就其未平仓的期货合约强行平仓，因强行平仓而造成的损失由经纪公司或客户承担。交易所或经纪公司未履行通知义务而强行平仓，给经纪公司或客户造成损失的，应承担赔偿责任。

▶ 8. 经纪机构在贵金属延期交易强行平仓前是否负有通知义务？

【宣讲要点】

贵金属延期交易属于现货交易，并非传统意义的期货，但又具有期货交易的一些特征，如在保证金交易、持仓限额、强制平仓等风险管理制度方面与期货有较大的相似性。目前，因强行平仓引发的贵金属延期交易纠纷日益增多，对经纪机构在强行平仓前是否负有通知客户追加保证金义务的问题，存在一定争议。考虑到贵金属延期交易与期货交易的相似性，在法律、法规及司法解释对此问题未有明确规定的情况下，关于期货交易强行平仓追加保证金通知义务的规定，可以作为界定贵金属延期交易强行平仓中追加保证金通知义务的重要参考，并综合运用金融司法裁判的基本理念和民商法的基本法律原则，对该义务进行合理界定，以引导规范经纪机构的市场行为，保护广大投资者的根本利益，使贵金属延期交易市场健康发展。

【典型案例】

2011 年 4 月 2 日，Z 银行 M 支行代表 Z 银行与蒋某签订的《代理个人贵金属延期交收交易业务协议书》（以下简称《协议书》）约定，Z 银行代理蒋某向金交所申请贵金属延期交易委托，并代理蒋某进行资金清算和实物交割处理等业务。蒋某可通过 Z 银行的网上银行等渠道进行贵金属延期交收交易。第 16 条约定，蒋某有义务关注其延期交易的保证金和持仓状况，及时补充资金，满足 Z 银行对延期交易保证金的要求；Z 银行有权根据监管部门政策、金交所规则和市场状况的变化调整对蒋某延期交易的保证金要求。其中第 1 项约定，Z 银行代理蒋某延期交易的保证金比例，不得小于金交所规定的保证金比例与 Z 银行为防范风险要求蒋某追加的保证金比例之和，共计 15%（按蒋某持仓合约总市值计算）；Z 银行有权根据监管部门政策、金交所规则和市场状况的变化对上述保证金比例进行调整，蒋某必须及时补充资金，以满足 Z 银行要求的保证金比例。第 4 项约定，当蒋某交易保证金比例低于金交所对 Z 银行要求的、按蒋某相应持仓品种的价格和数量计算的会员保证金比例时，Z 银行除有权暂停蒋某相应交易外，有权在不进行事先通知的情况下对蒋某持有头寸进行强行平仓处理。第 6 项约定，当蒋某交易保证金比例低于 Z 银行要求的、按蒋某相应持仓品种的价格和数量计算的保证金比例时，Z 银行有权（但无义务）适时地通过电话银行、网上银行或手机短信等渠道，通知蒋某关注持仓盈亏情况，并要求蒋某及时追加补充交易保证金，Z 银行对蒋某实时执行强制平仓交易，与是否事先通知蒋某追加补充交易保证金无关。第 17 条第 1 项约定，蒋某的交易保证金低于金交所对 Z 银行要求的、按蒋某相应持仓品种的价格和数量计算的会员保证金比例，且蒋某未能在规定时限内补足交易保证金，Z 银行有权对蒋某部分或全部合约头寸进行强行平仓，强行平仓所得资金与原交易保证金剩余资金之和应能够补足剩余合约头寸的应付交易保证金。

Z银行于2011年9月26日向客户发出《Ag（T+D）保证金比例及涨跌停板幅度调整公告》：如果Ag（T+D）合约于9月26日（周一）收盘时继续同方向跌停（即出现第二个连续单边市），自9月26日日终清算时起Ag（T+D）合约的保证金比例从20%调整至23%。

9月26日交易日白银Ag（T+D）合约跌停，在9月26日日终收市后，蒋某的保证金已低于金交所保证金比例要求，Z银行系统生成了对蒋某触达红色强平线的通知，通知单发送至蒋某的网上银行。9月26日21时6分10秒（即9月27日交易日），蒋某持有的Ag（T+D）合约由Z银行分3笔强行平仓。在交易过程中，蒋某与Z银行、Z银行M支行、S金交所发生争议，遂诉至人民法院。

在庭审中原告蒋某向人民法院诉称，Z银行、M支行在没有通知的情况下强行平仓，损害了其利益；S金交所未对其会员进行有效的规制，应当对其会员给客户造成的损失承担连带责任。故要求Z银行、M支行赔偿直接经济损失37万元、间接经济损失50万元；S金交所承担连带责任。

Z银行、M支行辩称，Z银行强行平仓符合协议约定，且无须事前通知蒋某。蒋某有义务关注其延期交易业务保证金和持仓情况，及时补充保证金。蒋某在9月26日多次登录网上银行，对其保证金账户不足的情况应当是明知的，但没有采取追加保证金或自行平仓的操作，相关损失应当由其自行承担。

S金交所辩称，蒋某和M支行、Z银行之间是合同纠纷，而蒋某要求金交所承担连带赔偿责任，则是侵权之诉，两种诉讼存在竞合，不应将金交所列为本案被告。蒋某未提供证据证明金交所存在疏忽管理会员的行为。请求人民法院依法驳回蒋某的诉求。

人民法院经审理认为，在已符合双方合同约定的强行平仓标准和条件，Z银行已经履行了通知义务，而蒋某仍未采取补足保证金或自行平仓操作的情形下，Z银行为控制其自身及客户的交易风险，于2011年9月26日21时6分10秒（即9月27日交易日）对蒋某持有的Ag（T+D）合约实施强行平仓，并无不当。S金交所并非涉案委托合同的相对方，蒋某主张金交所对M支行、Z银行的赔偿承担连带责任，缺乏事实和法律依据，不予支持。判决驳回蒋某全部诉讼请求。宣判后，蒋某不服一审判决，提起上诉。

二审人民法院经审理认为，原审判决认定事实清楚，适用法律正确，判决驳回上诉，维持原判。

【专家评析】

本案主要争议焦点为Z银行在强行平仓之前是否负有通知蒋某追加保证金的义务。

本案中，蒋某认为Z银行强行平仓之前负有通知蒋某的义务；Z银行根据协议约定，认为其有权在不进行事先通知的情况下对蒋某的合约进行强行平仓。对此问题应结合金融司法裁判的基本理念，运用民商法的基本法律原则，参照期货制度的相关规定，作出公平合理的界定。

(1) 从知情权方面看，合同法第60条规定，当事人应当按照约定全面履行自己的义务。当事人应当遵循诚实信用原则，根据合同的性质、目的和交易习惯履行通知、协助、保密等义务。Z银行强行平仓之前通知蒋某追加保证金的义务应属于上述条文中履行通知义务的范畴，也是客户知情权的重要内容。只有在知情的条件下，客户才能作出最有利于自己的选择，使自身利益最大化。因此，为保护广大投资者的利益，司法裁判有必要为投资者的知情权设立一个可靠的安全边界。

(2) 从交易所规则方面看，《上海黄金交易所章程》第17条第2项规定，会员应当遵守交易所章程、业务规则及有关决定。Z银行为金交所金融类会员，故其负有遵守《上海黄金交易所章程》、业务规则及有关决定的义务。而且《协议书》首部使用黑体字标注“特别提示”：Z银行提醒客户在签订本协议前，详细阅读《上海黄金交易所延期交收交易规则》等相关规定和公告。在该协议书尾部使用黑体字标注“提示”：请客户务必充分阅读、理解本协议及金交所相关交易规则。根据《上海黄金交易所延期交收交易规则》第56条的规定，会员负责客户交易的风险控制。为控制交易风险需要对客户持仓实施强行平仓的，应当符合双方合同规定的标准和条件，并以约定的方式通知客户。即Z银行作为金交所会员，应当遵守金交所的上述规定，应当在强行平仓前以约定的方式通知客户。

(3) 从期货相关规定方面看，《期货交易管理条例》第35条规定，期货交易所会员的保证金不足时，应当及时追加保证金或者自行平仓。会员未在期货交易所规定的时间内追加保证金或者自行平仓的，期货交易所应当将该会员的合约强行平仓，强行平仓的有关费用和发生的损失由该会员承担。客户保证金不足时，应当及时追加保证金或者自行平仓。客户未在期货公司规定的时间内及时追加保证金或者自行平仓的，期货公司应当将该客户的合约强行平仓，强行平仓的有关费用和发生的损失由该客户承担。即在期货强行平仓之前，期货公司负有通知客户追加保证金的义务。《最高人民法院关于审理期货纠纷若干问题的规定》又进一步强调了期货公司的通知义务，其中第57条第2款规定，期货公司向客户发出追加保证金的通知，客户否认收到上述通知的，由期货公司承担举证责任。该条款实际上也确认了期货公司有向客户发出追加保证金的通知义务，并应承担证明已经发出通知的责任。贵金属延期交易属于现货交易，并非传统意义的期货，但又具有期货交易的一些特征，如在保证金交易、持仓限额、强制平仓等风险管理制度方面与期货有较大的相似性。因此，关于期货交易强行平仓追加保证金通知义务的规定，可以作为界定贵金属延期交易强行平仓中追加保证金通知义务的重要参考。

(4) 从格式条款方面看，蒋某主张Z银行在强行平仓之前负有通知蒋某的义务，其依据为《协议书》第17条第1项中“蒋某未能在规定时限内补足交易保证金，Z银行有权对蒋某部分或全部合约头寸进行强行平仓”的约定；而Z银行主张上述通知并非Z银行的义务，其依据为《协议书》第16条第4项中“当蒋某交易保证金比例低于金交所对Z银行要求的、按蒋某相应持仓品种的价格和数量计算的会员保证金比例时，Z银行除有权暂停蒋某相应交易外，有权在不进行事先通知的情况下对蒋某持有头寸进行强行平仓处理”的约定。该《协议书》是Z银行为了重复使用而预先拟定，并向不特定的客户而提供，属于格式合同。根据合同法第41条的规定，对格式条款的理解发生争议的，应当按照通常理解予以解释。对格式条款有两种以上解释的，应当作出不利于提供格式条款一方的解释。格式条款和非格式条款不一致的，应当采用非格式条款。据此应作出不利于提供格式条款一方即Z银行的解释，即Z银行在强行平仓之前负有通知蒋某的义务。另外，合同法第40条规定，提供格式条款一方免除其责任、加重对方责任、排除对方主要权利的，该条款无效。Z银行在格式合同中免除了自己主动通知的义务，《协议书》中“Z银行有权在不进行事先通知的情况下对蒋某持有头寸进行强行平仓处理”的约定应属无效，Z银行的上述通知义务不能通过合同约定予以免除。

Z银行在2011年9月26日日终收市后（即15时30分后），蒋某的保证金已低于金交所保证金比例要求，系统生成了对蒋某触达红色强平线的通知。通知单发送至蒋某的网上银行，其中要求追加保证金的金额为25万余元，蒋某可在其网上银行的通知单查询菜单处查看该通知。《协议书》第9条约定，蒋某自行选择使用Z银行提供的网上银行、电话银行或其他交易渠道进行交易。而蒋某分别于2011年9月26日19时7分15秒、20时52分4秒登录Z银行网上银行，并通过网上银行进行了转账操作。在此种情况下，结合上述有关蒋某注意义务的具体分析，Z银行将蒋某已触达红色强平线的通知发送至蒋某的网上银行，应视为Z银行在强行平仓之前已经履行了通知蒋某的义务。

综上所述，在符合双方合同约定的强行平仓标准和条件，Z银行已履行通知蒋某的义务，而蒋某仍未采取补足保证金或自行平仓操作的情形下，Z银行为控制其自身及客户的交易风险，于2011年9月26日21时6分10秒（即9月27日交易日）对蒋某持有的Ag（T+D）合约实施强行平仓，并无不当，相应的交易后果由蒋某自行承担。

【法条指引】

中华人民共和国合同法

第四十条 格式条款具有本法第五十二条和第五十三条规定情形的，或者提供格式条款一方免除其责任、加重对方责任、排除对方主要权利的，该条款无效。

第四十一条 对格式条款的理解发生争议的，应当按照通常理解予以解释。对格式条款有两种以上解释的，应当作出不利于提供格式条款一方的解释。格式条款和非格式条款不一致的，应当采用非格式条款。

第六十条 当事人应当按照约定全面履行自己的义务。

当事人应当遵循诚实信用原则，根据合同的性质、目的和交易习惯履行通知、协助、保密等义务。

期货交易管理条例

第三十五条第二款 客户保证金不足时，应当及时追加保证金或者自行平仓。客户未在期货公司规定的时间内及时追加保证金或者自行平仓的，期货公司应当将该客户的合约强行平仓，强行平仓的有关费用和发生的损失由该客户承担。

最高人民法院关于审理期货纠纷案件若干问题的规定

第五十七条第二款 期货公司向客户发出追加保证金的通知，客户否认收到上述通知的，由期货公司承担举证责任。

▶ 9. 变相期货交易（非法期货交易）如何认定？应承担何种责任？

【宣讲要点】

变相期货交易这一概念首次出现于国务院公布的《期货交易管理条例》当中，其中第89条规定，任何机构或者市场，未经国务院期货监督管理机构批准，采用集中交易方式进行标准化合约交易，同时采用以下交易机制或者具备以下交易机制特征之一的，为变相期货交易：（1）为参与集中交易的所有买方和卖方提供履约担保的；（2）实行当日无负债结算制度和保证金制度，同时保证金收取比例低于合约（或者合同）标的额20%的。然而，2012年9月12日国务院第216次常务会议通过了《国务院关于修改〈期货交易管理条例〉的决定》，新修订的《期货交易管理条例》

将这一条关于变相期货交易的规定作删除处理。修订内容第 4 条为，期货交易应当在依照本条例第 6 条第 1 款规定设立的期货交易所、国务院批准的或者国务院期货监督管理机构批准的其他期货交易场所进行，禁止在前款规定的期货交易场所之外进行期货交易。因此，对变相期货交易条款的删除不等同于取消了对变相期货交易的规制，而是考虑到原条例中按保证金收取比例等判断是否属于变相期货交易的规定在实践当中很容易被规避。针对实际中存在的问题，为了进一步明确期货监管以及清理整顿非法期货交易活动的法律依据，有必要对“期货交易”作出明确界定，而在对期货交易作出明确界定的情况下，凡属期货交易定义范围内的交易活动均可依法认定为期货交易，未经依法批准的即为非法期货交易活动，可不再对变相期货交易另作规定。

认定非法期货交易，不应受制于章程、制度的文字有无期货交易之名，而应着重审查其运作内容是否沿用期货的基本规则，是否符合期货交易的基本特征。对于在未获得中国证监会批准的情况下，为规避法律而以其他名称变相从事期货交易的非法经营行为，应认定为无效交易行为，并由责任方承担相应的法律责任。

【典型案例】

某茧丝绸交易市场（以下简称交易市场）成立于 1993 年，其任务是在指定的交易场所组织茧丝绸商品的现货和期货交易，交易方式为现货及网上合同的订购，公开交易统一检验结算，实行基本保证金和追加保证金制度，买卖双方在成交后均应向市场交纳手续费等。而某茧丝绸市场交易结算公司（以下简称结算公司），为对交易市场内企业间现货交易进行结算和担保，其将会员交易所得利润和交易亏损进行轧抵，按规定收取各种保证金和交易手续费。

D 茧丝绸棉业有限公司（以下简称 D 公司）于 2003 年 5 月由交易市场在公司住所地安装电脑程序软件，通过交易市场在互联网上开设的“金蚕网”进行合同订购交易。根据交易市场和结算公司制定的《交易市场章程》（以下简称《章程》）、《合同订购交易规则（试行）》（以下简称《交易规则》)、《合同订购交易结算实施细则》(以下简称《结算细则》)有关保证金的规定，会员参与交易之前必须缴存履约保证金到专用账户上，方可进行交易。该保证金汇到专用账户后，由结算公司保管，会员以一次性签署授权委托书的方式概括授权结算公司按上述规定使用保证金。D公司遂分批汇款到结算公司指定账户作为保证金，并在交易市场撮合下进行合同订购交易业务。截至2005年10月底，D公司在指定保证金账户有余额1368万余元。

2005年11月7日、10日，结算公司通过“金蚕网”发布调整合同订购交易保证金的通知，对保证金的比例作两次调整提高，并要求凡需追加保证金的会员一律于11月14日上午9时之前将资金补足，否则结算公司将通知交易市场对所缺资金会员的在手合同进行强制转让。结算公司两次突然提高保证金比例的做法，使相关会员必须立即成倍增加巨额保证金，否则将被强行转让合同而使已经缴纳的保证金遭到重大损失。交易市场于2005年12月14日发布了《合同强制转让办法》。该办法规定：会员在结算公司的结算准备金达不到按规定支付的合同履约保证金，并在规定时间内未补足的，结算公司通知该会员将其持有合同在规定时限内先自主转让，若会员未执行或无法执行完毕的，则由结算公司通知市场通过交易系统自动配对执行转让。并申明：本款所指市场包括为市场服务的公司——结算公司。

其间，结算公司在2005年11月11日通知D公司，要求D公司在2005年11月14日上午9时前补足合同订购保证金50万余元。又于2006年1月23日通知D公司称：截至2006年1月20日，D公司所缺保证金累计882万余元，如不能补足，要求在2006年1月25日下午交易前自主转让，否则将对D公司的订购合同实行强制转让。D公司于2006年1月25日通知结算公司称：贵公司提出合同保证金之事，公安局已立案侦查，你公司法定代表人刘某涉嫌诈骗合同保险金被追捕，因此，本案在刑事侦查未终结前，我公司停止交易。此时，D公司在结算公司处尚有干茧合约240手，计1200吨；尚有保证金1368万余元。2006年1月25日，交易市场和结算公司未经D公司同意，将D公司持有的198手干茧合约强行转让，造成D公司保证金损失1157万余元。另有保证金210万余元亦被结算公司按照其制定的结算规则抵扣，不予返还。

2006年6月20日，D公司将交易市场和结算公司诉至人民法院称，其于2005年年底才了解到交易市场和结算公司未获得经营所必须具有的特别许可证，请求人民法院判令交易市场和结算公司返还非法占有的保证金210万余元，并赔偿保证金损失1157万余元。

交易市场和结算公司辩称：按照结算规则计算，D公司共应给付交易市场和结算公司1884万余元，扣除其账户余额1368万余元后，尚欠其保证金515万余元。

一审人民法院经审理，判决交易市场、结算公司返还D公司保证金210万余元；交易市场、结算公司给付D公司保证金及损失1157万余元。上述合计1368万余元，在判决生效后10日内履行完毕；交易市场与结算公司对上述付款义务负连带清偿责任。交易市场和结算公司不服一审判决，以其从未从事或变相从事期货经纪业务等为由提起上诉。

二审人民法院认为，原一审判决部分事实认定和法律适用不当，应予纠正，但实体处理并无不当，应予维持。判决驳回上诉，维持原判。

【专家评析】

此案作为变相期货交易的典型案例曾引起媒体的广泛关注。期货市场的主要特征是基于保证金制度基础上的集中对冲交易机制，变相期货实质上是没有国家主管部门批准（不具备条件）的机构或市场，以现货的名义采用期货交易的部分运行机制，开展以保证金为基础的远期标准化合同的集中交易，其往往存在较大的风险隐患，成为市场经济的一颗毒瘤。对于未获得中国证监会批准的情况下，为规避法律而以其他名称变相从事期货交易的非法经营行为，应认定为无效交易行为，并由责任方承担相应的法律责任。

就本案而言，交易市场虽在其章程等制度的文字上以“现货合同订购”或“合同订购交易人”名称代替了“期货交易”字样，但其规则内容仍一直沿用期货的基本规则制度，是一种名为现货订购交易、实为变相期货交易的行为。由于交易市场和结算公司的设立未经中国证监会批准，其所从事的所有交易行为均被认定为无效行为。此案对交易行为性质的认定及处理结果对同类案件的审理提供了一个较好的范例，直接影响到全国其他同类市场的经营合法性的判断。

（1）交易市场与结算公司所组织的现货订购交易是否是非法期货交易。首先，根据《期货交易管理条例》第2条第2款的规定，期货交易是指采用公开的集中交易方式或者国务院期货监督管理机构批准的其他方式进行的以期货合约或者期权合约为交易标的的交易活动。本案中，交易市场和结算公司所采取的交易机制与《期货交易管理条例》所规定的期货交易特征极为相近。其次，根据《期货交易管理条例》第2条第3款的规定，期货合约是指由期货交易所统一制定的、规定在将来某一特定的时间和地点交割一定数量标的物的标准化合约，包括商品期货合约和金融期货合约及其他期货合约。期货交易所负责设计期货合约、安排期货合约上市，市场交易的标的为标准化的期货合约。交易市场的《交易规则》所确定交易标的为由交易市场统一制定的合同，该合同明确了交易商品的重量、质量、等级等指标，并且规定交货的时间为合同到期月份的25日，交货地点为交易市场注册的仓库，具有期货合约的性质。再次，《期货暂行条例》规定，会员在期货交易中违约的，先以该会员的保证金承担违约责任；保证金不足的，期货交易所应当以风险准备金和自有资金代为承担违约责任，并由此取得对该会员的相应追偿权。交易市场《章程》中规定会员在市场合同订购交易中按规定成交的合同如出现一方违约，由结算公司选择代替违约者履行合同的责任或给予非违约方经济补偿。最后，《期货暂行条例》规定期货交易所实行每日结算制度。期货交易所会员的保证金不足时，该会员必须追加保证金。会员未在期货交易所统一规定的时间内追加保证金的，期货交易所应当将该会员的期货合约强行平仓，强行平仓的有关费用和发生的损失由该会员承担。结算公司的《结算细则》也明确规定市场每日交易结束后进行登记结算，市场交易实行履约保证金制度，当会员结算准备金不足以支付交易保证金的，会员必须在下一个交易日开市前全额补足。当交易保证金超过当日结算准备金余额20%，会员仍未补足所欠资金的，结算公司发出强制转让通知书，通知市场对会员成交合同代为转让，由此所引起的一切损失及相关费用由该会员承担。因此，结算公司、交易市场组织的现货订购交易具备了期货交易的特征，且未经期货管理部门的批准，应认定为非法期货交易。

(2) 结算公司、交易市场与D公司之间法律关系的性质及效力。首先，结算公司、交易市场与D公司之间的法律关系为期货交易合同法律关系。交易市场与结算公司虽然系两个独立的法人组织，业务范围也不同，交易市场的业务范围为茧丝绸交易市场的建设、经营及管理，结算公司的经营范围为对交易市场内企业间现货交易进行结算和担保，但是结算公司、交易市场的业务范围是其所组织交易的两个阶段，交易市场负责确定交易品种合约，提供交易的场所，组织交易并通过交易系统撮合成交；结算公司负责进行接收保证金、日常结算和最终的实物交割，一个交易的完成必须要经过这两个阶段，结算公司、交易市场的行为对于交易的参与者来说是不可分割的一个整体。因此，交易的参与者与结算公司、交易市场之间形成的是同一个法律关系。正如前文所述，结算公司、交易市场所组织的现货订购交易实为变相期货交易，D公司汇入保证金，参与交易和结算，与结算公司、交易市场之间形成的是共同的期货交易合同法律关系。

至于双方法律关系的效力，结算公司、交易市场与D公司之间期货交易合同法律关系当为无效法律关系。根据《期货暂行条例》的相关规定，未经中国证监会批准，任何单位或者个人不得设立或者变相设立期货交易所。结算公司、交易市场在未获得中国证监会批准的情况下，以现货订购交易形式组织变相的期货交易，实为变相设立期货交易所从事期货交易，违反了行政法规的禁止性规定，其所从事的所有交易行为均为无效交易行为。D公司参与交易，与结算公司、交易市场之间所形成的期货交易合同法律关系，也因违反行政法规禁止性规定而无效。

(3) D公司参与变相期货交易损失的责任划分。如前所述，结算公司、交易市场以进行茧丝绸现货订购交易的名义分别获得相关政府部门批准登记设立为法人组织，又以交易市场名义发展会员单位，并制定了《交易规则》和《结算细则》，组织会员进行变相期货交易行为，属于未取得期货业务主体资质擅自进行期货业务，依法应认定所从事的变相期货交易行为无效。结算公司、交易市场作为变相期货业务的设计者和组织者，在交易过程中处于主导地位，对交易行为的无效负有全部责任。D公司作为参与交易的会员单位，在交易过程中处于从属地位，且在得知结算公司、交易市场从事非法经营活动真相后及时通知两被告停止交易，但结算公司、交易市场仍然对D公司所持有的仓单进行强行平仓，对剩余的保证金予以扣收，直接造成了D公司保证金的全部损失。结算公司、交易市场认为其所采取的措施符合会员大会制定的《交易规则》《结算细则》和《合同强制转让办法》的规定，但这些规则因违反行政法规的禁止性规定而归于无效，结算公司、交易市场在D公司停止交易的情况下以其交易、结算规则对D公司所持有的仓单平仓、扣收保证金行为亦属无效。况且，结算公司、交易市场在交易过程中本身也存在违反《交易规则》和《结算细则》的行为，该行为系本案争议的交易过程中交易价格异动的重要原因，与D公司保证金的损失存在因果关系，结算公司、交易市场对D公司在本案变相期货交易过程中产生的损失应负全部赔偿责任。

【法条指引】

期货交易管理条例

第二条 任何单位和个人从事期货交易及其相关活动，应当遵守本条例。

本条例所称期货交易，是指采用公开的集中交易方式或者国务院期货监督管理机构批准的其他方式进行的以期货合约或者期权合约为交易标的的交易活动。

本条例所称期货合约，是指期货交易场所统一制定的、规定在将来某一特定的时间和地点交割一定数量标的物的标准化合约。期货合约包括商品期货合约和金融期货合约及其他期货合约。

本条例所称期权合约，是指期货交易场所统一制定的、规定买方有权在将来某一时间以特定价格买入或者卖出约定标的物（包括期货合约）的标准化合约。

第六条 设立期货交易所，由国务院期货监督管理机构审批。

未经国务院批准或者国务院期货监督管理机构批准，任何单位或者个人不得设立期货交易场所或者以任何形式组织期货交易及其相关活动。

▶ 10. 未经国家证监会和国家外汇管理局批准而开展外汇按金交易业务，代理客户进行外汇按金交易，按客户指令操作，产生的交易后果谁来承担？

【宣讲要点】

无效民事行为，是指欠缺法律行为根本生效要件，自始、确定和当然不发生行为人意思之预期效力的民事行为。无效的民事行为，从行为开始起就没有法律约束力。其含义是：（1）自始无效。无效民事行为之无效，自行为开始起发生，该行为之意思，从开始起就不被法律所认可。（2）当然无效。即无效民事行为，无须任何人主张，也不待人民法院或仲裁机构宣告，即无效。该行为无效不以主张、确认和宣告为要件。（3）意思无效。无效民事行为之无效，是指当事人意思不发生效力，而不是说没有任何法律效力。民事法律行为的根本属性之一在于意思表示内容的合法性。因此，意思表示如果违法，当然不属于民事法律行为。所谓违法行为，不仅指违反民法规范，也包括违反其他部门法的规范，同时包括违反国家政策，损害社会公共利益。

所谓外汇保证金交易（又叫炒外汇），是指通过与（指定投资）银行签约，开立信托投资账户，存入一笔资金（保证金）作为担保，由（投资）银行（或经纪行）设定信用操作额度（即20—400倍的杠杆效应，超过400倍是违法行为）。投资者可在额度内自由买卖同等价值的即期外汇，操作所造成之损益，自动从上述投资账户内扣除或存入。让小额投资者可以利用较少的资金，获得较大的交易额度，和全球资本一样享有运用外汇交易作为规避风险之用，并在汇率变动中创造利润机会。综合地说，炒外汇就是一种投资行为。

按照我国目前的法律法规，从事外汇保证金交易必须具备相应的资格，缺乏主体资格的当事人在外汇交易中进行的期货经纪业务因违反法律法规的相关规定而归于无效。证券公司代理客户的外汇按金交易，只要是按照客户及其经纪人的指令进行，客户因此所造成的保证金亏损及其他损失与证券公司之前无因果关系，客户应自己承担这一正常的交易风险，不能将该风险转嫁给他人。

【典型案例】

1995年4月12日，杨某与Y公司签订了《开户申请表》《调拨资金授权书》《顾客契约》《风险公开声明》约定：杨某在Y公司开立账户以供买卖及对冲各种商品及期货之用，Y公司提供进行交易的场地、设备、信息和咨询等服务，并保证顾客投入资金的安全运转和所有作单注入市场。顾客对其入市时所付之基本保证金及随后因补仓而加付之额外保证金的亏蚀负责。杨某授权许某为经纪人下达买卖指令。

1995年4月12日，Y公司为杨某开设内部使用账号V6018。杨某于开户当日存入保证金10万元人民币，于4月26日、5月11日、5月15日、10月4日分别存入保证金16万元、5万元、10万元、2000元人民币，共计41.2万元人民币，进行外汇按金交易。1995年7月底，杨某撤出保证金7万元人民币。同年10月20日，杨某退出交易，其间共亏损保证金31.6万元人民币，Y公司将剩余2.6万元人民币退还杨某。杨某对此退款有争议，遂诉至人民法院。

在庭审中人民法院查明，Y公司以自己的名义开设交易账户，账号为DIO15Q，通过其上手进行外汇按金交易。Y公司于1994年3月由A公司申请开办成立，Y公司经乌鲁木齐市工商局登记领取企业法人营业执照，注册资金1000万元，经营方式为中介服务。1997年7月31日，Y公司企业法人营业执照被乌鲁木齐市工商局吊销。Y公司的注册资金1000万元应由A公司注入，但A公司实际未向Y公司注入注册资金。

原告杨某诉称，1995年4月12日，杨某与Y公司签订开户申请表和“外币现货交易细则”。杨某打入保证金41.2万元并委托Y公司进行交易。同年7月底，杨某撤出资金7万元。至同年10月20日，杨某累计亏损31.6万元，杨某所剩保证金2.6万元后退出交易，Y公司从事期货交易纯属非法经营，双方所签文件均属无效，Y公司也未将保证金入市交易。Y公司系由A公司开办，Y公司注册资金1000万元人民币也系A公司提供担保并承诺投入，但A公司并未向Y公司实际投入注册资本。Y公司后被乌鲁木齐市工商局吊销企业法人营业执照。为此，请求判令被告承担以下法律责任：退还保证金31.6万元；赔偿保证金利息13.4万元。

被告A公司辩称，Y公司违规开展期货经纪业务属实。Y公司根据与原告签订的客户申请表和“外币现货交易细则”收取原告保证金后在自己开立的总账户（DLO15Q）名下下单进行交易，造成原告保证金亏损属于正常的交易风险。原告所说的Y公司未将客户保证金入市交易与事实不符。Y公司不应承担民事赔偿责任。为此，请求驳回原告的诉讼请求。

人民法院经审理认为：杨某委托Y公司进行的外汇买卖系外汇按金交易。Y公司是从事一般商品中介服务的公司，国家并未批准其代客户进行外汇按金交易，Y公司没有从事该项代理业务的主体资格，Y公司代理客户进行外汇按金交易是违法经营；客户委托Y公司进行外汇按金交易是我国法律所不允许的，因此也是违法的，故杨某与Y公司签订的顾客契约无效。A公司通过举证证明Y公司已将客户的指令通过DLO15Q账户由某保险公司外汇交易客户部进行了交易。杨某保证金的损失与其下达的指令有直接的因果关系，Y公司只是按照杨某及其经纪人下达的指令进行操作。而且，杨某没有举证证明Y公司在交易指令操作中有过错。Y公司非法经营不是导致客户保证金损失的直接原因。故杨某保证金的亏损属于正常交易风险，Y公司对杨某的亏蚀保证金及利息不应承担民事赔偿责任，杨某要求A公司退还其亏蚀的保证金及利息的请求，本院不予支持。据此判决驳回杨某要求A公司退还亏损的保证金31.6万元及赔偿保证金利息13.4万元的诉讼请求。杨某不服一审判决，提出上诉。

二审人民法院认为原审判决并无不当，判决驳回上诉，维持原判。

【专家评析】

杨某委托被告A公司开办的Y公司所进行的外汇买卖，其性质属外汇按金交易。委托方与受托方为退还保证金或损害赔偿发生纠纷应如何处理，可依据《最高人民法院关于审理期货纠纷案件座谈会纪要》中提出的有关原则性要求妥善处理。该纪要第7条对期货交易中的无效民事行为及其民事责任问题作出规定，即，没有从事期货经纪业务的主体资格而从事期货经纪业务的应认定为无效。无效行为给当事人造成保证金或佣金等损失的，应当根据无效行为与损失之间的因果关系确定责任的承担，如果一方的损失确系对方行为所致，则应判令对方承担赔偿损失的责任；如果一方的损失属于正常风险，而非另一方的行为所致，则不应判令另一方承担赔偿损失的责任。例如，未经批准而从事期货经纪业务的，如果有证据证明期货经纪公司已经按照客户的指令进入期货交易市场进行交易，客户的损失属于正常风险损失，经纪公司对此不应承担民事赔偿责任。纪要第8条对因外汇按金交易引起的委托方要求退还保证金、赔偿损失纠纷的处理也作了原则性规定，即，对这类案件可参照处理期货纠纷案件的有关原则处理。凡未经证监会和国家外汇管理局批准，擅自开展外汇按金交易业务的，客户委托未经批准登记的机构进行外汇按金交易的，均属违法行为。客户对剩余保证金可以请求返还。对客户请求赔偿损失的，也应认真分析损失与行为之间的因果关系，根据过错责任原则予以处理。

结合本案事实及纪要中的有关规定，我们可以得出这样3点结论：第一，Y公司未经国家证监会和国家外汇管理局批准而开展外汇按金交易业务，代理客户进行外汇按金交易，是违法行为，其与杨某间订立的委托外汇按金交易契约应确认为无效；第二，Y公司代理杨某进行外汇按金交易，是按照杨某及其经纪人的指令进行的，杨某因此所造成的保证金亏损及其他损失与其指令失误有着直接的因果关系，而Y公司对此没有过错；第三，杨某在外汇按金交易中产生保证金亏损的后果，属于正常的交易风险，应由其自己承担，而不能将该风险转嫁给对此后果发生没有过错的Y公司的开办单位A公司。因此，杨某的亏损属于正常交易风险，Y公司对杨某亏损的保证金及利息不应承担民事赔偿责任。

综上3点，笔者认为一审人民法院判决驳回原告杨某要求被告A公司退还保证金及赔偿损失的诉讼请求，二审人民法院判决予以维持，是正确的。

【法条指引】

最高人民法院关于审理期货纠纷案件座谈会纪要

七、关于期货交易中的无效民事行为及其民事责任问题。会议认为，期货交易中的下列行为应认定为无效：

（一）没有从事期货经纪业务的主体资格而从事期货经纪业务的；

（二）以欺诈手段诱骗对方违背真实意思所为的；

（三）制造、散布虚假信息误导客户下单的；

（四）私下对冲、与客户对赌等违规操作的；

（五）其他违反法律或社会公共利益的。

上述无效行为给当事人造成保证金或佣金等损失的，应当根据无效行为与损失之间的因果关系确定责任的承担，如果一方的损失确系对方行为所致，则应判令对方承担赔偿损失的责任；如果一方的损失属于正常风险，而非另一方的行为所致，则不应判令另一方承担赔偿损失的责任，例如，未经批准而从事期货经纪业务的，如果有证据证明期货经纪公司已经按照客户的指令，进入期货交易市场进行交易，客户的损失属于正常风险损失，经纪公司对此不应承担民事赔偿责任。

会议还认为，对实施无效民事行为的当事人，根据具体情况，可以按照民法通则等有关规定，对其予以民事制裁。构成犯罪的，应移送有关机关依法追究刑事责任。

八、关于外汇按金交易问题。会议认为，外汇按金交易就其实质而言，属于一种远期的外汇现货交易，而不属于期货交易，但其在形式上与期货交易有相似之处。对这类案件可参照处理期货纠纷案件的有关原则处理。凡未经证监会和国家外汇管理局批准，擅自开展外汇按金交易业务的，客户委托未经批准登记的机构进行外汇按金交易的，均属违法行为。客户对剩余保证金可以请求返还。对客户请求赔偿损失的，也应认真分析损失与行为之间的因果关系，根据过错责任原则予以处理。

▶ 11. 无期货代理资格情形下，所代理期货交易的效力如何?

【宣讲要点】

期货经纪商，是指依法设立的以自己的期货经纪名义代理客户进行期货交易并收取一定手续费的中介组织。期货经纪商是客户和交易所之间的纽带，客户参加期货交易只能通过期货经纪商进行。由于期货经纪商代理客户进行交易，向客户收取保证金，因此，期货经纪商还有保管客户资金的职责。为了保护投资者利益，增加期货经纪商的抗风险能力，各国政府期货监管部门及期货交易所都制定有相应的规则，对期货经纪商的行为进行约束和规范。

《期货交易管理条例》第 15 条规定："期货公司是依照《中华人民共和国公司法》和本条例规定设立的经营期货业务的金融机构。设立期货公司，应当经国务院期货监督管理机构批准，并在公司登记机关登记注册。未经国务院期货监督管理机构批准，任何单位或者个人不得设立或者变相设立期货公司，经营期货业务。"第 18 条规定："期货公司从事经纪业务，接受客户委托，以自己的名义为客户进行期货交易，交易结果由客户承担。"从以上规定可见：（1）中国期货经纪公司的设立，需中国证监会批准，其身份为特定行为能力的经济组织；（2）期货经纪公司代客交易的事务属特定事务，仅限于买卖期货的活动，不包括事实行为；（3）经纪公司是以自己的名义而不是以客户的名义代为交易的，在期货交易所记录中反映出的买者和卖者，是经纪公司而不是客户，交易所和第三人并不知道客户的姓名或名称；（4）经纪公司代客交易的法律后果首先是由经纪公司承担，然后经纪公司再按与客户订立的《委托买卖协议书》的规定转移给客户，第三人不得以任何理由向客户主张权利；（5）经纪公司代客交易，收取佣金，不存在无偿的情况。从以上分析可以看出，中国期货经纪商不符合代理的一般条件，因而其法律性质不是代理，而与行纪十分相似。另外，合同法第414条也规定："行纪合同是行纪人以自己的名义为委托人从事贸易活动，委托人支付报酬的合同。"据此，在中国期货立法中应将期货经纪商的法律性质定性为行纪，而非代理。因此，开展期货业务，具备相应的资格是尤为重要的。不具有相应的资格而从事期货经纪业务的，其行为因违反行政法规规定而归于无效，属于非法经营，但由于期货交易是通过电子系统进行，交易的对方是不特定的，因此，对于受托人无期货代理资格致合同无效的处理方式，与普通合同无效的处理方式有所不同，不宜机械地套用合同无效、恢复原状的处理方式，从而否定期货交易的结果。

【典型案例】

1994年12月26日，海南K公司与海南N总公司H分公司（以下简称H公司）签订委托代理协议，由H公司代理K公司在海南Z期货交易所（以下简称Z交易所）的期货交易业务。后K公司的股东吴一（化名）、吴二（化名）也在H公司开户，上述3个户的每日交易结算均由K公司的法人代表吴一签字。1997年8月7日之前K公司在其开户内（代码000002）R708的持仓量为720手；吴一在其开户内（代码119999）R708的持仓量为330手；吴二在其开户内（代码130000）R708的持仓量为250手。以上K公司R708持仓量共1300手，于1997年8月7日由海南N总公司（以下简称N公司）予以场外协议平仓。据1997年7月30日N公司与上海某期货经纪有限公司签订的协议书，双方约定将各自所持的R708合约场外平仓，价差款由Z交易所监督结算中心划给N公司指定账户。至1998年4月21日，Z交易所已向N公司划付完毕与该期货经纪有限公司场外平仓的全部差价款。N公司应向K公司返还1300手场外平仓差价款325万元，但只返还了143万元，尚欠182万元没有返还，K公司遂诉至人民法院要求N公司和H公司返还协议平仓差价款及利息。人民法院查明

N公司开办的H公司无独立法人资格，N公司与H公司的期货代理业务资格均未获得批准。

人民法院经审理，判决N公司于判决生效起10日内返还K公司协议平仓差价款182万元及逾期利息（利息从1999年5月1日起按每日万分之三计付至付款之日止），逾期则按中国人民银行规定的同期贷款最高利率加倍支付迟延期间的债务利息。N公司不服一审判决，提出上诉。

二审人民法院维持了原判决。N公司又申请了再审，再审人民法院亦维持了原二审判决。

【专家评析】

1997年8月7日K公司法定代表人吴一在1300手R708合约交易结算单上签字，应视为K公司在当时一次性已处分完毕自己的1300手R708合约的全部权益。该1300手R708合约场外协议平仓，根据《最高人民法院关于审理期货纠纷案件座谈会纪要》第7条第1款之规定，N公司、H公司无代理期货经纪业务资格，其代理行为应依法确认无效，H公司作为分公司无独立法人资格，其民事责任应由N公司承担。但是，由于期货合约交易的特殊性、交易对象的不确定性，导致对该1300手R708合约不可能作返还处理。

K公司属私营性质的有限责任公司，吴一、吴二为K公司股东，其期货账户交易资金由K公司划付，交易结算均由K公司的法定代表人吴一办理。H公司在结算时均认可R708持仓1300手的为K公司，并在该公司000002账户中统一提取和返还差价款，故K公司对1300手R708协议平仓的差价款余额182万元拥有实体权利。H公司对尚欠182万元不返还的行为，属侵权行为，应依法承担民事责任。N公司应返还K公司协议平仓差价款182万元及逾期利息。

【法条指引】

最高人民法院关于审理期货纠纷案件座谈会纪要

七、关于期货交易中的无效民事行为及其民事责任问题。会议认为，期货交易中的下列行为应认定为无效：

（一）没有从事期货经纪业务的主体资格而从事期货经纪业务的；

（二）以欺诈手段诱骗对方违背真实意思所为的；

（三）制造、散布虚假信息误导客户下单的；

（四）私下对冲、与客户对赌等违规操作的；

（五）其他违反法律或社会公共利益的。

上述无效行为给当事人造成保证金或佣金等损失的，应当根据无效行为与损失之间的因果关系确定责任的承担，如果一方的损失确系对方行为所致，则应判令对方承担赔偿损失的责任；如果一方的损失属于正常风险，而非另一方的行为所致，则不应判令另一方承担赔偿损失的责任，例如，未经批准而从事期货经纪业务的，如果有证据证明期货经纪公司已经按照客户的指令，进入期货交易市场进行交易，客户的损失属于正常风险损失，经纪公司对此不应承担民事赔偿责任。

会议还认为，对实施无效民事行为的当事人，根据具体情况，可以按照民法通则等有关规定，对其予以民事制裁。构成犯罪的，应移送有关机关依法追究刑事责任。

▶ 12. 期货公司对其所提供的交易软件是否应承担合同附随义务？

【宣讲要点】

证券、期货交易市场中，券商和期货公司选择、提供交易系统是目前的行业惯例。而近年来，因证券、期货交易系统故障引发金融消费者索赔的纠纷时有发生。在对交易系统的选择和确定上，金融消费者不具有主导性，往往处于被动接受并无权改变的地位。而券商和期货公司虽非交易系统的制作主体，但作为该交易系统的指定和提供者，对确保该系统的正常运行以满足金融消费者进行正当金融活动的需求具有不可推卸的附随义务。由此，券商和期货公司应当通过对交易系统定期或不定期的测试以发现系统可能存在的瑕疵，并通过程序更新予以修补，或对金融消费者进行必要的提示和指导，以避免因交易系统故障而致使金融消费者遭受损失。否则，券商和期货公司就应当对其因疏于履行该合同附随义务而承担相应的责任。对交易系统故障是否属于不可抗力、客户损失与交易系统故障之间是否存在相当因果关系、券商和期货公司是否应当负有的合同附随义务等问题进行进一步明晰，有利于促进证券、期货行业改善系统安全，提升服务意识，从而较好地保障金融消费者的合法权益。

合同法上的附随义务，是指法律无明文规定，当事人亦无明确约定，为保护对方利益和稳定交易秩序，当事人依诚实信用原则所应负担的义务。附随义务在合同履行过程中，为辅助实现债权人之给付利益或周全保护债权人之人身或其财产利益，债务人遵循诚实信用原则，根据合同的性质、目的和交易习惯而履行的通知、协助、保密、保护等给付义务以外之义务，是债的关系在其发展的过程中，为使债权能够圆满实现，和保护债权人其他权益，基于诚实信用原则而应履行的义务。广义的附随义务是于合同关系发展的各个阶段均可发生的，当事人依诚信原则所应负担的义务。狭义的附随义务，为合同履行中依诚信原则产生的给付义务以外的义务。合同附随义务，是合同义务的一种扩张。

期货网上交易软件系统系期货公司提供给客户用于传达交易指令的工具，虽非期货公司设计和维护，但期货公司对之负有合同附随义务，应避免因自己提供的软件或服务损害客户的合法权益。接收客户交易指令的网关程序本身存在瑕疵，期货公司可以通过测试加以发现，并通过程序更新予以修补，但期货公司违反其应尽的注意义务，未经充分测试即将之提供客户使用，以致系统在交易期间发生故障，造成客户损失的，应当对客户损失承担相应的赔偿责任。

【典型案例】

邱某系甲期货公司客户，长期在甲期货公司进行期货交易。甲期货公司向其客户提供了电话交易和网上交易等多种交易方式，包括一款由乙公司设计和维护的网上期货交易软件。2010 年 1 月 7 日，期货市场开盘后，大连商品期货交易所多个期货合约的价格出现大幅下跌。当日上午 10 时至 10 时 15 分，该网上交易系统出现客户登录缓慢和无法正常登录交易的异常情况。甲期货公司经调查后，确定系乙公司提供的软件程序有漏洞导致客户在该时段无法正常交易。嗣后，通过软件更新修补了上述系统漏洞。

邱某向人民法院起诉，主张自己在当日持有大量期货合约，本拟在 10 时全部平仓，因上述故障致使其无法及时成交，只能在 10 时 15 分后以较低价格平仓，产生了 122 万元的损失。要求判令甲期货公司全额赔偿。

人民法院经审理认为，甲期货公司与邱某之间是期货经纪合同法律关系，甲期货公司应接受邱某交易指令为之进行期货交易，甲期货公司应避免因自己提供的软件或服务损害客户的合法权益。甲期货公司的软件未经充分测试即将之提供客户使用，以致系统在交易期间发生故障，违反了其应尽的注意义务，构成违约，应当承担赔偿责任。但上述交易系统故障直接导致的只是邱某在上述故障时间段使用该系统进行交易的机会丧失，甲期货公司应对其违约行为导致邱某的机会损失进行赔偿。最终人民法院酌情判决甲期货公司赔偿邱某损失 34 万元。

【专家评析】

本案涉及的几个关键问题是：交易系统故障是否属于不可抗力、客户损失与交易系统故障之间是否存在相当因果关系、券商和期货公司应当负有的合同附随义务是什么。

双方当事人之间存在期货经纪合同法律关系，接受邱某交易指令为之进行期货交易，是甲期货公司的主要合同义务。为实现该主要义务，甲期货公司为邱某提供了包括两款网上交易软件系统（其中一款由乙公司设计）在内的多种交易途径，允许客户通过这些软件，由自备的电子计算机、智能手机等终端向甲期货公司发送交易指令，并在甲期货公司设置对应的指令接受网关和服务器，以完成交易指令接收。虽然网上交易软件系统并非甲期货公司设计和维护，但却系甲期货公司提供给客户用于传达交易指令的工具。因此，甲期货公司对之负有通知、协助、保护等合同附随义务，避免因自己提供的软件或服务损害客户的合法权益。此次故障的原因在于接收客户交易指令的网关程序本身存在瑕疵，而且该瑕疵完全可以通过测试加以发现，并通过程序更新予以修补。故不属于合同法第 117 条规定的因不可抗力所致损失可免责的范围。甲期货公司未经充分测试即将之提供客户使用，以致系统在交易期间发生故障，违反了其应尽的注意义务，构成违约，应当就此对造成的客户损失承担赔偿责任。

但上述交易系统故障既不会直接导致邱某所持合约或资金发生减损，也不会导致邱某所持合约的价格发生变动。该故障直接导致的只是邱某在上述故障时间段使用该系统进行交易的机会丧失。恰逢当时期货合约价格大幅波动，邱某又持有大量合约，交易机会的丧失引发了最终的交易亏损。甲期货公司理应对其违约行为导致的机会损失进行赔偿。

在计算机会损失的赔偿金额时，应当综合考量以下因素：一是邱某可能下达平仓指令的盖然率；二是合约价格快速下跌过程中以最高价格实际成交的盖然率；三是邱某在发现系统故障后是否及时采取其他交易方式进行平仓。本案中，邱某违反了合同法第 119 条规定的减损义务，应对损失扩大部分自行承担责任。最终人民法院酌情确定甲期货公司应当赔偿的损失金额为 34 万元。

【法条指引】

中华人民共和国合同法

第一百一十七条 因不可抗力不能履行合同的，根据不可抗力的影响，部分或者全部免除责任，但法律另有规定的除外。当事人迟延履行后发生不可抗力的，不能免除责任。

本法所称不可抗力，是指不能预见、不能避免并不能克服的客观情况。

第一百一十九条　当事人一方违约后，对方应当采取适当措施防止损失的扩大；没有采取适当措施致使损失扩大的，不得就扩大的损失要求赔偿。

当事人因防止损失扩大而支出的合理费用，由违约方承担。

期货交易管理条例

第三条　从事期货交易活动，应当遵循公开、公平、公正和诚实信用的原则。禁止欺诈、内幕交易和操纵期货交易价格等违法行为。

▶ 13. 客户知悉期货交易能否视为追认交易结果?

【宣讲要点】

具备从事期货经纪业务资质的期货经纪公司与客户签订的期货经纪合同若是当事人的真实意思表示，则依法有效并具有法律约束力。根据《最高人民法院关于审理期货纠纷案件若干问题的规定》第 18 条的规定，期货公司与客户签订的期货经纪合同对下达交易指令的方式未作约定或者约定不明确的，期货公司不能证明其所进行的交易是依据客户交易指令进行的，对该交易造成客户的损失，期货公司应当承担赔偿责任，客户予以追认的除外。

追认权，即本人通过特定的法律行为，使无权代理人、无处分权人和限制民事行为能力人所为的行为成为有效法律行为的权利。从性质上说，追认权是一种形成权，追认行为是一种单方法律行为，对效力待定行为的承认或拒绝均取决于本人单方意志，无须征得行为人或第三人的同意。从法律后果上说，追认权的行使结果是使效力待定的民事法律行为变成有效的民事法律行为，本人的追认具有溯及力，一经追认，其效力待定的行为自始有效，使未经授权的效力待定行为与效力确定行为具有相同的法律后果，从而使本人承担民事责任。追认的表示应向特定的第三人或行为人作出，因而，对第三人或行为人以外的其他人的同意表示，不能视为追认。

就具体方式而言，追认可以采用明示方式，亦可采用默示方式。一般说来，被代理人应以明示的方式予以追认，如通过语言、文字或其他方法直接进行意思表示，只要能清楚表明被代理人的意思即可，但法律规定用书面形式的，应当用书面形式。追认也可以用默示方式。默示分为作为（特定行为）和不作为（默示），追认在运用默示方式时应当以积极的、肯定的行为，即可以通过本人“作为”推定其真实意思，如被代理人不返还行为人已取得的财产，或者行为人未经被代理人授权而出售被代理人的财产而事后被代理人却接受了所得款。原则上，沉默不能视为追认，但法律有明文规定的情形除外，如我国民法通则第 66 条中规定为“本人知道他人以本人名义实施民事行为而不否认表示的，视为同意”即是沉默而为的追认。

因此，对期货交易是否予以追认，判断的标准不是是否知悉，而是取决于客户对交易行为本身是否认可。即使对期货交易已经知悉，若当事人对此行为表示了异议，也不应当视为追认。

【典型案例】

2004 年 6 月 8 日，袁某与 G 期货经纪有限公司（以下简称 G 公司）签订了期货经纪合同及自助委托、网上委托补充合同各一份，约定：袁某委托 G 公司进行期货交易；G 公司接受袁某委托并按照其交易指令为袁某进行期货交易。G 公司按照期货交易所规则执行袁某的交易指令，G 公司有义务将交易结果转移给袁某，袁某有义务对交易结果承担全部责任。合同对交易结果的转移方式、时间，以及袁某对交易结算报告的确认和交易指令的下达都作出了细致的规定。上述合同签订后，袁某于同日向 G 公司交付保证金人民币 13 万元。

同年 11 月 22 日，袁某委托律师向 G 公司发出律师函一份，言明，其从未委托授权过任何他人或者 G 公司进行期货交易下单等行为，但近日 G 公司却邮寄通知对发生在其名下的数个交易单进行确认。该侵权行为当即被其因不知情予以拒绝，并要求 G 公司作出相应答复。因交涉未果，袁某遂诉至人民法院，要求 G 公司返还保证金人民币 13 万元。人民法院查明，

G公司向人民法院提供的袁某客户结算单（2004年6月9日至2004年11月4日），在客户授权签章一栏均为空白。经原审人民法院委托某市公安机关进行鉴定，某市公安机关认为，由于缺乏充足的事前检材，无法对于G公司提供的电子邮件是否系袁某本人填写的鉴定事项作出书面鉴定结论。

一审人民法院认为，本案所涉合同对于下达交易指令方式以及交易结算结果的通知方式虽有约定但约定不明。由于G公司未能举证证明其所执行下单人马某的交易指令已得到袁某的追认，故对该交易造成的损失，G公司应当承担赔偿责任，G公司应向袁某返还全部保证金。据此判决：G公司应于本判决生效之日起10日内向袁某返还保证金人民币13万元。G公司不服一审判决，提出上诉。

二审人民法院认为原审判决认定事实清楚，适用法律正确，应予维持，判决驳回上诉，维持原判。

【专家评析】

本案所涉合同约定，被上诉人袁某授权的指令下达人为其本人，指令下达方式有书面、电话、电脑。网上委托补充合同中，袁某确认密码领取方式为现场领取。上述约定中虽然包括了电脑的委托方式且袁某已领取了密码，但由于袁某手持合同文本未有电子邮件的记载，而G公司手持合同文本关于电子邮件的记载从现有证据不能认定系袁某所写，加之G公司辩称其是执行袁某账户下单人马某的交易指令，故本案中G公司不能证明其所进行的交易是依据袁某交易指令进行。另，所涉合同还约定，G公司在每一交易日闭市后按照双方约定的传真、电子信箱或语音信箱等方式向袁某发出每日交易结算报告。如果袁某在G公司经营场所内，G公司可直接书面送达。而由于G公司提供的袁某客户结算单（2004年6月9日至2004年11月4日）在客户授权签章一栏均为空白，G公司员工邮件与袁某邮件之间于2004年6月9日至2004年11月5日间邮件往来情况记录，亦不能直接证明G公司已向袁某发出了每日交易结算报告且袁某确认无异。

本案中，G公司虽然在审理中确认其接受了案外人马某的交易指令在袁某账户内进行期货交易，但无证据证明袁某委托过马某代理袁某下达交易指令，G公司主张马某系被上诉人袁某指令的下单人没有依据。根据《最高人民法院关于审理期货纠纷案件若干问题的规定》第18条，期货公司与客户签订的期货经纪合同对下达交易指令的方式未作约定或者约定不明确的，期货公司不能证明其所进行的交易是依据客户交易指令进行的，对该交易造成客户的损失，期货公司应当承担赔偿责任，客户予以追认的除外。因此，在上诉人没有提供任何证据证明其在被上诉人账户内所进行的交易是依据被上诉人袁某的指令或者其委托的下单人的指令进行时，其应对由此产生的损失依法承担民事责任。虽然，袁某在整个交易过程中，多次登录上诉人公司网站查询账户，可以推定其对于账户的交易情况是知晓的，但由于这些交易本身并不是根据被上诉人袁某的指令进行，且双方签订的合同中对此也未明确约定，被上诉人袁某通过上网知悉其账户内存在期货交易记录，即使其没有及时提出异议，也不能视为对其账户内的交易结果的追认。因此，上诉人根据被上诉人袁某上网查看其账户的事实认定被上诉人袁某对其账户内的期货交易结果进行了追认的主张没有法律依据，也不符合期货交易规则。况且，在上诉人向被上诉人袁某送达书面的客户结算单，要求被上诉人签字确认时，被上诉人立即提出了异议，并拒绝在客户结算单上签字确认，已经足以认定被上诉人始终未对其账户内的交易结果予以认可。客户未追认的交易，产生的相应后果应由期货公司承担。

【法条指引】

中华人民共和国民法通则

第一百零六条第二款　公民、法人由于过错侵害国家的、集体的财产，侵害他人财产、人身的，应当承担民事责任。

最高人民法院关于审理期货纠纷案件若干问题的规定

第十八条　期货公司与客户签订的期货经纪合同对下达交易指令的方式未作约定或者约定不明确的，期货公司不能证明其所进行的交易是依据客户交易指令进行的，对该交易造成客户的损失，期货公司应当承担赔偿责任，客户予以追认的除外。

第十九条　期货公司执行非受托人的交易指令造成客户损失，应当由期货公司承担赔偿责任，非受托人承担连带责任，客户予以追认的除外。

▶ 14. 无代理权办理出金的民事责任如何认定?

【宣讲要点】

出金是一种交易术语，是指资金由交易账户划入银行账户的过程。一般是指贵金属投资、股票投资、农产品投资等投资项目通过交易界面、网银、银行柜台进行出金。我国现有的法律并没有对期货交易中客户办理出金手续进行规定，因此，对于如是否出金必须亲自办理，实践中经常会出现一些争议。

根据民法通说，财产行为可以代理，纯粹的身份行为不得代理。而办理出金本质上是一种市场行为、一种财产行为，自然可以由客户委托代理人代其完成。但现实中经常会出现代理人超越了代理权限而做出的无权代理行为，这些行为的效力又该如何认定?

我国现行法律规定了“表见代理”制度，就是行为人虽无代理权，但是存在着足以使善意第三人相信其有代理权的表象，并且，这种表象是被代理人的行为造成的。这时，行为人与善意第三人作出的代理行为，其法律后果由被代理人承担。这种制度的价值在于：若无权代理行为均由被代理人追认决定其效力的话，会给善意第三人造成损害，因此，在表见代理的情形之下，规定由被代理人承担表见代理行为的法律后果，更有利于保护善意第三人的利益，维护交易安全，并以此加强代理制度的可信度。

【典型案例】

于某与期货公司签订合同，其指令下达人为乙，资金调拨人为本人。其账户先后入金7万元整，但未发生一笔交易。某月某日，于某传真给期货公司，授权由乙为其办理资金划转事宜，将7万元划至另一账户，核对签字后，期货公司遂予以办理。后于某却起诉期货公司，要求退还其交易保证金7万元及利息。

人民法院经审理，判决驳回了于某的诉讼请求。

【专家评析】

在期货交易中，客户办理出金是要符合一些条件的：客户是自己办理还是委托他人办理？与期货公司约定要办理何种手续？是凭合同还是只要客户签发一个传真？是否需要事后的确认？因此，出金的问题是较为复杂的，类似案件在证券交易市场上也有很多。在期货交易中，这类案件的认定仍存在一定争议，一般应作如下处理：

第一，原则上要以合同约定的方式为准。合同是确认当事人权利义务的基本文件，各方均应照此办理。在没有其他补充条款时，不得随意突破合同约定，一旦突破了合同约定，其行为造成对方，特别是造成客户损失时，期货公司应承担相应责任。

第二，期货公司可以与客户对出金的方式作出变更或者特别约定。在期货交易中，唯一能够与合同相对抗的，是期货公司与客户签署新的协议，或者补充协议，或者作出特别的约定条款。除此之外，没有能够支持期货公司所作出的超出合同与书面协议之外的变通行为。只要期货公司没有按照与客户协商约定的方式办理出金，客户就有权利和理由提出对抗。

第三，一旦期货公司认可了客户提出的违背约定的出金方式并予以实际办理，要考察的是：在接到客户传真时有无电话与客户进行沟通、确认？有无电话录音或者其他方式的核实？在指令下达人办理出金后，期货公司有无及时通知客户签字确认？如果期货公司没有尽到上述警惕的、自我防范的措施，所产生的风险应由期货公司承担，但允许期货公司以合理的事由进行抗辩。

因此，在本案中，乙虽实际上没有为该客户办理出金的代理权，但是传真是由客户发到期货公司，表明授权乙办理出金手续，这就存在着足以使善意第三人相信其有代理权的表象，并且，这种表象是客户自己的行为造成的。这时，本案中的代理行为也就是出金的办理，其法律后果应由被代理人即客户承担。

【法条指引】

中华人民共和国合同法

第四十九条　行为人没有代理权、超越代理权或者代理权终止后以被代理人名义订立合同，相对人有理由相信行为人有代理权的，该代理行为有效。

▶ 15. 期货公司操作的错单中的差价应如何认定与弥补？

【宣讲要点】

期货公司代理客户进行期货交易时，发生错单的事情时有发生。如下单员向计算机输入客户指令时输错了方向，将买单输成了卖单；输错了数量，如将100手输成了1000手；输错了价格，如将价格1987元/吨输成了1978元/吨；输错了品种代码等。因期货公司的工作失误而导致的错单成交后，客户在大多数情况下不会追认，期货公司只能将这些因工作失误形成的单子归自己所有（被动自营），即错单交易。

按现行法律规定，期货公司因错单形成的平仓盈利，记入“风险准备”科目的贷方，但客户提出请求的除外；对于错单合约形成的平仓亏损应由期货公司的风险损失准备弥补，记入“风险准备”科目的借方。对发生的错单，除客户认可的以外，交易的后果由期货公司承担，并按下列方式分别处理：（1）交易数量发生错误的，多于指令数量的部分由期货公司承担，少于指令数量的部分，由期货公司补足或者赔偿直接损失；（2）交易价格超出客户指令价位范围的，交易差价损失或者交易结果由期货公司承担。

【典型案例】

一客户先后以甲乙不同名义与期货公司签订合同，并在6月份一交易日持有多单。由于该客户均为指令下达人，期货公司在接受甲平仓指令时误下达到了乙编码中，发现错误后即在结算时进行了更正。后价格下跌，该客户以低价对乙平仓。客户均对成交记录进行了签字确认。10月份，该客户以错单当天乙在交易所的成交水单中有记录（是错单，实为甲客户下达）为名，要求期货公司弥补差价。

【专家评析】

首先要确定的是，一旦发生错单，期货公司有责任和义务予以纠正、没有及时纠正的，当客户提出索赔异议时，期货公司经核实后认定确为错单的，期货公司应当赔偿客户错单的损失。如果经过重新审核没有发现错单，或者所谓的“错单”并非真实，或者当时已经加以弥补，则期货公司不再负有弥补损失的责任。

第二，在发生错单后，要衡量错单对客户的实际影响。如果造成了实际损失，客户有权向期货公司提出索赔，而期货公司也应当予以赔偿。在这里要注意的是，这里的索赔，与通知和签收账单的一般性确认有所不同。错单可能是过一段时间才能发现的，所以其所受的时效限制不是几天，而是普通时效的限制，这种对客户有利的解释其实对期货公司也没有什么不利，因为期货公司本来就不应当发生错单，一旦发现就应立即纠正或者向客户赔偿。

交易期间内已经发现错单的，应当立即纠正；结算、通知时发现错单的，应征求客户意见是否予以纠正、如何纠正，是予以作出交易调整，还是直接赔偿客户的直接经济损失；一定时期后发现错单的，可通过协商的办法解决，不能协商的，应予以直接赔偿。

第三，错单与混合单的区分。本案客户不是在同一个编码下交易，而是有两个账户，交易的选择权比一般客户要灵活一些，对此，客户和期货公司都有责任和义务加以警惕，避免发生交易的混合，即尽量避免下单的混同，也避免仓位结算的混同。一旦出现类似情况，期货公司有义务立即纠正。本案中，期货公司已经采取了措施，作出了相应的纠正，期货公司对错单没有民事责任可言。客户向期货公司提出赔偿差价的要求是不能成立的。如果错单对客户利益是有利的，尽管未予纠正，但只要客户认可，人民法院也不会予以调整。

【法条指引】

最高人民法院关于审理期货纠纷案件若干问题的规定

第三条　人民法院审理期货侵权纠纷和无效的期货交易合同纠纷案件，应当根据各方当事人是否有过错，以及过错的性质、大小，过错和损失之间的因果关系，确定过错方承担的民事责任。

第二十二条　期货公司错误执行客户交易指令，除客户认可的以外，交易的后果由期货公司承担，并按下列方式分别处理：

（一）交易数量发生错误的，多于指令数量的部分由期货公司承担，少于指令数量的部分，由期货公司补足或者赔偿直接损失；

（二）交易价格超出客户指令价位范围的，交易差价损失或者交易结果由期货公司承担。

最高人民法院关于审理期货纠纷案件座谈会纪要

五、关于违约纠纷的处理问题。会议认为：

（三）经纪公司应当准确及时地执行客户的指令，因错误执行客户指令而给客户造成损失的，由经纪公司承担赔偿责任。

▶ 16. 期货公司向居间人返佣情形应如何处理？

【宣讲要点】

期货居间人，是指为投资者或期货公司介绍订约或提供订约机会的个人或法人。其主要作用是在投资者与期货公司订立经纪合同时起媒介作用。也就是居间为期货公司介绍客户，客户在期货公司开户后投入资金“炒期货”，从客户的交易佣金中抽取提成的人。抽取提成的这一行为，在法律上叫作“返佣”。期货居间人的此种获利模式，已经成为了行业中的不成文规矩，但依然引起了一些法律争议，最核心的问题就是“返佣”在法律上如何认定和处理？主流观点认为，居间人有权获得报酬，且有权按照居间人和委托人约定的计算方式获取报酬。但是需要注意的是，现实中往往会出现这样的情况：期货居间人不仅促使了期货经纪合同的订立，还作为其居间客户的代理人，承担起操盘的角色。这样，期货居间人的获利逻辑模式为：首先促成客户与期货公司签订合同，从期货公司获得报酬（也就是佣金），而报酬又是根据客户的交易量来计算，如此，居间人出于多获佣金的动机，难免会做出炒单行为，在事实上和客户的利益之间就产生了冲突。在此种情形下，出于对客户利益的维护，期货公司应当对客户的亏损承担一定比例的赔偿责任。

【典型案例】

一客户于2003年9月17日经居间人介绍后开户，当日客户入金2万元。9月18日开始第一笔交易，至10月15日期货公司因客户可用资金连续两天为负，对该账户进行强制平仓，产生亏损4640元，期间收取手续费8795元，此后再无交易。经调查发现，9月17日客户与期货公司签订了期货经纪合同和电子交易协议书，在合同中约定各交易品种代理手续费收取标准时未对该客户在后来交易中实际交易的豆粕和强麦品种手续费作出相关约定，期货公司只是按“常用普通收费标准处理”。客户对手续费收取金额表示异议。

在期货经纪合同中，双方约定的指令下达人和资金调拨人都为客户本人，并未授权为其指令下达人。同时居间人也不是公司工作人员，期货公司在客户不知的情况下按手续费比例返佣给居间人。客户从9月18日至10月15日的交易全部是居间人通过网上交易系统下的指令，共产生手续费8795元。客户于9月18日从公司获得网上交易用户号和密码后随即告诉了该居间人，由其进行交易操作。根据客户签订的电子交易协议书，明确约定了因客户泄露网上交易密码给他人所造成的风险由客户本人承担。但客户认为这种返佣方式会造成该居间人恶意炒单，期货公司应承担一定责任。

【专家评析】

本案中，有这样几个问题值得重视：

第一，居间人与客户之间的合同关系。此类案件中，客户对居间人的信任程度往往决定客户交易风险的大小。同时，居间人的诚信程度也决定客户的风险是否会被无限扩大。如果居间人无视客户利益，违背客户利益最大化的基本原则，随意操作，以得到返佣为目的，实际上就容易造成客户无端形成亏损。所以，居间人忠诚度及其诚信程度是一个关键。另外，客户对居间人的授权范围也很重要，如果任由居间人进行操作，客户则无法控制居间人的行为，造成损失也就在所难免。

第二，客户与期货公司的关系。通常情况下，期货公司不会主动帮助客户控制操作的品种和数量，只有客户自己加强自我监督，控制好自己的仓位。当电子交易逐渐推开后，期货公司更难以控制或者监督客户的具体操作，当然，最为关键的是期货公司会与客户签订免责条款。这时，主要应当审查期货公司所出具的免责条款是否符合公平原则，是否经过客户认真阅读，是否得到客户的确认。对于初次进入期货市场的客户，期货公司有责任向客户如实介绍具体的免责条款，以便客户及时认清自己的交易风险，作出正确、妥当的选择。对于交易的密码，客户负有自行保管和保守其秘密的义务和责任，一旦泄露，造成的交易损失和资金流失，应当认定属于客户自己的不当行为所造成，与期货公司无关。

第三，关于期货公司与居间人的关系。居间人不是期货公司的工作人员，只是有时可能会引起客户的误解。对此，期货公司有责任和义务向客户介绍清楚，避免产生误解。在行业通行的返佣行为中，期货公司也应掌握相应的尺度，不能为了多收取一些手续费就答应向居间人返佣。对于有证据能够证明居间人与期货公司有勾结、隐蔽的合同关系的，应当对期货公司进行严惩，并且由期货公司对客户的损失承担一定的民事责任。这种责任应是根据法律规定和案件事实加以综合认定的，只要认定客户损失与期货公司的不当行为确有一定的关系，则应由期货公司承担一定的过错责任，只是这个责任的幅度不宜过高，不应因此过于加大期货公司的负担。对于不能证明期货公司与居间人存在损害客户权益的行为或者关系时，则不能轻易推定期货公司要对客户的损失承担民事责任。

第四，关于交易手续费的标准认定。通常情况下，应当按照双方合同的约定确定收取手续费的标准。在合同没有约定或者约定并不明确的情况下，则应当参照同行业收取同类交易品种手续费的标准收取手续费。如同本案，期货公司在没有与客户约定相应交易品种和收取手续费标准的情况下，按照同行业普通标准收取了客户交易手续费，并无不可。但是值得注意的是，在期货公司收取交易手续费后，客户应当立即提出异议，或者按照合同约定的时间、方式不予确认或者提出异议，否则应认定客户已经同意期货公司收取手续费的标准，此后也不得再提出异议。

【法条指引】

中华人民共和国合同法

第四百二十四条 居间合同是居间人向委托人报告订立合同的机会或者提供订立合同的媒介服务，委托人支付报酬的合同。

第四百二十六条 居间人促成合同成立的，委托人应当按照约定支付报酬。对居间人的报酬没有约定或者约定不明确，依照本法第六十一条的规定仍不能确定的，根据居间人的劳务合理确定。因居间人提供订立合同的媒介服务而促成合同成立的，由该合同的当事人平均负担居间人的报酬。

居间人促成合同成立的，居间活动的费用，由居间人负担。

期货交易管理条例

第三条 从事期货交易活动，应当遵循公开、公平、公正和诚实信用的原则。禁止欺诈、内幕交易和操纵期货交易价格等违法行为。

最高人民法院关于审理期货纠纷案件若干问题的规定

第十条 公民、法人受期货公司或者客户委托，作为居间人为其提供订约的机会或者订立期货经纪合同的中介服务的，期货公司或者客户应当按照约定向居间人支付报酬。居间人应当独立承担基于居间经纪关系所产生的民事责任。

▶ 17. 借用编码交易亏损的责任应如何分担?

【宣讲要点】

编码制度是我国期货市场有别于国际期货交易惯例的一个独特制度，其创立目的是便于交易所及期货监管部门直接了解投资者信息，防止大户操纵市场，更好地保证期货市场能够“公开、公平、公正”地运行。我国现行法规明确规定：“期货公司应当为每一个客户单独开立专门账户、设置交易编码，不得混码交易。”

交易编码由会员号和客户号两部分共十二位数字组成，前四位为会员号，后八位为客户号。如客户交易编码为001200000001，则会员号为0012，客户号为00000001。一个客户可以在不同的会员处开户，但在交易所内只能有一个客户号。其交易编码只能是会员号不同，而客户号必须相同。

在我国期货交易制度中，期货交易所只对会员进行总结算，会员再对客户进行分结算，所以客户编码并不是一个资金结算单位，混码交易也不影响期货公司对客户的结算结果，这其实也是混码交易经常发生的一个主要原因。因此，期货公司单纯混码交易行为只是影响到行政管理部门对期货市场的监管效果，应当对其进行相应的行政处罚，与投资者的投资盈亏没有因果关系。

在实践当中，很多期货公司在交易过程中出于各种原因，经常出现混码交易情况：有的公司允许一个客户同时使用几个客户编码；也有的公司允许几个客户共用同一编码；还有的公司允许若干客户同时使用若干编码，随机选择编码成交。当然，也会出现在紧急情况下临时借用客户编码的现象。对于以上这些借用编码交易或者混用编码交易，我国的法律虽然强调“不得混码交易”，但是若发生了混码交易，法律却不会以一律无效来处理。一般来说，混码交易的后果不由客户承担相应的责任，但如果期货公司能够举证证明其已按照客户交易指令入市交易的，客户应当承担相应的交易结果。

【典型案例】

一客户5月9日在上海与期货公司签订期货经纪代理合同，第二天急于做大豆，为不影响客户做单，期货公司在未来得及开通大连商品交易所交易编码的情况下先后为其借用了两个编码，该客户在一个编码上亏损而在另一编码上盈利。期货公司在开通客户自己的交易编码时即停止了借用编码。同年10月，该客户以期货公司混码为由，拒绝承担借码中的亏损，而对同样性质同期借用的另一编码上的盈利则只字不提。

【专家评析】

借用编码既包括单纯的借用编码，也包括混码交易中的借用编码，因而与混码交易存在交叉之处，在具体处理时可以参照混码交易的处理原则。

第一，交易真实性的认定。按照本案介绍的情况，客户在一个编码上获利，在另一个编码上亏损，也就是说，有亏有赢。客户只对亏损的编码交易提出异议，而对盈利编码的交易则只字不提。从另一个角度考虑，该客户还是认可所有交易的真实性的，只是提出期货公司存在混码交易。按照司法解释的规定，只要交易是真实的，客户应当承担交易所产生的民事责任后果。因此，不管谁借用谁的编码进行交易，只要能找出一对一的交易，真实的交易人（资金所有人）就应当依法承担交易所产生的民事责任后果。

第二，要体现收益和风险相一致的原则。在充满刺激和风险巨大的期货市场上，客户不能一味地强调只承担交易的风险，还应充分认识承担风险的目的是为了盈利。客户在期货市场上应尊重交易规律、自由竞争。所以本案还应按照通行的规则和司法解释的规定确定各方应负的民事责任。

本案中，期货公司为满足客户需要为其借用编码进行交易，客户对交易的真实性进行了默认，在享有盈利交易结果的同时也应当承担相应的亏损后果，而不能单单将亏损的后果转嫁给期货公司承担。期货公司违反相关规定借用编码为客户进行交易，应承担相应的行政责任。

【法条指引】

期货交易管理条例

第三十条 期货公司应当为每一个客户单独开立专门账户、设置交易编码，不得混码交易。

最高人民法院关于审理期货纠纷案件若干问题的规定

第三十条 期货公司进行混码交易的，客户不承担责任，但期货公司能够举证证明其已按照客户交易指令入市交易的，客户应当承担相应的交易结果。

最高人民法院关于审理期货纠纷案件座谈会纪要

第一条第二项 坚持风险和利益相一致的原则。期货交易的投机性和风险性都很大，期货交易者必须具备风险意识。人民法院在审理期货纠纷案件处理风险与利益的关系时，要按照期货交易的特点，既要依法保护期货交易双方的合法利益，也要正确确定其应承担的风险，任何一方不能只享受利益而不承担风险，或只承担风险而不享受利益。